Ulrike Köppchen & Martin Hartwig

GRÖNLAND

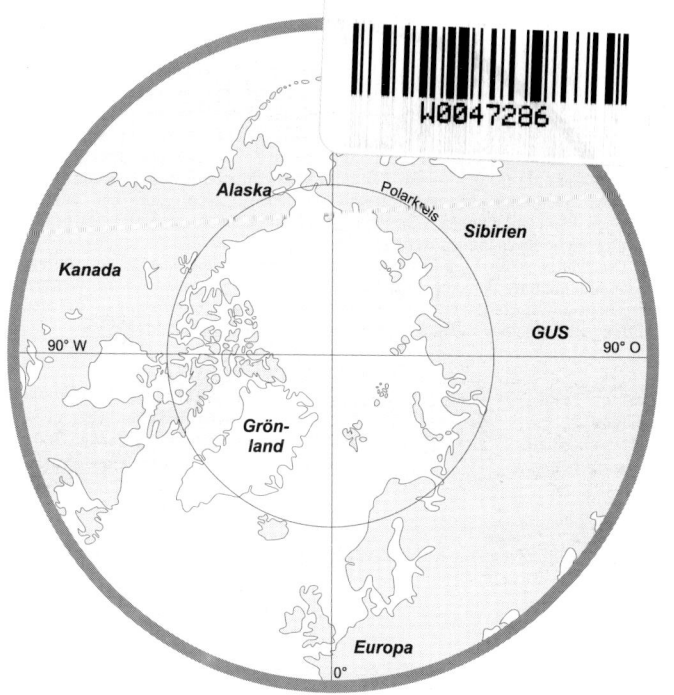

W0047286

REISE HANDBUCH

Grönland

© Copyright Conrad Stein Verlag, Struckum   2. überarbeitete Auflage 1999

Dieses ReiseHandbuch wurde konzipiert und redaktionell erstellt vom
Conrad Stein Verlag, In der Mühle, 25821 Struckum,
☎ 04671/931314, FAX 04671/931315,
e-mail: < outdoor@tng.de > 🖥 internet: < http://outdoor.tng.de >
für die ReiseHandbuch Stein KG, Struckum.

Auslieferung für den Buchhandel: Ⓓ Prolit, Fernwald und alle Barsortimente,
ⒸⒽ AVA-buch 2000, Affoltern, Ⓐ Freytag & Berndt, Wien

Text und Fotos	Ulrike Köppchen und Martin Hartwig
Lektorat	Alexandra Kelpin, Conrad Stein
Karten und Pläne	Kort- og matrikelstyrelsen und Carsten Tolkmit
Gesamtherstellung	Breklumer Druckerei

Das Titelfoto zeigt die Küstenlandschaft bei Ilulissat.

Dieses ReiseHandbuch hat 218 Seiten mit 14 farbigen Abbildungen und 9 Karten und Plänen sowie einer farbigen Übersichtskarte. Es wurde auf chlorfrei gebleichtem Papier gedruckt und der besseren Haltbarkeit wegen fadengeheftet.

ISBN 3-89392-247-4   0026800138000

Inhalt

Symbole

ꙮ	Achtung, Vorsicht	ꙮ	Klima, Wetter
ꙮ	Angelmöglichkeit	ꙮ	Krämerladen
ꙮ	Aussichtspunkt	⌘	Museum
ꙮ	Auto/Taxi	ꙮ	Öffnungszeiten
ꙮ	Bademöglichkeit	ꙮ	Polizei
ꙮ	Bahn	ꙮ	Post
BANK	Bank	✕	Restaurant, Imbiß
ꙮ	Buchtip	ꙮ	Schiff, Fähre
ꙮ	Cafeteria	ꙮ	Ski/Abfahrt
⚠	Camping, Zelten	ꙮ	Ski/Langlauf
ꙮ	Fahrradtouren möglich	ꙮ	Supermarkt
ꙮ	Jagdmöglichkeit	ꙮ	Theater
ꙮ	Flugzeug/-hafen	☺	Tip
ꙮ	Golfmöglichkeit	ꙮ	Wale
ꙮ	Hospital	ꙮ	Wandermöglichkeit
ꙮ	Hotel		
ꙮ	Hubschrauberlandeplatz		
ꙮ	(Touristen-)Information		
ꙮ	Jugendherberge		
ꙮ	Kanu	EZ	Einzelzimmer
✝	Kirche	DZ	Doppelzimmer

4

Vorwort

Grönland oder Kallaliit Nunaat, **"Land der Menschen"**, wie die Grönländer ihre Heimat nennen, die größte Insel der Welt, wurde erst vor einigen Jahren für den Tourismus entdeckt. Seitdem lockt die großartige Kulisse der arktischen Natur mit ihren majestätischen Eiskolossen, schroffen Gebirgen und tiefen Fjorden, aber auch geschützten grünen Tälern, auf deren Wiesen Schafe weiden, jährlich mehr Besucher aus aller Welt an. Hier kann man in völliger Ruhe und Abgeschiedenheit das imponierende Schauspiel der Mitternachtssonne bewundern, Wanderungen jeder Schwierigkeitsstufe durch wunderschöne Landschaften unternehmen, Wale und Robben beobachten und auf den Spuren der Wikinger durchs Gelände streifen. Reiche Fischgewässer laden zum Angeln ein, und eine Tour mit dem Hundeschlitten ist für jeden Grönlandreisenden ein unvergeßliches Erlebnis.

Trotz der vielen Möglichkeiten, die Besuchern geboten werden, ist Grönland kein leicht zu bereisendes Land, denn die arktische Natur der zum größten Teil mit Eis bedeckten Insel ist oft gefährlich und unberechenbar. Die geringe Besiedlungsdichte und die großen Entfernungen zwischen den einzelnen Orten in dieser ehemaligen dänischen Kolonie machen die Fortbewegung innerhalb des Landes nicht leicht.

Außerdem trifft man bei den Grönländern auf die Nachfahren einer jahrhundertealten Kultur, die erst in den letzten fünfzig Jahren den Übergang von der traditionellen Jäger- und Fängergemeinschaft in die moderne Industriegesellschaft vollzogen hat, was den Touristen die Insel in mancherlei Hinsicht als schwer verständlich erscheinen läßt.

All das macht Grönland zu einem reizvollen und fremdartigen Land, das zu bereisen allerdings **Vorbereitung** erfordert. Dazu möchte das vorliegende Buch einen Beitrag leisten: Es informiert über Land und Leute, Natur, Geschichte und Kultur, gibt praktische Basisinformationen und stellt alle wichtigen Orte und Routen auf der Insel nach Regionen gegliedert vor.

Danke

Die Autoren möchten den zahlreichen Menschen in Grönland, Dänemark und Deutschland danken, die sie bei der Arbeit an diesem Buch unterstützt haben. Ohne ihre Hilfe hätte dieses Buch nicht geschrieben werden können.

Besonderer Dank geht an Achim Hamich von "Arktis Reisen Schehle" für die endlose Geduld, mit der er all unsere Fragen beantwortet hat, sowie an die grönländischen Fremdenverkehrsämter, die uns wertvolles Informationsmaterial geliefert haben - allen voran Louise Buttenschön von South Greenland Tourism und Torben Krogh vom Aasiaat Tourist Service für ihre freundliche Hilfsbereitschaft sowie Greenland Tourism in Nuuk für die Bereitstellung von Kartenmaterial. Schließlich möchten wir auch SAS und Greenlandair für ihre großzügige Unterstützung danken.

Last but not least ein herzliches Dankeschön an unsere Familien und Freunde, die die Entstehung dieses Buches mit Rat und Tat und viel Geduld begleitet haben.

Nichts auf der Welt ist perfekt, auch dieses Buch nicht. So möchten wir außerdem allen Leserinnen und Lesern danken, die uns auf Fehler und Ungereimtheiten in der ersten Auflage aufmerksam gemacht haben und durch wertvolle Hinweise die Arbeit an der Neuauflage sehr erleichtert haben, u.a. Björn Ahlhelm, Silke Heino und Christian Löbbe.

Ulrike Köppchen & Martin Hartwig

Über die Autoren

Ulrike Köppchen und Martin Hartwig sind als freiberufliche Journalisten und Autoren in Berlin tätig. Reisen in die skandinavischen Länder und das generelle Interesse an Natur und Kultur im Norden haben sie zur Beschäftigung mit dem äußersten Norden der Welt geführt.

Besuchen Sie uns doch mal auf unserer Homepage im Internet.

Da finden Sie Updates zu diesem OutdoorHandbuch und unseren anderen Reise- und OutdoorHandbüchern, interessante Links befreundeter Firmen, unser komplettes Verlagsprogramm sowie viele Sonderangebote für Schnäppchenjäger:

🖳 <http://outdoor.tng.de>

Land und Leute

Geographie
Fläche: 2.175.600 km², davon 341.700 eisfrei
Nördlichster Punkt: Kap Morris Jesup
Südlichster Punkt: Kap Farvel
Höchste Erhebung: Gunnbjørns Fjeld, 3.700 m
Längste Nord-Süd-Ausdehnung: 2.670 km
Längste Ost-West-Ausdehnung: 1.050 km
Die größten Städte:

Nuuk	12.909 Ew.
Sisimiut	5.116 Ew.
Ilulissat	4.168 Ew.
Aasiaat	3.112 Ew.
Qaqortoq	3.099 Ew.
Maniitsoq	3.011 Ew.

Staat, Verwaltung, Politik
Regierungsform: parlamentarische Demokratie
Parlament: Landsting (31 Sitze)
Regierungschef: Jonathan Motzfeldt (Siumut-Partei)
Parteien und Sitze im Parlament (1995):
Siumut 12 (38,4%)
Atassut 10 (30,1%)
Inuit Ataqatigiit 6 (20,3%)
Akulliit Partiiat 2 (6,1%)
Hauptstadt: Nuuk

Bevölkerung
Einwohnerzahl:

Jahr	Bevölkerung	davon außerhalb Grönlands geboren
1950	22.581	1.061
1960	30.378	2.762
1970	38.912	7.620
1980	40.947	8.826
1990	46.778	9.416
1997	55.971	7.089

Lebenserwartung: Frauen 68,3 Jahre, Männer 62,5 Jahre

Sprache
Inuit und Dänisch

Religion
evangelisch lutherisch 98%

Wirtschaft und Arbeit
Bruttosozialprodukt: dkr 7.074.000 (1995)
Exporte: dkr 2.141.000
Importe: dkr 2.309.000
Erwerbspersonen (Beschäftigte und Arbeitsuchende): 28.000
Arbeitslosigkeit: 11,4% (1996)

Geographie

Grönland ist die größte Insel der Welt und mehr als dreimal so groß wie die nächstfolgende (Neuguinea). Zwischen 59° 46' und 83° 39' nördlicher Breite sowie 11° 39' und 73° 08' westlicher Länge breitet sie sich auf einer Fläche von 2.175.600 km² aus. (Zum Vergleich: Die Bundesrepublik Deutschland hat eine Fläche von 357.042 km²). Der südlichste Punkt ist **Kap Farvel**, er befindet sich ungefähr auf einer Höhe mit Oslo. Der nördlichste Punkt ist **Kap Morris Jesup**. Von hier sind es nur noch 740 km bis zum Nordpol. Die Entfernung zwischen diesen beiden Punkten beträgt 2.670 km.

Die größte ost-westliche Ausdehnung des Landes dagegen beträgt 1.050 km.

Auf der Höhe von Sisimiut durchschneidet der Polarkreis (66° 30' nördlicher Breite) das Land im "unteren" Viertel.

Obwohl politisch an Europa, vor allem Skandinavien orientiert, gehört Grönland geographisch zum amerikanischen Kontinent. An der engsten Stelle, dem Robeson-Kanal, beträgt die Entfernung zum kanadischen Ellesmere Island nur 26 km. Im Winter ist Grönland über das Eis mit Kanada verbunden, was für die Besiedlungsgeschichte der Insel mit Menschen und Tieren von großer Bedeutung war.

Obwohl Grönland der Fläche nach zu den größten Ländern der Welt gehört, ist nur ein geringer Teil bewohnbar, da 85% des Festlandes vom Inlandeis bedeckt werden. Der eisfreie Teil des Landes ist 341.700 km² groß. Dabei handelt es sich um einen mehr oder weniger schmalen Landstreifen entlang der Küste. Im **Kong Frederik IX. Land**, in der Region um **Sisimiut** und **Kangaamiut** an der Westküste, ist dieser Streifen bis zu 150 km breit. Im Regelfall ist es jedoch deutlich weniger.

An der südlichen Ostküste gibt es lange Küstenabschnitte, an denen das Inlandeis direkt ans Meer stößt. Das gleiche gilt für die Westküste nördlich von **Kullorsuaq**. Überraschenderweise ist die größte zusammenhängende eisfreie Fläche, das **Peary Land**, im äußersten Norden zu finden. Es ist Teil des Nationalparks und völlig unbesiedelt.

Die Küste ist rundum von Fjorden gekennzeichnet, die mit vielen Abzweigungen und Nebenarmen bis zu 300 km lang sind und immer wieder an das Inlandeis stoßen, wo es dann zum Phänomen der ins Wasser kalbenden Gletscher kommt. Dies ist der Entstehungsort der Eisberge. Vor der Küste liegen häufig großflächige Schärenlandschaften und zahllose Inseln, von denen **Disko** die größte ist. Das grönländische Festland ist überall von Erhebungen und Bergen gekennzeichnet. Die flachsten Regionen des Landes sind das **Schärengebiet südlich von Aasiaat** und das **Nordland** auf der Landzunge gegenüber von Nuuk, wobei sich auch hier kleine schroffe Berge mit Höhen bis zu 300 m finden lassen. Mit über 3.000 m Höhe befinden sich an der Ostküste die größten Gebirgszüge des Landes. Die höchste Erhebung, Gunnbjørn Fjeld (3.700 m), liegt etwa auf halber Strecke zwischen Ammassalik und Ittoqqortoormiit."

Generell ist die Landschaft Südgrönlands weicher und runder als der sehr schroffe Norden und Osten. Optisch verstärkt wird dieser Unterschied für den Betrachter noch durch den grünen Bewuchs der Berge, wie er im Süden vorherrscht.

Das Inlandeis

Grönland war nicht immer eisbedeckt. Vor 10 bis 50 Mio Jahren herrschte hier ein warmes Klima. Das Land war mit Bäumen bewachsen, die Arten verwandt sind, wie man sie heute in subtropischen Regionen vorfindet. Das zentrale Grönland war ein riesiges Hochplateau, das von Westen nach Osten leicht anstieg.

Mit einer Klimaabkühlung formten sich vor ca. zwei bis drei Millionen Jahren die ersten **Gletscher** auf den Höhen der Küstengebirge an der Ost- und Westküste. Entstanden sind sie dadurch, daß Schneeniederschläge nicht wegtauten, sondern sich Jahr für Jahr aufstapelten, so daß der Druck des oberen Schnees den unteren zu Eis preßte. Während die Gebirgsgletscher sich im Laufe der weiteren Abkühlung ausbreiteten, vergletscherte langsam auch das Binnenland des Plateaus, bis schließlich die ganze Insel (inklusive Küstenstreifen) völlig mit Eis bedeckt war. Die größte horizontale und vertikale Ausbreitung hatte das Eis während der **Eiszeiten** in Europa und Nordamerika.

Am Ende der letzten Eiszeit, vor etwa 15.000 Jahren, begann das Eis abzuschmelzen und legte dabei die heute besiedelten Küstenstreifen frei.

Derzeit befinden wir uns, wenn man die langfristigen Zyklen betrachtet, in einer **interglazialen Wärmeperiode**, wobei die Temperaturen seit Anfang der 80er Jahre im Rückgang sind.

Obwohl die Eismassen also schon einmal eine größere Ausdehnung als jetzt hatten, sind die Dimensionen des Eisblocks im Herzen Grönlands kaum vorstellbar: Die Gesamtfläche des vereisten Gebietes beträgt ca. 1.800.000 km². In der Längenausdehnung beläuft sich die maximale Distanz auf mehr als 2.400 km, in der Breite sind es mehr als 800 km.

Die maximale Eisdicke im zentralen Grönland erreicht 3.500 m, im Durchschnitt sind es um die 2.100 m. Diese Eismasse hat ein Volumen von 2.700.000 km³.

Würden diese Eismassen schmelzen, würde der Meeresspiegel weltweit um 6,5 m ansteigen.

Das Gewicht der Eiskappe hat den Untergrund, das Plateau in der Mitte Grönlands, um etwa 800 m abgesenkt.

Die Entwicklung der Eiskappe/Querschnitt Zentralgrönland
Grönländ vor 50 bis 10 Mio Jahren

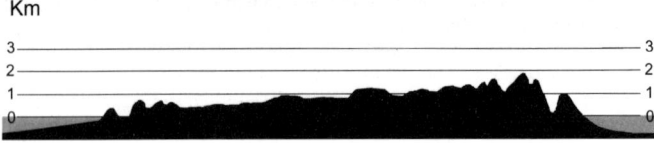

Grönland vor 2 bis 3 Mio Jahren

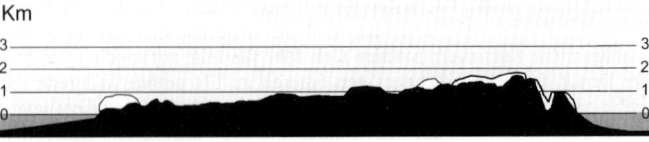

Grönland vor 1 bis 2 Mio Jahren

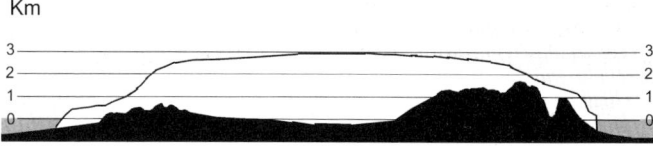

Grönland heute

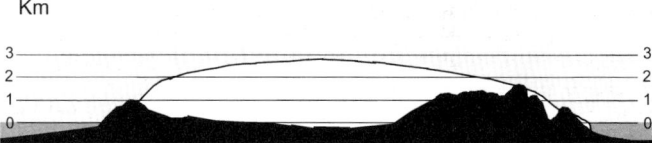

Jeder Niederschlag, der auf die gigantische Fläche fällt, ist Schnee. Die Durchschnittstemperatur auf dem Inlandeis reicht von -5 °C im Süden über -30 °C im Zentrum bis zu -20 °C im Norden. Im Winter wurden allerdings auch schon Temperaturen von -70 °C gemessen.

Daß die Eiskappe derzeit nicht weiterwächst, sondern, in erdgeschichtlichen Zeiträumen gedacht, am Abschmelzen ist, liegt daran, daß über die dünneren Eisschichten am Küstenstreifen Schmelzwasser abgeführt wird und daß es zahllose Stellen gibt, an denen Auslaßgletscher direkt ans Meer stoßen und Eisberge kalben.

Einige dieser Stellen gehören wohl zu den eindrucksvollsten Naturerscheinungen der Welt. Sie sind entsprechend auch Touristenattraktionen. Allen voran ist hier der **Jakobshavn Eisfjord** bei Ilulissat (☞ Die Diskobucht) zu nennen, wo die höchsten und massivsten Eisberge des Landes ins Meer getrieben werden. Auf einer Breite von sieben Kilometern schiebt sich das Eis hier mit einer Geschwindigkeit von 25 bis 30 m pro Tag in den 35 km tiefen Fjord. Das heißt, daß hier ungefähr alle fünf Minuten einer der Eisriesen losbricht. Damit gehört dieser Gletscher zu den schnellsten und produktivsten der Welt. Nur in der Antarktis werden die grönländischen Gletscher noch übertroffen.

Die Eisberge des Jakobshavn Gletschers ragen bis zu 100 m aus dem Wasser. Dabei ist theoretisch nur das obere Zehntel zu sehen. Da viele Eisberge jedoch größere Mengen von Steinen eingeschlossen haben oder, weil sie ja das Ergebnis von Pressung durch Gewicht sind, über eine unterschiedliche Dichte verfügen, gilt für die Praxis, daß es in beide Richtungen erhebliche Abweichungen geben kann. Auch die Ausdehnung in der Breite variiert stark. Von steilen Säulen bis zu mehreren hundert Meter langen Festungen gibt es verschiedenste Formen. Große Eisberge in großer Anzahl lassen sich vor allem in der Diskobucht und weiter nördlich sowie im Süden finden. Die Zahl der Eisberge, die jährlich aus grönländischen Gletschern kalben, wird auf 16.000 geschätzt.

Wer sowohl den Norden als auch den Süden bereist, wird feststellen, daß sich die Eisberge im Süden von denen im Norden unterscheiden. Die südlichen sind etwas kleiner und häufig bläulich gefärbt, was daran liegt, daß sie weniger Luftblasen eingeschlossen haben als die weißen und das Licht anders reflektieren. Wieviel Luft im Eis eingeschlossen ist, kann man hören, sobald man in die Nähe von kleineren Bruchstücken eines Eisbergs gerät: Permanent ist das prickelnde Geräusch der beim Schmelzen austretenden Luft zu hören. Für viele Besucher ist es ein Ritual, einen Whisky mit dem Eis solcher Bruchstücke zu trinken und die Vorstellung zu genießen, daß die deutlich hörbar austretende Luft Tausende von Jahren alt ist.

Sich großen Eisbergen auf Hörweite zu nähern, ist allerdings nicht zu empfehlen, da sie immer wieder umkippen oder auseinanderbrechen. Das Meerwasser unterspült den Eisberg und taut ihn ab, obwohl es selbst oft nur 1 bis 2 °C hat. Wenn genügend Eis von unten abgeschmolzen ist, dreht er sich. Die ganz strahlend weißen oder durchsichtig wäßrig scheinenden Eisberge haben dies vor nicht allzu langer Zeit getan, während es den etwas schmutzig wirkenden noch bevorsteht.

Flora und Fauna

Flora

Es gibt in Grönland insgesamt etwa 500 Arten höherer Pflanzen (Samenpflanzen). Dazu kommen noch etwa 3.500 Arten von Moosen, Flechten, Pilzen, Algen etc. Diese Vielfalt ist für den Laien in weiten Teilen des Landes allerdings nicht sichtbar.

Generell ist der Bewuchs sehr niedrig und durch Sträucher und Krüppelgewächse gekennzeichnet. Lediglich im Süden findet man gelegentlich etwas höhere Gewächse. Aufgrund der wärmeren Temperaturen nimmt die Pflanzenvielfalt und -dichte in Richtung Süden zu, was besonders an den grün bewachsenen Bergen und den saftigen Wiesen ersichtlich ist. Sie waren der Grund für die Namensgebung des Landes durch die Normannen, die allerdings in einer relativ warmen Periode dort

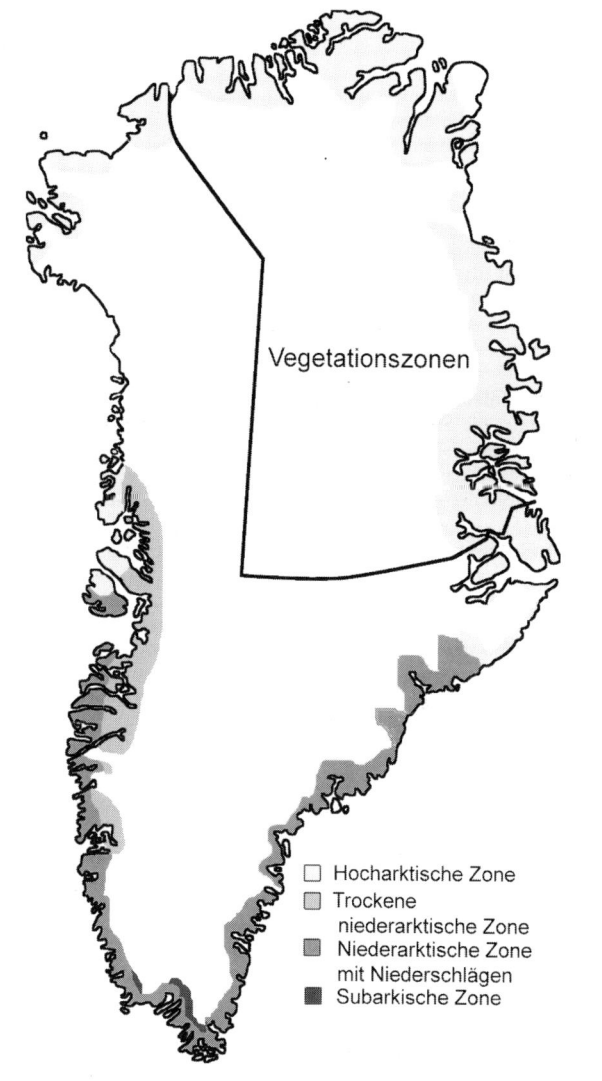

Vegetationszonen

☐ Hocharktische Zone
☐ Trockene
   niederarktische Zone
▨ Niederarktische Zone
   mit Niederschlägen
■ Subarkische Zone

siedelten und vermutlich auf eine noch üppigere Vegetation trafen, als sie heute zu finden ist.

Man kann das Land systematisch in vier verschiedene **Vegetations-zonen** aufteilen, die sich in drei Klimazonen (der hocharktischen, der niederarktischen und der subarktischen) mit unterschiedlichem Nieder-schlagsaufkommen befinden:

Die hocharktische Zone

Sie beginnt im Westen, etwas nördlich von Upernavik, und herrscht auch auf der Nordhälfte der Insel Disko vor. Im Osten beginnt sie auf der Höhe von Ittoqqortoormiit (Scoresbysund). Hier gibt es nur niedrige Heidesträucher, Moose und im Sommer an den Küstengebieten einige wenige Blumen. Im Inland herrscht Wüste vor.

Die trockene niederarktische Zone

Sie bezeichnet die **Steppenvegetation** in den niederschlagsarmen Gebie-ten. Dazu zählen der schmale Küstenstreifen von Upernavik bis Aasiaat und im weiteren das Binnenland bis nach Nuuk. Große Steppenflächen lassen sich vor allem in der Region um Kangerlussuaq finden.

Die niederarktische Zone mit regelmäßigen Niederschlägen

Sie ist ab der südlichen Hälfte der Insel Disko entlang der ganzen weite-ren Küste in Richtung Süden bestimmend. Dies gilt auch für die Ostküste südlich von Scoresbysund.

Hier beginnt das **"Grünland"**, das Erik der Rote gesehen hat, lang-sam Farbe anzunehmen, was sich in Richtung Süden immer mehr ver-stärkt. Zahlreiche Farne, Gräser und Blumen, die nach einem Regen im Sommer plötzlich ganze Hänge gelb oder rot färben, sind hier zu finden. Der **Knöterich** gehört zu den verbreitetsten Pflanzen.

Je weiter man nach Süden geht, desto häufiger kann man auf das **rote Weidenröschen** treffen, die erklärte Lieblingsblume der Grönländer. **Niviarsiaq**, "junges Mädchen", heißt sie in der Landessprache. Auch das **Wollgras** begegnet einem in zwei verschiedenen Varianten überall in diesen Breiten. Die Grönlander bezeichnen es als "etwas Hasenähn-liches". In dieser Region kommen auch Baumsorten wie **Birken** und **Weiden** vor, die es hier jedoch nur auf die Höhe von Gesträuch bringen und kaum als Bäume zu erkennen sind.

Die subarktische Zone

Im äußersten Süden läßt sich hinter dem Küstenstreifen eine kleine Re-gion finden, die durch hohe Niederschläge und eine besonders geschützte

Lage eine für grönländische Verhältnisse nahezu üppige Vegetation aufweist. Die **Birken** sind hier schon als kleine Bäume zu erkennen und die **Weidensträucher** werden sogar drei bis vier Meter hoch. Auch die anderen Pflanzen, besonders die Farne, sind größer als im übrigen Land.

Wer **Pilze** sammeln möchte, findet dazu in Grönland reichlich Gelegenheit. Das Angebot entspricht im wesentlichen dem nordeuropäischer Länder. Die häufigsten Arten sind **Birkenpilze, Graue Seidenstreiflinge, Rote Lacktrichterlinge** und **Schafegerlinge.**
Als weiteres Nahrungsangebot der Natur gibt es in weiten Teilen des Landes verschiedene **Beerensorten.** Im Spätsommer sieht man oft grönländische Familien mit Eimern ausgerüstet in die nahegelegenen Berge und Hügel ziehen, um Blau-, Preisel- oder Krähenbeeren zu sammeln. Die **grönländische Vogelbeere** ist zur Herstellung von Konfitüre und Gelee geeignet.

Die Liste der eßbaren Pflanzen und Kräuter ist lang. Für Wanderer seien als besondere Ergänzung der Küche noch erwähnt: der arktische **Thymian,** der sich hervorragend als Gewürz zum Kochen oder Zusatz im Tee eignet, der **Engelwurz,** der vor allem als Branntweingewürz genutzt wird und dessen Stengel eßbar sind, und das fast wie Kresse schmeckende **Wiesen-Schaumkraut.**

📖 ***Eßbare Wildpflanzen*** - *Basiswissen für Draußen* (Band 5) von Jim Meuninck, Conrad Stein Verlag, Kronshagen. ISBN 3-89392-105-2, DM 12,80.

Fauna
Grönland ist aufgrund der harten und langen Winter sehr arm an Landsäugetieren. Es gibt, wenn man von den Haustieren absieht, nur acht verschiedene freilebende Arten: Eisbären, Polarwölfe, Polarfüchse, Rentiere, Moschusochsen, Hermeline, Lemminge und Schneehasen.

Der **Eisbär,** das Wappentier der Grönländer, lebt vor allem im Nordosten des Landes. Besonders häufig kommt er innerhalb des riesigen Nationalparks vor. Außerhalb dieses Gebietes bewegt er sich auf seinen langen Wanderungen auf dem Treibeisgürtel entlang der Ostküste, wo er von den Grönländern auch gejagt wird. Nur diejenigen, die als professionelle Jäger in dieser Region leben, dürfen ihm nachstellen. Alle anderen sollten eine Begegnung mit ihm auch unbedingt vermeiden. Ein ausgewachsener männlicher Bär wiegt bis zu 600 kg. Er ernährt sich beinahe ausschließlich von Fleisch, vor allem von Robben, denen er an den Atemlöchern im Eis auflauert.

Gelegentlich kommt es vor, daß ein Eisbär auf einer treibenden Scholle festsitzt und mit dem Treibeis um Kap Farvel herum in den bewohnten Süden des Landes gerät. Hier angekommen wird er aber sofort erlegt, da ein ausgehungerter Eisbär eine denkbar große Gefahr darstellt.

Den Eisbären als Wappentier gibt es in zwei Varianten. Einmal den auf dem im Königreich Dänemark verbreiteten Wappen (auch noch bei der grönländischen Post zu sehen), der den rechten Arm drohend erhebt, und einmal das in Grönland, z.B. auf Veröffentlichungen der grönländischen Selbstverwaltung zu sehende Tier, das den linken Arm hebt. Die Grönländer wissen nämlich, daß der Bär immer mit links zuschlägt.

Der **Polarwolf** ist heute nur noch im nördlichen Teil des Nationalparks anzutreffen. Seit Ende der siebziger Jahre ist eine Zunahme der Population zu beobachten. Er hat sich vom **Peary Land** wieder in Richtung Süden bis zum Germania Land ausgebreitet. Der Wolf steht unter strengem Schutz und darf nicht gejagt werden. Da der Nationalpark für Touristen nicht zugänglich ist, muß man sich mit der Betrachtung eines nahen Verwandten zufriedengeben: dem Schlittenhund.

Schlittenhunde sind in allen grönländischen Städten nördlich des Polarkreises und an der ganzen Ostküste anzutreffen. Nördlich des "Hundeäquators" dürfen keine anderen Hunde eingeführt werden. Ausnahmen werden nur für Polizei- und Blindenhunde gemacht. Damit will man die Rasse reinhalten, die schon seit Jahrtausenden gute Dienste leistet und in schwierigem Gelände immer noch jedem Motorfahrzeug überlegen ist.

Es wird geschätzt, daß es etwa 28.000 Schlittenhunde in Grönland gibt. Ab Sisimiut hängen sie über jede nordgrönländische Stadt eine Glocke aus Hundegebell und -gejaule. Besonders im Sommer, wenn sie in ihrem jeweiligen Rudel zwischen den Häusern angekettet sind und nur alle zwei bis drei Tage Futter bekommen, damit sie nicht zu fett werden

und leistungsfähig bleiben, kehrt in die Orte nie Ruhe ein. Daß sie ange-
leint sind, ist gesetzlich vorgeschrieben und hat gute Gründe. Sie sind
keineswegs zahm und werden, wenn man versucht sich ihnen zu nähern,
schnell aggressiv und beißen. Man sollte daher nicht auf den Gedanken
kommen, sie zu streicheln. Nur die ganz jungen Hunde dürfen frei
herumlaufen.

Obwohl ihre Besitzer sehr stolz auf sie sind und sich sehr um die
Gesundheit ihrer Tiere kümmern, sind die Schlittenhunde vor allem
Nutztiere. Wenn sie sieben bis acht Jahre alt werden und langsam ihre
Kräfte verlieren, werden sie normalerweise erschossen, da sie wegen des
Futters dann nur noch einen Kostenfaktor darstellen.

Ein Gespann umfaßt 10 bis 15 Hunde. Im flachen Schnee und auf
dem zugefrorenen Meer werden sie mit Tauen oder Lederriemen fächer-
förmig angespannt, während sie im Tiefschnee paarweise gehen, damit
die hinteren in den Spuren der vorderen gehen können.

Wildlebende Rentiere sind am verbreitetsten in Mittelgrönland. Man
kann sie jedoch auch im Nordwesten bis nach Upernavik und im Süden
bis Paamiut in den trockenen Steppengebieten finden. Im August und
September dürfen sie in gewissem Umfang gejagt werden. Dies ist mit
entsprechender Lizenz auch für Touristen möglich. Bei Nuuk und bei
Narsaq werden große Rentierherden gehalten. Auch hier ist unter Umständen das Jagen möglich, wobei das allerdings manchmal eher den
Charakter einer standrechtlichen Erschießung hat, da den Tieren kaum
nachgestellt werden muß.

1962 und 1965 wurden insgesamt 27 **Moschusochsen**, alles einjährige
Kälber, die eigentlich aus dem Nordosten stammten, bei Kangerlussuaq
ausgesetzt. Daraus sind inzwischen 3.500 geworden. In kleinen Herden
von 10 bis 30 Exemplaren ziehen die 200 bis 300 kg schweren Tiere
seitdem durch die Region. Als Wanderer hat man gute Chancen, sie zu
Gesicht zu bekommen. Man sollte ihnen aber, besonders wenn kleine
Kälber in der Herde sind, nicht näher als 30 bis 40 m kommen, da einem
sonst ein folgenreiches Zusammentreffen bevorsteht. Die Jagd ist nur
einheimischen Vollerwerbsjägern gestattet und streng reglementiert. Ein
traditionelles Gebiet für Moschusochsen stellt der südliche Nationalpark
dar. Hier leben 40% der Gesamtpopulation der Erde.

Der **Polarfuchs** ist im ganzen Land anzutreffen. Von ihm gibt es eine
weiße und eine blaue Variante. Er hält sich häufig in der Nähe von
Siedlungen auf, um von den Abfällen zu fressen. Für Wanderer ist er
eine Gefahr für den Proviant und gräbt sogar verbuddelte Abfälle wieder

aus. An der Küste ernährt er sich unter geschickter Nutzung der Gezeiten hauptsächlich von Fischen und Muscheln.

Sehr weit verbreitet ist auch der **Schneehase**. Es gibt kaum ein Gebiet, in dem er nicht vorzufinden ist. Sein im Sommer braunes und im Winter weißes Fell tarnt ihn jedoch sehr gut, zudem ist er schnell und scheu, so daß man ihn nur selten zu sehen bekommt. In einigen Gebieten ist die Jagd auf ihn mit Ausnahme von drei Sommermonaten ganzjährig möglich.

Hermeline und **Lemminge**, die kleinsten grönländischen Landsäugetiere, sind im Nationalpark zu finden.

Rund 200 verschiedene **Vogelarten** kann man in Grönland beobachten. Die meisten davon (ca. 150) sind jedoch nur kurzfristige Gäste, Zugvögel, die den kurzen Sommer hier verbringen.

Die weiteste Reise legt dabei die **Küstenseeschwalbe** zurück, die zwischen den Polen hin- und herpendelt, den grönländischen Winter in der Antarktis verbringt, um im Frühjahr wieder zurückzukehren. Das ergibt eine jährliche Flugstrecke von 35.000 km.

Nicht ganz so weit hat es der **Wanderfalke**. Er verbringt den Winter in Mittel- und Südamerika.

Auch die verschiedenen **Gänsearten**, die man antreffen kann, bleiben nicht das ganze Jahr hier.

Einer der am meisten verbreiteten und auffälligsten Vögel ist der **Steinschmätzer**, den man am schwarzen T auf seinem weißen Schwanz leicht erkennen kann. Mit Klicklauten warnt er seine Artgenossen vor Wanderern und anderen Gefahren. Die Steinschmätzer der Westküste verbringen den Winter in Nordamerika, die der Ostküste im vorderen Asien.

Nur ungefähr 50 Arten sind das ganze Jahr über im Land. Am bekanntesten ist der grönländische **Seeadler**, der mit 2,5 m Flügelspannweite auch der größte ist. Er ist vom Aussterben bedroht und steht unter strengem Artenschutz.

In Grönland gibt es nur noch ca. 100 Seeadlerpärchen (sie bleiben ihr ganzes Leben zusammen). In Südgrönland wurden sie lange stark verfolgt, weil sie im Ruf standen, junge Lämmer zu schlagen. Der engagierten Aufklärungsarbeit eines Ornithologen ist es zu verdanken, daß dieser Irrglaube sich langsam auflöst. Seeadler ernähren sich von Fischen, Füchsen und anderen Kleintieren.

Auch die anderen drei Raubvogelarten, die es in Grönland gibt, die **Jagdfalken**, die **Wanderfalken** und die **Schneeulen**, stehen unter unbedingtem Naturschutz und sind relativ selten anzutreffen.

Ein Standvogel, der einem im ganzen Land hingegen sehr häufig begegnet, ist der **Rabe**. Genauso verhält es sich mit dem **Alpenschneehuhn**. Es ist Meister der Tarnung und paßt sein Federkleid der Jahreszeit an. Es kann gut passieren, daß man bei einer Wanderung beinahe auf ein Huhn tritt, da es sich erst im letzten Moment entfernt. Dies gelingt ihm jedoch nicht immer und es landet oft in grönländischen Pfannen.

Auch die **Eiderente**, die **Trottellumme**, der **Krabbentaucher** oder junge **Möwen** gelten als Speisevögel und werden gejagt oder gefangen.

Es gibt keine Amphibien und Kriechtiere in Grönland, jedoch über 700 verschiedene **Insekten**, von denen der Besucher hauptsächlich die Mücken wahrnimmt, die in den etwas feuchteren Gebieten zu Tausenden über ihn herfallen.

Ist das Tierleben auf dem Land nicht besonders artenreich, so bietet das grönländische Meer einen einzigartigen Lebensraum für zahllose Tiere.

Für die Grönländer ist traditionell die **Robbe** die wichtigste Ernährungsgrundlage und Rohstofflieferant für Kleidung und Werkzeuge (zum Problem des Robbenfangs ☞ Wirtschaft).

Am wichtigsten ist bis heute die **Ringelrobbe**. Sie ist 130 bis 190 cm lang und wiegt 30 bis 100 kg. 60 bis 100.000 Exemplare werden pro Jahr mit Netzen gefangen oder vom Boot aus mit dem Gewehr erlegt. Im Winter werden sie an den Atemlöchern im Eis gefangen.

An zweiter Stelle folgt die **Sattelrobbe**. Sie ist 160 bis 220 cm lang und wiegt zwischen 115 bis 180 kg. Ihr Fell ist dicker und haltbarer als das der Ringelrobbe und wird daher gern für Jagdkleidung verwendet. Man benutzt es jedoch auch für vornehmere Kleidung. Die Sattelrobbe verbringt das Frühjahr auf dem Treibeis vor Neufundland oder auf der norwegischen Insel Jan Mayen, um im März Junge zu bekommen. Hier kam es in der Vergangenheit auch zu jenen Schlachtszenen, die weltweit Aufsehen erregten. In Grönland wurden in der 80er Jahren durchschnittlich 15 bis 20.000 erwachsene Sattelrobben gejagt.

Die großen **Klappmützen**, die 180 bis 250 cm lang sind und 300 bis 400 kg wiegen, machen die gleichen Wege zum Gebären ihrer Jungen wie die Sattelrobben. Von ihnen werden ca. 5.000 bis 6.000 pro Jahr erlegt.

Die **Bartrobbe** ist mit bis zu drei Metern Länge und einem Gewicht von 200 bis 400 kg die größte in den grönländischen Gewässern. Früher war sie sehr begehrt, weil man aus ihrem großen Fell gut lange Lederseile anfertigen konnte. Heute gehört sie mit 500 bis 1.000 gefangenen Exemplaren pro Jahr zu den weniger gejagten Robben.

Neben den Robben waren die **Wale** über Jahrtausende eine wichtige Nahrungsquelle der Inuit. Alle größeren Wale sind heute geschützt und strengen Quotierungen unterworfen. Völlig verboten ist der Fang von **Blauwalen**, **Buckelwalen**, **Grönlandwalen** und **Pottwalen**. Bei einigen Großwalen wird den Grönländern in gewissem Umfang die Jagd zu Subsistenzzwecken gestattet. So dürfen in Grönland z.B. jährlich 19 Finnwale gejagt werden. Diese Quoten werden auf die Kommunen verteilt, wo sie teilweise gar nicht erfüllt werden, weil der kleine Ort z.B. gar kein entsprechend ausgerüstetes Boot hat. Die Chance, Wale zu sehen, hat man entlang der ganzen Westküste. 16 verschiedene Wale gibt es in Grönland. Vom riesigen, über 20 m langen und bis zu 70 Tonnen schweren **Finnwal** über den **Weißwal** bis zu den heute noch zahlreich gejagten Kleinwalen wie dem **Schweinswal** lassen sich die verschiedensten Arten finden. Am auffälligsten ist der **Narwal** mit seinem langen Horn, von dem man bis heute nicht sicher weiß, wozu es gut ist. In der Vergangenheit war es sehr begehrt, bevor die europäischen Königshäuser schließlich das Elfenbein entdeckten. Dort, wo seine Herkunft unbekannt war, galt es gelegentlich als Horn eines Einhorns.

📖 ***Wale beobachten*** - *Basiswissen für Draußen* (Band 25) von Erich Hoyt, Conrad Stein Verlag, Kronshagen. ISBN 3-89392-130-3, DM 14,80.

Die Meere um Grönland werden von zahlreichen Fischarten bevölkert. Die am meisten verbreiteten Arten sind: **Dorsch**, **Heilbutt**, **Lachs**, **Meerkatze**, **Rotfisch** und der **Steinbeißer**. Dabei sind nur die drei erstgenannten für die professionelle Fischerei von Bedeutung.

Bis in die 80er Jahre hinein war der Dorsch der meistgefangene Fisch und die Grundlage der grönländischen Fischindustrie überhaupt. Er ist mit einer leichten Erwärmung der Gewässer in den 20er Jahren gekommen, ist jedoch, seit sich das Wasser seit Anfang der 80er Jahre wieder etwas abgekühlt hat, wieder auf dem Rückzug. Trotz verstärkter Bemühungen und einer Modernisierung der Fischereiflotten konnte der Wegzug nicht mehr kompensiert werden. Dies führte schließlich dazu, daß die ganze Fischerei auf **Shrimps** umgestellt wurde. Sie sind heute das wichtigste Exportgut des Landes und entlang der ganzen Westküste bis Upernavik und in weiten Bereichen der Ostküste verbreitet.

Geschichte

Trotz des unwirtlichen arktischen Klimas und der schwierigen geographischen Verhältnisse hat Grönland schon eine sehr lange Geschichte menschlicher Besiedlung hinter sich. Die ersten Einwanderer, Angehörige eskimoischer Völker, kamen vor mehr als 4.000 Jahren ins Land. Seitdem gab es im Abstand von mehreren hundert Jahren immer wieder Einwanderungswellen, bis schließlich ab etwa 1000 n.Chr. diejenigen Eskimos auf die Insel gelangten, die man als Vorfahren der heutigen Inuit-Bevölkerung ansehen kann. Diese werden **"Neoeskimos"** genannt, von den Einwanderern der Frühzeit spricht man dagegen als **"Paläoeskimos"**.

Auch die Geschichte der Verbindungen Europas zu Grönland hat Wurzeln, die weit in die Vergangenheit zurückreichen. Im Mittelalter siedelten dort über mehrere Jahrhunderte die Normannen, ab dem 17. Jh. kreuzten holländische Walfänger in großer Zahl vor Grönlands Küsten, und in der ersten Hälfte des 18. Jh. errichteten schließlich die Dänen ihre Kolonialherrschaft über die Insel, die mehr als 200 Jahre währen sollte. Auch heute noch ist Grönland ein Teil des Königreichs Dänemark, wenngleich seit 1979 mit sehr weitgehenden autonomen Rechten.

Frühgeschichte: Paläoeskimoische Besiedlung

Nach derzeitigem Kenntnisstand kamen die ersten Menschen etwa um 2500 v.Chr. nach Grönland. Die Einwanderer waren **Eskimos** aus Arktisch-Kanada oder Alaska. Die ursprüngliche Heimat dieser Völker scheint allerdings auf der asiatischen Seite der Beringstraße zu liegen: Hier hat man Funde gemacht, die annähernd 15.000 Jahre alt und damit deutlich älter sind als die Relikte eskimoischer Kulturen, die auf dem nordamerikanischen Kontinent gefunden wurden.

Ihren Weg nach Grönland fanden die Einwanderer vom kanadischen Ellesmere Land aus über den Smith Sund, der nördlich des heutigen Qaanaaq die Insel vom nordamerikanischen Kontinent trennt und an seiner schmalsten Stelle nur 26 km breit ist.

Wie das Leben anderer Arktisbewohner war auch das der grönländischen Eskimos unter diesen feindseligen äußeren Bedingungen hart und entbehrungsreich und vor allem vom Kampf um Nahrung und gegen die eisige Kälte bestimmt. Sie waren halbnomadische Jäger und Fänger, die in kleineren Gemeinschaften zusammenlebten und sich von Rentieren, Robben und Moschusochsen ernährten.

Im Sommer wohnten sie in Zelten aus Tierhaut, im Winter in kleinen, flachen Häusern aus Erde, Gras, Treibholz, Steinen und Fellen, die man

Verbreitungsgebiet und Fundorte der Independence-Kultur

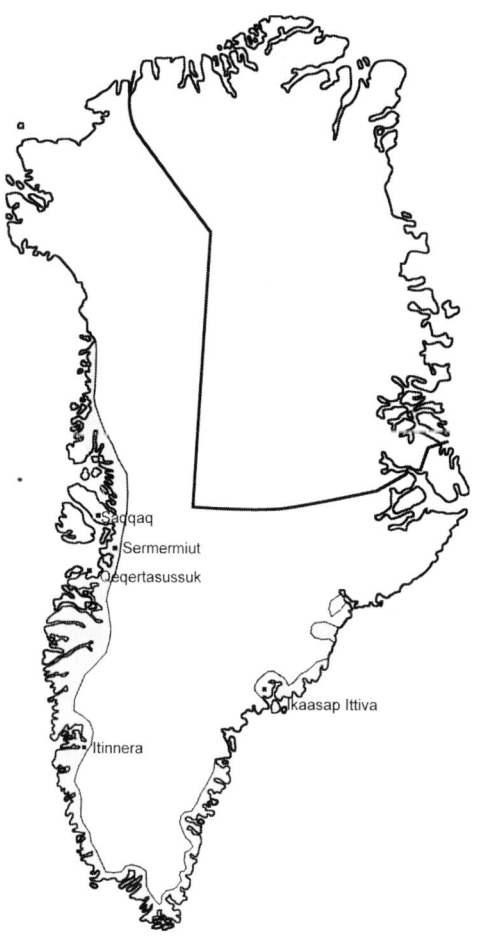

Verbreitungsgebiet und Fundorte der Saqqaq-Kultur

durch einen tunnelartigen Zugang betrat. Iglus dagegen waren unter den grönländischen Eskimos nicht annähernd so verbreitet, wie es die gängige Klischeevorstellung annimmt: Man fing erst spät, um die Zeitenwende an, diese Behausungen zu verwenden, und selbst dann dienten Iglus in den allermeisten Fällen nur als vorübergehende Unterkünfte auf Reisen.

Auf der Suche nach neuen Jagdgründen wechselten die Gemeinschaften häufiger die Wohnplätze. Ihre Wanderungsbewegungen folgten denen der Tiere, und die Entwicklung ihrer Kultur spiegelt eine stufenweise verbesserte Anpassung an arktische Lebensbedingungen wider.

Archäologische Untersuchungen haben gezeigt, daß man von mehreren, voneinander unabhängigen Einwanderungswellen ausgehen muß. Dies wird z.B. deutlich anhand von Wohnplätzen, die im Verlauf von einigen hundert Jahren mehrfach genutzt wurden: Hier finden sich übereinander die Relikte unterschiedlicher Eskimo-Kulturen, jeweils fein säuberlich durch eine "kultursterile Schicht" voneinander getrennt.

Jede dieser Kulturen wird auf eine große Einwanderungswelle zurückgeführt. Es gibt allerdings an manchen Punkten noch gewisse Unklarheiten darüber, wie nun im einzelnen die Abgrenzungen und Zuordnungen vorzunehmen seien.

Im allgemeinen unterscheidet man jedoch für Grönland drei paläoeskimoische Kulturen: Independence, Saqqaq und Dorset. Unklar ist außerdem, was aus den Trägern der jeweils älteren Kultur wurde: Sie könnten zurückgewandert, ausgestorben oder von den nächsten Einwanderergruppen absorbiert worden sein.

Independence, die Kultur der vermutlich ersten Grönländer, verdankt ihren Namen dem Independence-Fjord im Nordosten des Landes, wo man Überreste eines ihrer Wohnplätze gefunden hat. Ausgerechnet dort an der Nordküste, wo das Klima selbst für grönländische Verhältnisse äußerst streng ist und wo heute niemand mehr lebt, war ihr Siedlungsgebiet. Spuren von Independence lassen sich bis in die Zeit nach Christi Geburt verfolgen. Die Lebensgrundlage dieser Eskimos war vor allem die Jagd auf Moschusochsen, die damals in diesem Teil Grönlands sehr zahlreich vorhanden waren. Waffen und Werkzeuge, die man von der Independence-Kultur gefunden hat, zeichnen sich allerdings noch durch eine gewisse Einfachheit aus und spiegeln insofern ihren vergleichsweise niedrigen Entwicklungsstand wider.

Ein höheres Entwicklungsniveau wird dagegen den **Saqqaq**-Eskimos zugesprochen, die sich fast zeitgleich mit Independence um 2400 v.Chr.

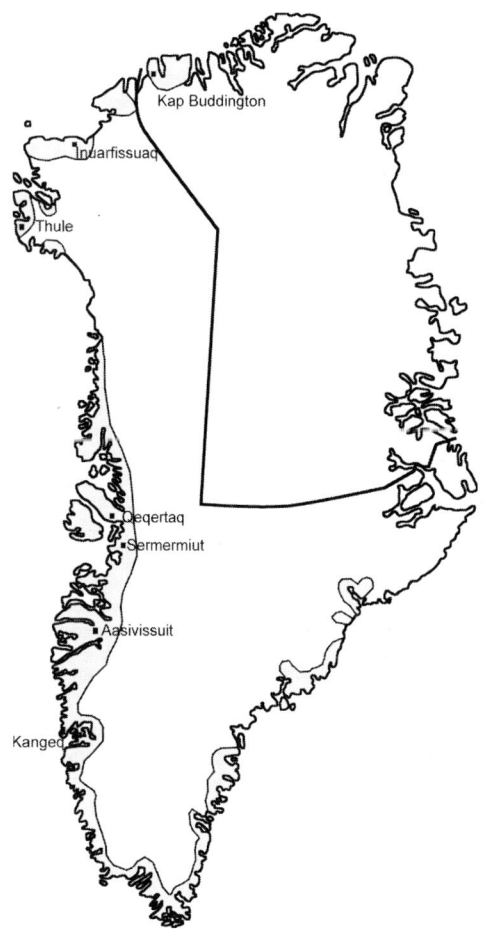

Verbreitungsgebiet und Fundorte der Dorset

in Grönland niederließen. Von dieser Kultur wurden zahlreiche Funde gemacht. Alles, was man ausgegraben hat - Waffen, Werkzeuge, Hausrat und Kleidung -, war sehr sorgfältig und kunstvoll verarbeitet. Offenbar waren selbst fellbespannte Kajaks damals bereits in Gebrauch.

Lebensgrundlage der Saqqaq-Kultur war die Jagd auf Rentiere und Robben. Auch diese Kultur hat ihren Namen von einer Fundstätte, der Siedlung Saqqaq in der nördlichen Diskobucht, wo einer ihrer Wohnplätze lag.

Anders als die Träger von Independence wandten sich die Saqqaq-Eskimos nach ihrer Ankunft in Grönland nicht ostwärts, sondern nach Süden und zogen die Westküste entlang. Später wanderten sie weiter südwärts und schließlich um die Südspitze herum nach Ostgrönland. Darauf deuten Funde, die man in der Nähe von Ammassalik gemacht hat und die starke Saqqaq-Elemente aufweisen, hin. Die Spur der Saqqaq-Kultur in Grönland verliert sich im letzten vorchristlichen Jahrtausend. Was danach mit ihr geschah und warum sie verschwunden ist, ist nicht bekannt.

Die letzte der drei paläoeskimoischen Kulturen Grönlands, die **Dorset-Kultur**, ist gleichzeitig auch die erste, von deren Lebensweise man nicht nur aufgrund von archäologischen Untersuchungen Kenntnis hat, sondern von der auch die alten, mündlich überlieferten Sagen einiges zu berichten wissen. Die Eskimos der Dorset-Kultur kamen in mehreren Wellen wahrscheinlich ab dem 7. Jh. v.Chr. nach Grönland und breiteten sich über die gesamte Küste aus: In allen Regionen des Landes hat man Überreste dieser Kultur gefunden. Vermutlich waren es diese Menschen, die den **Iglu** erfunden haben. Dagegen verfügten sie, anders als ihre Vorgänger, die Saqqaq-Eskimos, weder über Kajaks noch hielten sie Hunde. Sie jagten Robben vom Eis aus sowie Rentiere, die sie zu Wasserstellen trieben und dann mit Lanzen erlegten.

Strittig ist, ob die Dorset-Menschen noch in Kontakt zu den Normannen getreten sind, die sich im späten 10. Jh in Süd- und Westgrönland niedergelassen haben. Zwar wird das Ende der Dorset-Kultur eigentlich etwas früher angesetzt, aber auf der anderen Seite interpretieren manche Wissenschaftler das Motiv einer Schnitzerei aus der Dorset-Kultur, das eine Gesichtertraube darstellt, als Hinweis auf eine Begegnung mit dem "weißen Mann", da einige dieser Gesichter europäische Züge aufweisen.

Die normannische Besiedlung Grönlands

Von den Europäern wurde Grönland vermutlich im 9. Jh. n.Chr. entdeckt, als der Wikinger Gunnbjörn, wie es eine alte isländische Sage berichtet, 875 durch einen Sturm an Grönlands Ostküste verschlagen wurde.

Gut 100 Jahre später machte sich **Erik der Rote**, gerade wegen Totschlags für drei Jahre aus Island verbannt, auf, um das ferne Land zu erkunden. Während dieser drei Jahre durchstreifte Erik die Küsten Grönlands bis hinauf zur Diskobucht und beschloß dann, sich dauerhaft dort niederzulassen.

Wieder zurück in Island versuchte er sofort, Mitstreiter für seinen Plan einer Besiedlung der großen Nachbarinsel zu gewinnen, und 985 liefen 25 Schiffe, schwer beladen mit Menschen, Vieh, Waffen und allerhand anderen beweglichen Gütern, gen Grönland aus. Nur 14 Schiffe erreichten ihr Ziel, die anderen mußten umkehren oder fielen den gefährlichen Stürmen bei Kap Farvel an der Südspitze Grönlands zum Opfer. Diejenigen, die die Reise erfolgreich überstanden hatten, verteilten sich innerhalb Grönlands auf zwei Gebiete: Der größere Teil der Gruppe, darunter auch Erik und seine Familie, ließ sich in Südgrönland nieder, der Rest an der Westküste im heutigen Bezirk Nuuk. Das südliche Siedlungsgebiet bekam den Namen **"Eystribygd"** - Ostsiedlung - , das an der Westküste **"Vestribygd"** - Westsiedlung.

Erik hatte seinen Reisegefährten nicht zuviel versprochen, als er ihnen von der grünen Insel im Norden erzählte: Die Isländer jener Tage waren Bauern, und das Weideland, das sie hier vorfanden, war viel besser als das in ihrer Heimat. Das Vieh, das sie mitgebracht hatten, Kühe und Schafe, gedieh gut auf diesen Weiden.

Zunächst verlief die Entwicklung des kleinen Freistaates sehr günstig: Es gab insgesamt 280 **Höfe** in Grönland, 190 davon in Eystribygd, 90 in Vestribygd, auf denen insgesamt etwa 4.000 Menschen lebten. Die Höfe lagen meist im Inneren der Fjorde in den geschützten, grünen Tälern. Einige dieser Höfe müssen sehr prachtvoll gewesen sein. Sie bestanden aus einem großen Wohnhaus, mehreren Wirtschaftsgebäuden und Stallungen und häufig einer kleinen Schmiede. Ein solches Wohnhaus hatte fünf Räume: einen Schlafraum, der, durch Trennwände in mehrere Kojen unterteilt, der ganzen Familie Platz bot, sowie ein großes Wohnzimmer, in dem die Wände häufig holzgetäfelt und mit kunstvollen Wandteppichen behängt waren, die die Frauen auf ihren Webstühlen gewebt hatten. Weiterhin befand sich im Haus ein Schlafraum für die Mägde, eine Küche mit Speisekammer und eine Sauna.

Im Jahre 1000 wurden die Normannen **christianisiert**. Eriks Sohn Leif hatte die neue Religion sowie einen christlichen Geistlichen von einer Fahrt nach Norwegen mitgebracht, und die meisten ließen sich ebenfalls bekehren. Erik der Rote selbst weigerte sich allerdings lange

Zeit, den nordischen Göttern abzuschwören und das Christentum in seiner näheren Umgebung auch nur zu tolerieren. Dennoch hat man bei der Ausgrabung von **Brattahlid**, seinem Hof, auch eine kleine christliche Kapelle vorgefunden. Deren Bau hatte seine Frau Thjodhild gegen seinen Willen durchgesetzt. Insgesamt gab es auf der Insel etwa 15 Kirchen.

1125 wurde sogar ein eigenes Bistum für Grönland eingerichtet. Zum Bischofssitz machte man **Gardar**, das heutige **Igaliku**, ein idyllisch gelegenes geschütztes Tal auf der Halbinsel Qaqortoq, mitten im alten Eystribygd. Die Ruinen dieses Bischofssitzes sind heute noch zu besichtigen und der Hauptgrund dafür, daß das verschlafene Schafzüchterdörfchen Igaliku im Sommer regelmäßig von Touristenscharen heimgesucht wird. Allerdings sind von den meisten Gebäuden nur noch die Grundmauern vorhanden. Zu seiner Zeit muß Gardar aber sehr stattlich gewesen sein: Die steinerne Domkirche war 27 m lang und 16 m breit - für damalige Verhältnisse eine sehr große Kirche. Es gab ein Wohnhaus für den Bischof mit dazugehörigen Stallungen, und die Gildehalle war mit ihren 130 m² eine der größten Skandinaviens.

Nachdem die normannischen Siedlungen unter die geistliche Führung Roms geraten waren - wie alle anderen Gläubigen zahlten auch die "Grönländer" Steuern an den Papst -, gaben sie schließlich 1261 auch in weltlicher Hinsicht ihre Selbständigkeit auf und unterwarfen sich dem norwegischen König. Auch an ihn wurden fortan Steuern gezahlt. Im Gegenzug hatte der König dafür zu sorgen, daß regelmäßig Schiffe nach Grönland geschickt wurden, die mit den Siedlern Handel trieben und sie mit Waren versorgten, die auf der Insel nicht zu bekommen waren.

Lange Zeit waren die normannischen Siedlungen in Grönland ein blühendes, wohlhabendes Gemeinwesen, doch im 14. Jh. verschlechterten sich die Verhältnisse: Es wurde kälter auf der Insel, die Winter wurden länger, die Sommer kürzer und das Leben der Bauern härter und entbehrungsreicher. Als man in diesem Jahrhundert die Skelette aus einer Grabstätte der Normannen in Südgrönland medizinisch untersuchte, wurden bei allen starke Zeichen von Degeneration und Mangelernährung festgestellt. In Europa wütete die Pest - ein Drittel der Bevölkerung des Kontinents fiel ihr zum Opfer -, so daß nicht mehr regelmäßig Schiffe nach Grönland geschickt werden konnten und die Verbindung zu den Normannen allmählich abriß. Insofern sind auch die Kenntnisse über das Leben der Siedler nach 1340 recht gering.

Um 1500 strandete Jon Grönländer, ein Seefahrer, der eigentlich auf dem Weg von Island nach Hamburg war, auf einer kleinen Insel in

Südgrönland und fand dort außer einem toten Normannen niemanden mehr vor. Daraufhin mehrten sich die Gerüchte vom Ende der nordischen Siedler. Aber selbst als sich 200 Jahre später der norwegische Missionar **Hans Egede** auf den Weg nach Grönland machte, um die Normannen in den Schoß der Kirche zurückzuholen, und überall nur verlassene Siedlungen vorfand, glaubten einige immer noch an die Existenz von nordischen Siedlern in Grönland, und zwar sollten sie in Ostgrönland zu finden sein. Erst im 19. Jh., nach einer Expedition zur Ostküste, wurden die letzten Hoffnungen, doch noch überlebende Normannen zu finden, begraben.

Was war geschehen?

Viele mögliche Erklärungen für das Aussterben der Siedler sind vorgebracht worden: die Klimaverschlechterung, das Abreißen der Verbindung mit Europa, die Vernichtung der Siedlungen durch englische oder baskische Piraten oder durch die Eskimobevölkerung, die um diese Zeit in die normannischen Siedlungsgebiete vordrang. Aber keine dieser Erklärungen konnte bisher restlos überzeugen. Man weiß nur soviel, daß den Normannen bereits in der Mitte des 14. Jh. ihre Westsiedlung verlorenging. Alten Berichten zufolge wurde sie durch einen Angriff der Eskimos vernichtet, aber selbst das darf nicht als gesicherte Erkenntnis gelten. Auf jeden Fall scheint es, als hätten sich Normannen und Eskimos seit der zweiten Hälfte des 14. Jh. gegenseitig als Feinde betrachtet, nachdem man offensichtlich vorher lange Zeit in friedlicher Koexistenz nebeneinandergelebt hatte. Das letzte schriftliche Zeugnis der Ostsiedlung stammt aus dem Jahre 1408, wo eine Hochzeit in der Kirche von Hvalsø dokumentiert ist.

Aber zumindest an einem Ort Südgrönlands muß das Leben der Normannen noch eine ganze Zeit weitergegangen sein: Einer der Toten auf dem Friedhof von Herjolfsnes, in der Nähe der heutigen Siedlung Narsaq Kujalleq im Distrikt Nanortalik gelegen, wo man in den 20er Jahren umfangreiche Ausgrabungen gemacht hat, trug eine sogenannte "**Burgunderhaube**", ein Kleidungsstück, das erst in der zweiten Hälfte des 15. Jh. in Mode kam. Dieser Fund zeigt, daß bis zum Ende des 15. Jh. noch Normannen in Grönland gesiedelt haben und daß diese auch noch kurz vor ihrem Verschwinden Besuch von einem Schiff aus Europa gehabt haben müssen.

Neoeskimos: Traditionelle Kultur

Wenn von manchen die Eskimos für das Ende der nordischen Siedler verantwortlich gemacht wurden, so waren damit die Träger der **Thule-Kultur** gemeint - ein Volk, das zwischen 1000 und 1100 n.Chr. nach

Grönland einwanderte und sich im Verlauf der nächsten Jahrhunderte über die gesamte Küste ausbreitete. Die Angehörigen dieses Jäger- und Fängervolkes werden im allgemeinen als die Vorfahren der heutigen Inuit-Bevölkerung angesehen.

Auch diese Einwanderer lebten von dem, was Meer und Land an Beute hergaben. Sie gingen mit dem Kajak auf Robbenjagd und fingen Wale vom **"umiak"** aus, dem traditionellen Frauenboot (obwohl Walfang selbstverständlich Männersache war). Daneben wurde aber auch mit Pfeil und Bogen, Messer und Lanze Jagd auf Landtiere, z.B. das Ren, gemacht.

Mit der Weiterentwicklung der Jagd- und Fangtechniken der Thule-Eskimos bekommt diese Kultur einen neuen Namen: **Inussuk**, benannt nach einem Fundort nördlich von Upernavik. So wurde z.B. der sogenannte **"Ganzpelz"** erfunden, ein wasserdichter Anorak, in den der Kajakfahrer schlüpfte und der fest mit dem Sitzloch des Bootes verbunden war, so daß kein Wasser eindringen konnte, wenn es kippte.

Eine andere Neuerung war der **"Springpelz"**, ein ebenfalls wasserdichter Anzug, der nur das Gesicht frei ließ und bei dem sich zwischen Körper und Stoff eine Luftschicht befand. Bei der Technik des Walfangs, die die Inussuk-Eskimos praktizierten, rettete der Springpelz so manchem Fänger das Leben: Man ruderte mit vollbesetztem umiak an das Tier heran und verwundete es mit Lanzenstichen. Dann sprang einer der Männer auf den Rücken des Tieres und versuchte, ihm den Todesstoß zu versetzen. Rutschte er dabei ab und fiel ins Wasser, bedeutete das bei diesen eisigen Temperaturen vorher fast immer den sicheren Tod, aber dank des Springpelzes konnte der Fänger sich nun über Wasser halten und schnell von den Kameraden geborgen werden.

Nach wie vor lebten die grönländischen Eskimos als **Halbnomaden**: im Sommer im Zelt, im Winter in Häusern. Aber die Größe der Gruppe, die jeweils an einem Wohnplatz zusammenlebte, nahm allmählich zu, und obwohl die Wohnplätze in der Regel weit auseinander lagen, besuchte man sich ab und zu. Ein Staatsgebilde oder auch nur Ansätze staatlicher Strukturen war diesen Menschen dagegen völlig fremd. Das heißt nicht, daß diese Gemeinschaften keine Hierarchien gekannt hätten, aber man erwarb sich eine besondere Stellung durch persönliche Autorität, nicht durch eine formale Prozedur wie etwa eine Wahl.

Traten Konflikte innerhalb der Gemeinschaft auf, wurden diese meist "spielerisch" durch die "öffentliche Meinung" gelöst: Die Kontrahenten traten vor versammelter Dorfgemeinschaft in einen **"Sängerwettstreit"**, wobei jeder versuchte, den anderen mit selbstverfaßten Spottliedern lächerlich zu machen. Wem es dabei dann gelang, den größten Teil der

Zuhörerschaft auf seine Seite zu bringen oder wer einfach den längeren Atem hatte, ging als Sieger nach Hause. Allerdings gab es bei schweren Konflikten auch blutigere "Lösungen": Wurde ein Mord begangen, übte die Familie des Ermordeten Blutrache. Bei sonstigen ernsteren Vergehen konnte es geschehen, daß die Dorfgemeinschaft beschloß, den Übeltäter in die Berge oder auf eine Insel zu verstoßen, was für diesen in der Regel den sicheren Tod bedeutete.

Obwohl sich die grönländischen Eskimos mit der Zeit immer besser an die arktischen Verhältnisse anpaßten, hatten sie doch nach wie vor ein sehr hartes und entbehrungsreiches Dasein, das größtenteils daraus bestand, unter diesen widrigen äußeren Bedingungen sein Überleben zu sichern.

Einen wichtigen Ausgleich stellten insofern **Feste** und **Feiern** dar, die man zu allen möglichen Anlässen zelebrierte, etwa wenn Besuch von einem benachbarten Wohnplatz eintraf: Dann wurden **Trommeltanz** und **Sängerwettkampf** veranstaltet - und man spielte das sogenannte "**Lampenlöschspiel**", bei dem im Dunkeln Kollektivpaarungen stattfanden und Frauentausch praktiziert wurde. Diese Lampenlöschspiele, die später die christlichen Missionare aufs äußerste erbosten, erfüllten wohl die für eine so kleine Gemeinschaft lebensnotwendige Funktion, Degenerationserscheinungen durch Inzest vorzubeugen und der Gruppe frisches Blut zuzuführen. Daneben können sie aber auch als Ausdruck der sexuellen Freizügigkeit dieser Kultur interpretiert werden, in der Polygamie und Promiskuität weit verbreitet waren - allerdings auf der Basis einer fundamentalen Ungleichheit der Geschlechter: Frauen hatten kein Recht, über ihre Geschlechtspartner selbst zu entscheiden, sondern mußten akzeptieren, wer vom Ehemann für geeignet gehalten wurde.

Wie bei vielen Naturvölkern spielte in den Eskimo-Gemeinschaften der "**Angakkoq**", der **Schamane**, eine wichtige Rolle: Er hatte die Aufgabe, mit dem Übernatürlichen in Kontakt zu treten, das Wetter zu beeinflussen, für Jagdwild zu sorgen und Krankheiten zu heilen. Schließlich hatte er auch eine wichtige moralische Funktion, indem er für die Einhaltung der Lebensregeln, Sitten und Gebräuche der Gemeinschaft zu sorgen hatte.

In wirtschaftlicher Hinsicht betrieben die grönländischen Eskimos **Subsistenzwirtschaft**, d.h. man sorgte für den eigenen Bedarf und den der anderen Mitglieder der Gemeinschaft, die durch einen Wohnplatz definiert war. Tauschhandel wurde erst zum verbreiteten Phänomen, als sich der europäische Einfluß auf Grönland mehrte.

Frühe Neuzeit: Entdeckungsreisen und Walfang

Als im späten 15. Jh. das Zeitalter der Entdeckungsreisen anbrach, wurde auch das Interesse Europas an Grönland neu geweckt. Eigentlich ging es aber zunächst gar nicht um die Insel selbst, sondern man vermutete in der Region die legendäre **Nordwestpassage**, den Seeweg nach China.

Um einen privilegierten Zugang zu den Reichtümern des Orients zu bekommen, wetteiferten verschiedene europäische Großmächte um die Kontrolle über das Nordmeer, vor allem England und Dänemark-Norwegen, damals noch Doppelmonarchie. Schon frühzeitig proklamierte das dänisch-norwegische Reich seine Oberhoheit über die Region, und England zahlte einen jährlichen Zoll für die Erlaubnis, in diesen Gewässern zu segeln. Viele Schiffe wurden in die Gegend geschickt, einige davon kehrten aus den gefährlichen Wassern des Polarmeeres nie mehr zurück. Die Suche nach der Nordwestpassage hat zahlreiche Opfer gefordert, und als man sie im 19. Jh. schließlich fand, mußte man einsehen, daß alle Mühe vergebens gewesen war, da sie wegen des Eises so gut wie nicht passierbar ist.

Bei diesen Entdeckungsreisen kam auch das eine oder andere Schiff nach Grönland, und man unternahm erste Anstrengungen, die Küsten der Insel zu **kartieren**. Aber zum eigentlichen Ziel vieler Fahrten wurde das Land erst im 17. Jh., als die große Zeit des **Walfangs** begann. Waltran war für Europa damals fast so wichtig wie heute Öl, insofern hatte die Jagd auf diese Meeresriesen eine enorme wirtschaftliche Bedeutung. Auch Dänemark-Norwegen bemühte sich, in diesem Geschäft Fuß zu fassen, aber eindeutig führend waren darin die Holländer.

Der Walfang wurde in höchst brutalem Ausmaß betrieben: Bis zu 1.000 Tiere wurden pro Jahr erlegt. Zunächst konzentrierte sich das Interesse auf die Region um Spitzbergen, aber nachdem man schnell und gründlich fast den gesamten dortigen Walbestand vernichtet hatte, wurden die Aktivitäten in die ebenfalls walreichen Gewässer vor der grönländischen Westküste verlegt.

Hier kamen die Walfänger auch mit der ansässigen Bevölkerung in Kontakt und begannen, **Tauschhandel** mit den Grönländern zu treiben: Die Europäer bekamen Felle und Narwalzähne, im Gegenzug hielten Feuerwaffen, sonstige Metallgegenstände, Tabak, Alkohol und ähnliches Einzug nach Grönland. Auch lernten die Grönländer von den Holländern europäische Tänze, die dann ins traditionelle grönländische Kulturgut integriert wurden.

Um 1700 verringerten sich auch hier die Walbestände erheblich und die Fangquoten gingen zurück. Dies führte zu einer Verschärfung des

Konkurrenzkampfes der am Walfang beteiligten Länder, der teilweise gewaltsam ausgetragen wurde: So brannten die Holländer mehrere dänische Walfangstationen, z.B. die Siedlung Nipisat südlich von Sisimiut, wiederholt nieder, die Dänen verwüsteten im Gegenzug holländische Stationen. Eines der größten Schiffsunglücke in der an derartigen Katastrophen so reichen Geschichte Kap Farvels beendete 1777 schließlich die große Zeit des Walfangs, als dort etwa 100 Walfängerschiffe ins Packeis gerieten und fast alle vom Eis zerdrückt oder in die Tiefe gezogen wurden.

Die Kolonisierung Grönlands

Noch während der Walfängerzeit begann Dänemark mit der Kolonisierung der Insel. Vater dieses Gedankens war der norwegische Missionar **Hans Egede** (1686 bis 1758), dem es in erster Linie darum ging, die normannischen Siedler, von denen seiner Auffassung nach noch immer einige in Grönland lebten, zum rechten Glauben zurückzuführen. Es gelang ihm, den dänisch-norwegischen König von dieser Idee zu überzeugen. Mit dessen Unterstützung gründete Egede die "Bergen-Kompagnie", die das Unternehmen durch den Handel mit Grönland-Produkten finanzieren sollte.

1721 kam Egede mit seiner Familie, einem Arzt und einigen Handwerkern in Grönland an und ließ sich auf Håbets Ø, einer kleinen Insel in der Nähe der heutigen Hauptstadt Nuuk, nieder. Normannen fand er dort nicht vor, auch nicht, als er mit dem Schiff die grönländische Küste bis hinunter in den Süden nach ihnen absuchte. Insofern konzentrierte Egede seinen Missionseifer auf die Eskimobevölkerung der Insel, die er - teilweise mit Stock und Peitsche - das Christentum lehren wollte. Aber zunächst liefen die Dinge schlecht: Der Handel stagnierte, es herrschten Not und Krankheiten, und die Grönländer ließen sich auch nicht recht bekehren - ihr Verhältnis zum Christentum schien eher ein taktisches zu sein, motiviert durch Egedes Stock. Das ganze Projekt schien wenig Erfolg zu versprechen und so rief der König 1731 die gesamte Mannschaft zurück.

Egede, der mittlerweile an die Stelle der heutigen grönländischen Hauptstadt Nuuk übergesiedelt war, beschloß, auf eigene Faust dazubleiben und bekam immerhin zur Unterstützung vom König drei deutsche Missionare der **Herrnhuter Brüdergemeinde** geschickt. Die Herrnhuter mit ihrem auf Spiritualität und Emotionalität ausgerichteten Christentum kamen viel besser bei den Einheimischen an als der trockene Lutheraner Egede. Sie übernahmen die Missionierung von Südgrönland, während sich die Aktivität der dänischen Kirche fortan auf den Norden des Landes beschränkte.

Schon 1734 wurde ein weiterer Versuch unternommen, den Grönlandhandel in Schwung zu bringen, indem man ihn privatisierte und dem dänischen Großkaufmann **Jacob Severin** übertrug. Danach ging es etwas bergauf, aber sonderlich rentabel schien die Angelegenheit nach wie vor nicht zu sein. Dennoch wurde im weiteren Verlauf des 18. Jh. eine ganze Reihe von Handelsposten an der Westküste errichtet, und mit der erneuten Übernahme des Handelsmonopols für Grönland durch die staatliche **KGH** ("Den Kongelige Grønlandske Handel") 1774 und der Entsendung von Inspekteuren zur Verwaltung der Insel wurde der Status Grönlands als dänische Kolonie fixiert.

Zunächst spielte sich allerdings alles noch in einem äußerst bescheidenen Rahmen ab: Das kleine Gemeinwesen bestand lediglich aus etwa 8.000 Menschen, davon nur eine Handvoll Missionare und Kolonialbeamte, die sich in den Handels- und Missionsstationen konzentrierten, während das Gros der Bevölkerung an sehr weit voneinander entfernten Wohnplätzen über die ganze Küste verstreut lebte. Daher taten sich die Dänen lange Zeit schwer damit, ihre Kolonie zu kontrollieren.

Aber im Laufe des 19. Jh. lockte der Tauschhandel doch mehr und mehr Grönländer in die Nähe der dänischen Niederlassungen, Handelsposten wurden allmählich zu Siedlungen und später - im 20. Jh. - zu Städten.

Jeder koloniale Handelsposten hatte einen Verwalter. Dazu gab es zwei Inspekteure, einen für Süd- und einen für Nordgrönland, die die Staatsgewalt auf der Insel repräsentierten. Sie übten sowohl Polizei- als auch Gerichtshoheit aus.

Lange Zeit erstreckte sich die dänische Kolonialherrschaft nur über Süd- und Westgrönland. Der Rest des Landes war weitgehend unbekannt und unerforscht. Erst 1894 entdeckte man durch Gustav Holms **"Frauenbootexpedition"** - so genannt, weil dazu umiaks, die traditionellen Frauenboote der Grönländer, als Verkehrsmittel benutzt wurden -, daß auch an der Ostküste bei Ammassalik Menschen lebten. Es waren nicht viele, nur ein kleiner Stamm mit etwa 350 Angehörigen, die sich ethnisch, sprachlich und kulturell von den Westgrönländern unterschieden und durch Hungersnöte und Naturkatastrophen akut vom Aussterben bedroht waren.

Auch dieses Gebiet wurde wenige Jahre später der Kolonialverwaltung unterstellt, aber wegen seiner - nach europäischen Maßstäben - extremen Rückständigkeit behielt es bis weit ins 20. Jh. hinein einen Sonderstatus.

Grönland als dänische Kolonie

Die dänische Kolonialherrschaft über Grönland stützte sich auf zwei Pfeiler: **Christianisierung** und **Tauschhandel**. Beides bedeutete einen gravierenden Eingriff in die grönländische Lebensweise.

Die Werte, die die christlichen Missionare bei den Grönländern durchsetzen wollten, standen in scharfem Kontrast zu vielen kulturellen Praktiken der traditionellen grönländischen Gemeinschaft. Beispielsweise wurden von der Kirche Polygamie und sexuelle Freizügigkeit als unsittlich gebrandmarkt und verboten. Genauso bekämpfte man die Blutrache, das Aussetzen weiblicher Neugeborener und das Mißhandeln und Töten von alten Frauen als Hexen, was gelegentlich vorkam.

Ihre härtesten Gegner sahen die Missionare in den Schamanen. Sicher nicht zu Unrecht, denn um das Christentum in den Köpfen und Herzen der Grönländer zu verankern, mußte zunächst die Macht der bisherigen spirituellen Führer der Gemeinschaft gebrochen werden. Dies gelang den christlichen Geistlichen nach einigen Mühen schließlich auch - von Hans Egede wird berichtet, daß er sogar mit körperlicher Gewalt gegen die Schamanen vorging -, aber wohl nicht zuletzt, weil ihnen mit den begehrten dänischen **Importwaren** ein wirkungsvolles Lock- und Druckmittel zur Verfügung stand.

Allerdings verlief der Prozeß der Christianisierung der Grönländer keineswegs bruchlos und einheitlich: In abgelegenen Gegenden, wo die Missionare keine ständige Präsenz zeigten, hielt sich der Schamanismus noch sehr lange, und auch in den zentraler gelegenen Gebieten kam es zwischenzeitlich immer wieder zur Wiederbelebung des Schamanismus.

Darüber hinaus engagierten sich die Missionare auch in kulturellen und Erziehungsangelegenheiten: Dänische und deutsche Geistliche waren es, die überhaupt erst die **grönländische Schriftsprache** schufen. Auch die erste **Grammatik** der grönländischen Sprache wurde Mitte des 19. Jh. von einem Missionar der Herrnhuter Brüdergemeinde, dem Deutschen **Samuel Kleinschmidt**, veröffentlicht. Weiterhin waren die Missionare bereits in der ersten Hälfte des 19. Jh. um Alphabetisierung der grönländischen Bevölkerung bemüht und es wurde, wenn auch in sehr bescheidenem Ausmaß, so etwas wie ein Schulwesen eingeführt.

Nicht weniger einschneidend waren die Veränderungen in den grönländischen Gemeinschaften, die die Einführung des Tauschhandels mit sich brachte. Dadurch wurde die Lebensweise der Grönländer in zweierlei Hinsicht beeinflußt:

War es vorher üblich gewesen, genausoviel zu jagen oder zu fangen, wie es dem eigenen Bedarf, auch dem an Vorratshaltung, entsprach, geriet dieses Gleichgewicht durch den Handel aus den Fugen. Um an die

begehrten Güter wie z.B. Kaffee oder Tabak zu kommen, tauschten die
Grönländer mehr ein, als sie entbehren konnten und litten dann Hunger
und Not.

Abgesehen davon veränderten sich die Jagdgewohnheiten der Bevölkerung dadurch, daß die Dänen **Feuerwaffen** einführten. Fortan gingen
auch die Grönländer mit dem Gewehr auf die Jagd und wurden so abhängig von Pulver und Blei. Die traditionellen Jagdmethoden, die den
Grönländern geringere Beute, aber immerhin eine gewisse Autarkie
sicherten, gerieten dagegen mehr und mehr in Vergessenheit.

All das hatte zur Folge, daß weite Teile der grönländischen Bevölkerung im 19. Jh. und noch bis weit ins 20. Jh. hinein in bedrückender
Armut lebten. Hinzu kamen **Krankheiten** und **Epidemien** wie Tuberkulose oder Pocken, die bis zum Ende des vorigen Jahrhunderts einen nicht
unbeträchtlichen Bevölkerungsrückgang verursachten. Alles in allem be-
schreiben viele zeitgenössische Beobachter ein deprimierendes Bild von
einer verelendeten, apathischen und von mangelndem Verantwortungsge-
fühl für die gemeinschaftlichen Belange gekennzeichneten Bevölkerung.

Dieser Zustand stieß bei einer Reihe von Kolonialbeamten, die die
Verhältnisse vor Ort genau kannten, auf harte Kritik. Einige von ihnen
forderten schon sehr frühzeitig, ab Mitte des 19. Jh., Reformen, die auf
größere Beteiligung der Grönländer an öffentlichen Angelegenheiten ab-
zielten, um deren Gefühl für Würde und Eigenverantwortung wieder zu
stärken. Von Hinrich Rink, Inspekteur für Südgrönland und Direktor des
KGH, stammte beispielsweise der Vorschlag, auf lokaler Ebene sogenannte "Vorsteherschaften" einzurichten, eine Art Gemeinderat, in dem
neben den dänischen Beamten auch Grönländer sitzen sollten. Nach längerem Widerstand aus Kopenhagen wurde dieses Konzept schließlich
1862/63 in die Tat umgesetzt. Und wenn die damit erzielte Verbesserung
auch kaum mehr war als ein Tropfen auf den heißen Stein, so wurde
damit doch der Grundstein für die Herausbildung einer, wenn auch kleinen, politisch bewußten, engagierten grönländischen Führungsschicht
gelegt.

Grönland im Zweiten Weltkrieg

Am 9. April 1940 wurde Dänemark von deutschen Truppen besetzt.
Damit riß die Verbindung Grönlands zum Mutterland ab. Da bisher alle
Lebensmittel und sonstige Bedarfsartikel aus Dänemark importiert worden waren, drohte der Insel eine **Versorgungskrise**. In dieser Situation
wandten sich die beiden Inspekteure bzw. Landesvögte, wie die höchsten
dänischen Beamten in Grönland seit 1925 genannt wurden, und der
dänische Botschafter in Washington an die US-Regierung mit der Bitte

um Schutz und Versorgung der Insel. Dazu erklärten sich die USA bereit, verlangten im Gegenzug jedoch das Recht zur Errichtung von Militärstützpunkten in Grönland. Dies wurde schließlich in einem Abkommen schriftlich fixiert.

Sofort begann man mit dem Bau einer Reihe von **Luftwaffenstützpunkten**, von denen aus die USA Großbritannien mit Kriegsmaterialien versorgen wollten - Grönland lag dafür strategisch günstig auf halber Strecke zwischen Europa und den USA. Die beiden wichtigsten Airbases waren das mittelgrönländische Søndre Strømfjord sowie Narsarsuaq in Südgrönland. Hier waren zeitweise mehrere tausend Soldaten stationiert. Beide Stützpunkte behielten die USA auch nach Kriegsende bei, da sie auch für die Zwecke des Kalten Krieges strategisch günstig lagen. Von dort aus wurden die Radarstationen des "Distant Early Warning Systems" betrieben. Der Stützpunkt in Søndre Strømfjord wurde sogar erst 1992 aufgegeben.

Heute existiert nur noch ein US-Luftwaffenstützpunkt in Grönland: **Thule-Airbase** in Nordgrönland, der aber erst nach dem Krieg errichtet wurde. Ansonsten endete das amerikanische Engagement mit der Niederlage der Deutschen im Zweiten Weltkrieg im Mai 1945: Bereits einen Tag, nachdem die Meldung über die Befreiung Dänemarks eingetroffen war, verkündete Eske Brun, einer der beiden Landesvögte, daß Grönland nun wieder Dänemark zugehöre.

Grönland nach dem Zweiten Weltkrieg

Wenige Jahre nach Kriegsende beschlossen Regierung und Parlament in Kopenhagen, Grönland einer umfassenden **Modernisierung** zu unterziehen. Dies bedeutete, daß die Insel in möglichst kurzer Zeit auf den gleichen Entwicklungsstand wie Dänemark gebracht und aus ihrer Isolation herausgeholt werden sollte.

Auslöser für diese neue Politik waren einerseits die aufgebrachten Reaktionen einer liberalen dänischen Öffentlichkeit, die durch Zeitungsberichte über die Zustände in der halbverwahrlosten Kolonie aufgeschreckt worden war. Damals ging es den Grönländern zwar längst nicht mehr so schlecht wie im 19. Jh., aber Rückständigkeit, Armut und Tuberkulose, die gerade wieder einmal epidemische Ausmaße annahm, waren nach wie vor vorhanden und wurden als äußerst beschämend und skandalös empfunden. Andererseits forderte auch die kleine grönländische Führungsschicht, die sich allmählich herausgebildet hatte, energisch **Reformen** ein.

Als Reaktion darauf wurde 1953 eine neue dänische Verfassung verabschiedet, wonach Grönland fortan nicht länger den Status einer

Kolonie haben sollte, sondern zur **gleichberechtigten dänischen Provinz** mit zwei Sitzen im nationalen Parlament wurde. Außerdem entwarf man große Pläne für eine durchgreifende Modernisierung des Landes, die den Aufbau eines Erziehungs- und Gesundheitswesens, die Verbesserung der Infrastruktur und die Förderung einer industriellen Entwicklung vorsahen. Zur Durchführung der Maßnahmen wurden viele Dänen auf die Insel geschickt, vom Bauarbeiter bis zum Konzernmanager. Fischfabriken, Krankenhäuser, Schulen und Mietshäuser, die modernen Hygienestandards genügten, wurden gebaut, ein Gerichtswesen etabliert und das dänische System der öffentlichen Wohlfahrt eingeführt.

Diese Entwicklung konzentrierte sich auf die Städte, deren Bevölkerungszahl in der Folge geradezu explosionsartig anstieg: Zählte z.B. die grönländische Hauptstadt Nuuk 1938 gerade 700 Einwohner, waren es 1960 bereits 3.200, 1970 knapp 5.000, eine Zahl, die sich bis heute wiederum fast verdreifacht hat (1995: ca. 13.000 Einwohner).

Bald zeigte die Modernisierungspolitik erste Wirkung: Man bekam die Tuberkulose und andere gefährliche Infektionskrankheiten in den Griff, die Lebenserwartung stieg von etwa 35 Jahren Ende der 40er Jahre auf heute rund 65 Jahre. Auch Lebensstandard, Ausbildung und Infrastruktur wurden verbessert.

Doch bei allem guten Willen, der hinter diesem ehrgeizigen Projekt stand, und bei allen unbestreitbaren Verbesserungen hatte die Modernisierungspolitik auch eine rabenschwarze Seite, indem sie einen guten Teil der grönländischen Bevölkerung **entfremdete** und **entwurzelte**. Der Übergang von der traditionellen und isolierten Jäger- und Fängergemeinschaft in eine moderne Industriegesellschaft war einfach viel zu schnell und abrupt vor sich gegangen.

Besonders gravierend war die **Umsiedlungspolitik**, die die Regierung betrieb. Da der angestrebte Standard medizinischer und sonstiger Versorgung der Bevölkerung nur dann zu erreichen und vor allem zu finanzieren war, wenn man den Aufbau entsprechender Einrichtungen auf die größeren Städte beschränkte, wollte man die Menschen durch Schließung vieler kleiner Jäger- und Fängersiedlungen zum Umzug in die Stadt veranlassen. Dies geschah nicht durch offenen Zwang, aber man schloß Schulen und Geschäfte in den kleinen Orten und schuf auf diese Weise Sachzwänge, die den Bewohnern keine andere Wahl ließen, als in die riesigen, aus dem Boden gestampften Mietskasernen der größeren Städte zu ziehen. Dieser abrupte Bruch in den Lebensumständen führte zu massiven sozialen Problemen wie Apathie, Selbstmord, Alkoholismus und Gewaltkriminalität.

Unmut machte sich außerdem über die zunehmende **"Dänisierung"** des Landes breit: Der Schulunterricht wurde auf Dänisch abgehalten, alle höheren Positionen in Wirtschaft und Verwaltung waren von Dänen besetzt, und Dänen erhielten bei gleicher Arbeit mehr Lohn als gebürtige Grönländer.

So formierte sich in der zweiten Hälfte der 60er Jahre vor allem unter jungen, gut ausgebildeten Menschen eine **Protestbewegung**, die zunächst nur die Gleichstellung der Grönländer mit den Dänen verlangte, später aber einen deutlich antidänischen, antikolonialen Kurs einschlug. Diese antidänische Haltung griff bald auf weite Kreise der grönländischen Bevölkerung über. Zeitweise waren die Spannungen zwischen beiden Gruppen erheblich. Aber auch gemäßigte grönländische Politiker drängten auf eine Reform und forderten immer nachdrücklicher **Selbstverwaltung** für die Insel.

So wurde 1975 vom dänischen Parlament eine paritätisch mit Dänen und Grönländern besetzte Kommission eingesetzt, die einen Gesetzesvorschlag über Bedingungen und Modalitäten einer grönländischen Selbstverwaltung ausarbeiten sollte.

1978 wurden die Ergebnisse der Arbeit der Kommission dem dänischen Parlament vorgelegt, das dem Vorschlag mehrheitlich zustimmte. Auch bei einer Volksabstimmung fand das Konzept einer grönländischen Selbstverwaltung eine Mehrheit, so daß am 1. Mai 1979 das Gesetz über die grönländische Selbstverwaltung in Kraft treten konnte. Danach ist Grönland zwar immer noch Teil der dänischen Reichsgemeinschaft (der neben Dänemark noch die Faröer-Inseln angehören), hat aber weitgehende Befugnisse zur Regelung seiner Angelegenheiten. Auch die üblichen nationalen Symbole wie Flagge, Hymne und Feiertag hat sich Grönland mittlerweile zugelegt.

Nach dem Selbstverwaltungsgesetz verbleiben lediglich Verteidigung, Außenpolitik und Justiz dauerhaft im Kompetenzbereich der Reichsregierung. Alle anderen Ressorts wurden der grönländischen Selbstverwaltung übertragen, die sich aus Parlament und Regierung sowie den angegliederten Behörden zusammensetzt. Wie bei uns wird das Parlament alle vier Jahre neu gewählt. Das bisher deutlichste Zeichen seiner neuen Selbständigkeit hat Grönland am 1. Februar 1985 gesetzt, als das Land aus der EG austrat.

Bevölkerung

Die größte Insel der Welt ist gleichzeitig eine der bevölkerungsärmsten. Nur etwa 56.000 Menschen leben hier, 7.000 davon sind gebürtige Dänen.

Die Modernisierungspolitik, die seit den 50er Jahren betrieben wurde, hat Früchte getragen. Grönland ist inzwischen (beinahe) eine moderne Gesellschaft: Die durchschnittliche **Lebenserwartung** unterscheidet sich mit etwa 65 Jahren nicht mehr allzusehr von der durchschnittlichen Lebenserwartung bei uns.

Auch die **Siedlungsstruktur** ist längst nicht mehr die gleiche wie früher: Lebte in der Vergangenheit die Inuit-Bevölkerung über das Land verstreut in kleinen und kleinsten Siedlungen, so wohnen mittlerweile über 80% der Grönländer in den Städten. Es gibt Gymnasien, Fachhochschulen und seit einigen Jahren sogar eine kleine Universität in der Hauptstadt Nuuk.

Außerdem verfügt das Land über ein gut ausgebautes Gesundheitswesen, das Telekommunikationsnetz ist eines der modernsten weltweit, und es gibt in 8 der 18 grönländischen Städte einen Flughafen, weitere 5 werden in den nächsten Jahren folgen. Fortbewegungsmittel ist nicht mehr der Kajak, sondern das Speedboot. In fast jedem grönländischen Haushalt gibt es TV-Gerät, Videorecorder und Stereoanlage.

Auch die Arbeitsmarktstruktur entspricht längst nicht mehr der einer traditionellen Gesellschaft. Die meisten grönländischen Arbeitnehmer sind Angestellte im öffentlichen Dienst, entweder in der Verwaltung oder in einem der staatseigenen Betriebe. Allein bei der grönländischen Selbstverwaltung und bei den Kommunen sind etwa 10.000 Menschen angestellt. Größter Arbeitgeber bei den staatseigenen Betrieben ist die Transport- und Versorgungsgesellschaft KNI mit etwa 2.200 Beschäftigten, gefolgt vom Fischereiunternehmen Royal Greenland mit 1.900 Mitarbeitern. Aber immerhin noch knapp 4.000 Personen sind als berufsmäßige Jäger und Fänger gemeldet, wenngleich die meisten auf zusätzliche Einkünfte angewiesen sind, um ihren Lebensunterhalt bestreiten zu können.

Dennoch ist Grönland nur beinahe eine moderne Gesellschaft. In entlegeneren Gebieten, besonders in Nord- und Ostgrönland, behalten trotz Satellitenfernsehen und Snowmobil **traditionelle** Lebens- und Arbeitsweisen die Oberhand. Hier hat die **Jagd** noch entscheidende Bedeutung als Ernährungs- und Erwerbsquelle der meisten Familien. Aber auch jenseits von Nord- und Ostgrönland sind Robbenjagd und Fischerei sehr präsent im Straßenbild: In jeder grönländischen Stadt gibt es einen Fisch- und Fleischmarkt, den sogenannten **"braedt"**, auf dem die Fänger ihre Beute verkaufen, und selbst in den schmucken, modernen Städten des Südens kann man immer wieder das Schauspiel beobachten, daß eine Gruppe von Männern mit einer erlegten Robbe von der Jagd zurückkehrt und diese gleich am Hafen zerlegt.

Daneben ist Jagen eine äußerst verbreitete Freizeitbeschäftigung, die mit einer Selbstverständlichkeit betrieben wird wie bei uns etwa das Tennisspiel. Auch viele Menschen in modernen Dienstleistungsberufen gehen diesem Hobby nach.

Nördlich des Polarkreises hat sich nach dem Boot der **Hundeschlitten** als wichtigstes Verkehrsmittel erhalten, was kaum zu überhören ist: Die 28.000 Schlittenhunde, die auf der Insel gehalten werden, legen mit ihrem Heulen und Bellen so manche grönländische Stadt unter eine permanente Lärmglocke.

Erhalten hat sich in gewissem Umfang auch die grönländische Tradition, den Sommer an einem anderen "Wohnplatz" zu verbringen als den Winter: Nach wie vor zieht eine ganze Reihe von Familien dann in die guten Fanggebiete außerhalb der Städte und Siedlungen und lebt im Zelt, um Vorräte für den Winter zu fangen und zu jagen. Dies gilt nicht nur für die Familien hauptberuflicher Jäger, sondern betrifft auch Personen, die eigentlich in einem abhängigen Beschäftigungsverhältnis stehen, etwa in der Fischindustrie, und die dann in dieser Zeit nicht zur Arbeit gehen. Auch nach "Zahltagen" stellt sich das Phänomen ein, daß ein Teil, allerdings ein immer kleiner werdender Teil der Belegschaft für ein paar Tage nicht am Arbeitsplatz erscheint.

Für die Betriebe stellt dieses Fehlen einer "modernen" Arbeitseinstellung natürlich ein Problem dar, dem man aber mit großer Gelassenheit begegnet: Es brauche eben seine Zeit, bis sich in einer Gesellschaft, die vor fünfzig Jahren noch völlig isoliert und traditionell gelebt hat, eine industrielle Arbeitseinstellung durchsetze. Und wenn man das bedenkt, hat Grönland in den letzten Jahrzehnten einen geradezu unglaublichen Sprung nach vorne gemacht.

Dennoch ist Grönland eine Gesellschaft voller Paradoxe, bei der sich Tradition und Moderne in einem ständigen Spannungsverhältnis zueinander befinden - eine Übergangsgesellschaft mit allen dazugehörenden Problemen. Traurige Berühmtheit hat Grönlands **Selbstmordrate** erlangt, die die höchste in der ganzen Welt ist. Betroffen sind vor allem junge Männer, was darauf hindeutet, daß die hohe Selbstmordrate ebenfalls als Umbruchphänomen zu interpretieren ist: Traditionell war die grönländische Gesellschaft eine Männergesellschaft, in der die Jäger- und Fängerexistenz mit all den klassisch männlichen Tugenden, die ihr zugeschrieben wurden, allerhöchstes Ansehen genoß. Doch in einer modernen Gesellschaft gelten weder der Jäger und Fänger noch die mit dieser Rolle assoziierten Eigenschaften sonderlich viel. Insofern haben gerade die heutigen jüngeren Männer, die in ihrer Kindheit häufig noch das Gefühl vermittelt bekamen, etwas Besonderes zu sein und deren erste erfolgreiche Robbenjagd Anlaß für große Familienfeiern war, plötzlich mit ihrem vermeintlichen Wertverlust zu kämpfen, wenn plötzlich die Frau oder Freundin, die im Supermarkt oder in der Kommunalverwaltung arbeitet, zur eigentlichen Ernährerin der Familie wird.

Probleme beim Übergang von der traditionellen zur modernen Gesellschaft werden auch an zwei weiteren Phänomenen deutlich: **Alkoholismus** und **Gewaltkriminalität**. Ende der 80er/Anfang der 90er Jahre war die Gewaltkriminalitätsrate in Grönland allenfalls mit der Washingtons zu vergleichen, bezieht man sie auf die Bevölkerungszahl von nur rund 50.000, und selbst in der bundesdeutschen Presse geriet das Land mit Überschriften wie "Leere Bierflaschen sind das größte Exportgut" in die Schlagzeilen. Beide Probleme hängen eng miteinander zusammen: So gut wie jedes Gewaltverbrechen in Grönland wurde unter starker Alkoholeinwirkung verübt. Alkoholmißbrauch und Gewalt sind auch heute, einige Jahre später, durchaus noch existent, aber sehr vieles hat sich in den letzten Jahren verbessert. Der Alkoholkonsum ist zurückgegangen; einer neuen Untersuchung zufolge haben die Grönländer mittlerweile keinen höheren Alkoholkonsum mehr als das ehemalige Mutterland Dänemark. Genauso hat sich die Anzahl der Morde in den letzten Jahren reduziert.

Von all dem bekommt man als Tourist wenig mit: Gefahr, in Grönland Opfer eines Gewaltverbrechens zu werden, läuft man als Besucher sowieso nie, da sich Gewaltkriminalität in 99% der Fälle innerhalb der Familie oder des Freundeskreises abspielt. Auch das Trinkverhalten der Grönländer ist in klarere Bahnen gelenkt: Man sieht dort gewöhnlich nicht mehr alkoholisierte Menschen auf der Straße als bei uns. (Allerdings ist ein Freitagabend in einer grönländischen Kneipe immer noch ein Erlebnis der ganz besonderen Art ...)

Heute präsentiert sich das Land dem Besucher in weiten Teilen sehr schmuck und adrett, auch die früher von Reisenden vielbeklagten Müllberge, die sich überall in den Ortschaften auftürmen, findet man so gut wie nirgends mehr.

Die Menschen sind auf eine zurückhaltende Art sehr freundlich. Es ist üblich, daß man einander auf der Straße grüßt, auch wenn man einem Fremden begegnet. Allerdings wird man, wenn man nicht wenigstens Dänisch spricht, nicht mit allzuvielen Grönländern ins Gespräch kommen können, da im allgemeinen nur der jüngere und besser ausgebildete Teil der Bevölkerung über gute Englischkenntnisse verfügt.

Kultur

Im traditionellen Leben der Inuit waren der alltägliche Kampf ums Überleben und alle künstlerischen Tätigkeiten eng miteinander verwoben. Es gab keinen eigenen Raum für Kunst und Kultur. Figuren und Schnitzereien, Gesang, Geschichten und auch der berühmte Trommeltanz hatten mythische oder soziale Bedeutung und waren für das Funktionieren des Gemeinwesens wichtig.

Außer dem Angakkoq, dem Schamanen, gab es niemanden, der über Spezialwissen oder -fähigkeiten verfügte und daher gab es auch keine ausgewiesenen Künstler. Bis in die Zeit der Ankunft der Christen ist Kultur immer Alltagskultur. So diente der in Ostgrönland verbreitete **Tupilak**, wenn man diesen mit einem Zauber verhängte, dem Glauben nach dazu, Unglück über eine mißliebige Person zu bringen. **Amulette** konnten Jagdglück bringen. **Masken** dienten verschiedenen Zwecken. Sie waren einerseits zur Belustigung auf Feiern gedacht und konnten amüsieren oder Furcht einflößen. Andererseits hatten sie auch eine rituelle Bedeutung und sollten z.B. böse Geister von einem Kranken fernhalten, indem man ihm eine bestimmte Maske überzog. Der Trommeltanz war häufig einfach eine Vergnügung, zur Unterhaltung und Zerstreuung gedacht. Er hatte jedoch noch eine weitere Bedeutung, indem er der Geisterbeschwörung oder der Lösung von Konflikten diente. Es gab regelrechte Duelle, bei denen sich zwei Gegner zum Klang der Trommel gegenseitig lächerlich machten, und das zuhörende Dorf gab durch Beifallsbekundungen einem der Kontrahenten recht. Berichten zufolge mußte der Verlierer eines solchen Kampfes, um sein Gesicht zu wahren, unter Umständen den Wohnort verlassen.

Ebenfalls unter Begleitung der flachen, nicht sehr voluminös klingenden Trommel wurden die zahllosen **Sagen** und **Mythen** erzählt und gesungen: Die Geschichten von der Frau unter dem Meer, die über die lebenswichtigen Fangtiere herrscht und die Menschen belohnt oder auch bestraft, wenn eine rituell wichtige Jagdregel verletzt wurde; die verschiedenen Schöpfungsgeschichten, z.B. darüber, wie Menschen und Hunde in die Welt kamen, oder auch einfach Geschichten von großen Fängern der Vergangenheit.

Viele dieser Geschichten sind von den Missionaren aufgeschrieben worden. Am berühmtesten sind wohl die Sammlungen des dänischen Südgrönland-Inspekteurs **Hinrich Rink** (1819 bis 1893), der 1866 das Buch **"Eskimoiske Eventyr og Sagn"** herausgab, und die Ergebnisse von **Knud Rasmussens "Literarischer Grönland-Expedition"**.

War der Einfluß der Normannen auf die Inuit-Kultur über die Jahrhunderte sehr gering, hinterließen die Walfänger und später auch die Missionare schon bald deutliche Spuren. Zum einen führten sie **neue Werkstoffe**, z.B. Metall sowie größere Mengen von Holz, das es zuvor nur als Treibholz gab, ein, zum anderen brachten sie ganz **neue Kunstformen** wie das Zeichnen und Malen ins Land. Auch **neue Musik** und neue Tänze kamen dadurch nach Grönland. Noch heute haben viele der Tänze, die auf Hochzeiten und anderen Feierlichkeiten getanzt werden, Namen, die an ihre holländische Herkunft erinnern. Diese häufig vom "Schifferklavier" begleitete Musik ist außerdem stark von den schottischen Reels und der Polka beeinflußt. Wer den staatlichen grönländischen Rundfunk einschaltet, wird immer wieder mal diese Musik hören.

Hatte der Tauschhandel mit den Walfängern vor allem starken Einfluß auf die Alltagskultur, so bildete sich mit der Missionierung in einem langsamen, über 100 Jahre dauernden Prozeß eine **selbständige Kunst** heraus. Die Keimzelle für alle künstlerischen Aktivitäten waren bis weit in dieses Jahrhundert hinein die Seminare der **Kirche**. Zahlreiche grönländische Künstler, seien es Schriftsteller, Bildhauer, Maler oder Musiker, hatten in der dänischen Kolonialzeit eine kirchliche Ausbildung absolviert und waren häufig Pastoren oder Kinder von solchen.

In der Frühzeit der Missionierung dominierte noch die Beschäftigung mit kirchlichen Themen im engeren Sinn, wie die Übersetzung der Bibel oder von Gesangbüchern ins Grönländische und ab Mitte des 19. Jh. auch das Komponieren und Schreiben von Liedern in grönländischer Sprache.

Eine thematisch **von der Kirche losgelöste Kunst** gibt es in größerem Umfang erst seit Beginn des 20. Jh., obwohl auch hier die Kirche noch den biographischen Hintergrund der meisten Künstler bildet, da hier eine weitergehende Ausbildung möglich war. Ein gutes Beispiel dafür sind die Künstler der **Familie Rosing**. Als der Lehrer und Katechet Kristian Rosing 1914, zwanzig Jahre nach der Entdeckung der Inuit Ostgrönlands, als Pfarrer nach Ammassalik ging und dort zeichnete und malte, begründete er eine Familientradition, die einige der bedeutendsten Künstler des Landes hervorbrachte. Seine beiden Söhne Otto und Peter wurden ebenfalls künstlerisch tätig und malten und schrieben.

Sie gelten beide als Vertreter der **grönländischen Nationalromantik**, die in den ersten Jahrzehnten dieses Jahrhunderts die vorherrschende Malrichtung war, sofern man bei einer dermaßen kleinen Künstlerszene überhaupt von Zeitstilen sprechen kann. Da in dieser Zeit jedoch auch die grönländische Nationalhymne komponiert wurde und einige Romane erschienen, die sich positiv auf die Vergangenheit der Grönländer bezogen und das Leben der Fänger zum Mittelpunkt ihres Interesses machten, was zuvor vor allem die ausländischen Missionare und Forscher beschäftigt hatte, wird diese Phase zumindest als die Geburtsstunde eines grönländischen Nationalbewußtseins betrachtet.

Die Themen, die bei den Rosings und einigen anderen Malern in jener Zeit vorherrschten, waren idealisierte Landschaften, die in gleißendem Licht erscheinen, und Darstellungen von Szenen aus den alten Sagen. Ein in Grönland bekannter Maler wurde auch Jens Rosing, ein Sohn von Otto Rosing.

Eine zeitliche, stilistische und biographische Ausnahmeerscheinung stellt der grönländische Künstler **Aron von Kangeq** (1822 bis 1869) dar, dessen Bilder einem in Grönland immer wieder begegnen. Er gilt als der **Vater der grönländischen Malerei**. Mit 30 Jahren mußte er sein Jäger- und Fängerdasein wegen Tuberkulose aufgeben und begann zu zeichnen. Der Grönland-Inspekteur und KGH-Chef Hinrich Rink bekam von seinem Schicksal Kenntnis, spornte ihn zum Weitermachen an und schickte ihm Malutensilien. Zahlreiche Aquarelle, Zeichnungen und Holzschnitte entstanden in den nächsten 16 Jahren bis zu seinem Tod. Sie illustrierten Rinks Sammlung grönländischer Sagen und kamen so auch über Grönland hinaus zu einiger Berühmtheit. Die Bilder befinden sich heute im dänischen Nationalmuseum in Kopenhagen. Sie werden aber häufig in Grönland ausgestellt, wo sich auch die Platten der Holzschnitte befinden.

Lange Zeit war Aron fast vergessen. Der Wiederentdecker dieses Künstlers für unsere Zeit ist der dänische Bildhauer, Polarforscher und Archäologe **Eigil Knuth**, der 1995 im Alter von 92 Jahren verstarb.

Seine sehr realistischen Skulpturen von Grönländern werden in einer Sonderausstellung im Nationalmuseum in Nuuk gezeigt. Knuth machte sich zusätzlich noch einen Namen als Archäologe. Seit 1938 nahm er an Expeditionen teil, die ihn mehrfach ins Peary Land und in den Nordosten Grönlands führten. Seine Ausgrabungen dort unterstützten die Theorie, daß die ersten Einwanderungswellen nach Grönland entlang der Nordküste stattfanden und sich dann an der Ostküste nach Süden ausbreiteten.

Von großer Bedeutung ist ebenfalls der universell talentierte Maler, Schriftsteller, Dramatiker und Politiker **Hans Lynge** (1906 bis 1988). Er beschäftigte sich in vielen seiner Werke mit der grönländischen Mythologie und Geschichte und engagierte sich stark dafür, die Macht der dänischen Kolonialverwalter einzuschränken und das soziale Elend der Bevölkerung zu lindern. In der Kommunalverwaltung von Nuuk ist das bekannteste Bild von Hans Lynge zu sehen: Ein riesiger Wandteppich mit dem Titel "Der letzte Trommeltanz". Er wird als der "Altmeister" der neueren Kunst des Landes bezeichnet und unterrichtete und inspirierte viele zeitgenössische Künstler.

Spätestens seit den 60er Jahren hat sich die grönländische Kunst völlig von der Kirche gelöst und häufig auch kritisch gegen sie gewandt. Die **Unabhängigkeitsbestrebungen**, getragen vor allem von jungen Intellektuellen, die in Dänemark studierten und dort auch vom Geist jener Zeit erfaßt wurden, schlugen sich natürlich auch in der Kunst nieder - nicht zuletzt deshalb, weil die Kreise häufig identisch waren.

Jetzt wurde die grönländische Herkunft offensiv betont. Entgegen der Politik, die gerade versuchte, durch Zentralisierung, Industrialisierung und Erziehung aus Grönland Norddänemark zu machen, wurde die grönländische Sprache stark gemacht und die eigene Geschichte betont. Man griff auf traditionelle Werkstoffe und Techniken zurück und orientierte sich thematisch häufig an der Sagenwelt der Inuit.

Der Auseinandersetzung mit Dänemark und dem modernen Leben ist in den letzten Jahren allerdings die Schärfe abhanden gekommen. Die Kämpfer für die Unabhängigkeit sitzen jetzt teilweise in der Regierung und müssen Strategien entwickeln, wie die notwendige und gewünschte Modernisierung mit den alten Lebens- und Kulturformen zu vereinbaren ist, und sind dabei existentiell auf finanzielle Hilfe aus Dänemark angewiesen.

In der Kunst hat einerseits die traditionsorientierte grönländische Art mit eigenen Formen und Mitteln an Selbstverständlichkeit gewonnen, andererseits finden mit Performances, Installationen und elektronischer

Musik auch sehr junge Ausdrucksmittel Anklang, die zumindest formal nichts mit arktischen Traditionen gemein haben.

In der Hauptstadt **Nuuk** ist das regste Kunst- und Kulturleben zu beobachten. Hier hat auch die 1984 gegründete **Theatergruppe "Silamiut"** ihren Sitz, die oft Gastspiele in anderen Städten gibt. Mit der Fertigstellung des neuen Kulturzentrums wird es in Nuuk auch moderne Räumlichkeiten für große Theateraufführungen, Konzerte und Ausstellungen geben.

Neben all diesen Entwicklungen, die nur von kleinen Gruppen getragen werden, gibt es im Land eine weitverbreitete ungebrochene Tradition der **Schnitzerei** und **Bearbeitung** von **Speckstein**, **Walzahn** und **Geweihen**. Motive und Techniken sind die gleichen wie je zuvor. Auf weit über tausend wird der Personenkreis geschätzt, der sich damit beschäftigt und gelegentlich, z.B. durch den Verkauf an Touristen, etwas Geld verdient.

Eine erstaunliche Verbreitung hat ebenfalls das **Musizieren**, und dabei vor allem die Popmusik. Kaum eine Siedlung, in der es keine Bands gibt, die häufig auch schon CDs produziert haben. Die zentrale Verteilerstelle dafür ist die Plattenfirma **ULO** in Sisimiut. Sie wurde 1980 gegründet, um einerseits die traditionelle Musik, wie z.B. den Trommeltanz, der im Rahmen der Rückbesinnung auf die Inuit-Kultur wiederentdeckt wurde, zu verbreiten. Andererseits sollte aber auch der neueren Popmusik in grönländischer Sprache ein Forum gegeben werden. Deren Spektrum reicht vom Schlager über den Hardrock bis zum modernen Hip Hop. Eine gute CD verkauft sich bis zu 5.000mal im Land, was bei einer Bevölkerung von nur 55.000 Menschen eine sehr hohe Quote ist. In fast jedem KNI-Geschäft im Land sind einige ULO-CDs ausgelegt. Konzerte dieser Bands kann man allerdings nur sehr selten sehen, da es kaum Auftrittsmöglichkeiten gibt. Zu der Popmusik, die von den jungen Leuten gehört und produziert wird, gibt es auch zahlreiche Chöre und Menschen, die sich innerhalb der Kirchenmusik engagieren.

Wie der Trommeltanz hat in den letzten Jahren das **Kajakfahren** als Phänomen der Alltagskultur wieder an Bedeutung gewonnen. Der Kajak dient allerdings nicht mehr der Jagd, die vom Motorboot aus unternommen wird, sondern ist eher ein Sportgerät. Bei den Kajaks handelt es sich jedoch nicht um die Kunststoffboote, die man auch hierzulande kaufen kann, sondern sie sind, der grönländischen Kajaktradition entsprechend, eigens für den Fahrer angefertigte und genau auf den Leib geschnittene Modelle. Ein Kajak kann deshalb auch nur von einer Person benutzt

werden. Wenn einige Touristeninformationen "Kajakausflüge in traditionellen Booten" anbieten, ist dies insofern nicht ganz richtig.

In vielen Orten lassen sich am Hafen junge Leute finden, die mit
ihren Booten ausfahren oder Manöver wie die berühmte Eskimorolle
üben.

Religion

98% der Bevölkerung sind Mitglied der **evangelisch-lutherischen Kirche** (zur Geschichte der Missionierung ☞ Geschichte, Die Kolonisierung Grönlands).

Die grönländische Kirche ist formal ein Teil der protestantischen dänischen Volkskirche, von dieser jedoch weitgehend unabhängig. Das
Bischofsamt kümmert sich um alle im engeren Sinne kirchlichen Angelegenheiten, während die Administration bei der Selbstverwaltung Grönlands liegt. Es gibt 17 Gemeinden, deren Einteilung der der Kommunen
entspricht.

Jede Stadt hat eine eigene Kirche, die immer auch zu den Sehenswürdigkeiten gehört. Sollte man als Besucher vor verschlossenen Türen
stehen, wendet man sich am besten an das örtliche Touristenbüro. Die
Mitarbeiter verschaffen einem im Regelfall Einlaß.

Eine andere Möglichkeit sowohl eine Kirche von innen zu sehen als
auch einen Eindruck von der Religiosität der Bevölkerung zu bekommen,
ist der Besuch eines Gottesdienstes. Er wird zumeist in grönländischer
Sprache abgehalten. Daher wird den meisten Touristen wohl nicht die berühmte Stelle im Vaterunser auffallen, an der das "tägliche Brot" durch
das "tägliche Fleisch" ersetzt wurde. Dennoch ist ein solcher Besuch interessant und sehr zu empfehlen.

Eines gilt es dabei allerdings zu beachten: Auch wenn die Ver-
suchung, ein Foto von den Besuchern des Gottesdienstes zu machen, die
zu diesem Anlaß häufig die traditionelle grönländische Kleidung tragen,
groß ist, sollte man es unbedingt unterlassen. Es wird verständlicher-
weise als Störung und Belästigung empfunden und ist deshalb, genauso
wie das Fotografieren bei anderen kirchlichen Handlungen, verboten.

In den Siedlungen läßt sich nur gelegentlich eine richtige Kirche finden. Dort gibt es entweder kleine Kapellen oder es werden andere Ver-
anstaltungsräume zur Feier des Gottesdienstes genutzt.

Sprache

Seit der Einführung der grönländischen Selbstverwaltung 1979 ist **Grönländisch** erste Landessprache. Daneben spielt aber weiterhin das **Dänische** eine sehr große Rolle als Verwaltungs-, Wirtschafts- und vor allem Bildungssprache. Auch Fernsehen, Rundfunk und Presse sind zweisprachig. Die Mehrzahl der Grönländer spricht zumindest einigermaßen Dänisch, von den jüngeren Leute eigentlich alle, da Dänisch seit einigen Jahren ab der zweiten Grundschulklasse Pflichtfach ist. Umgekehrt hat nur eine Minderheit der zugewanderten Dänen es für nötig befunden, Grönländisch zu lernen.

De facto ist das Land **sprachlich zweigeteilt**: Grönländisch ist mehr die Sprache für den **Privatgebrauch** - zu Hause, in der Familie oder im Freundeskreis -, Dänisch dagegen nach wie vor die Sprache für den **öffentlichen Raum**.

Grönländisch ist eine von mehreren sogenannten **Eskimosprachen**, die rund um den Polarkreis - von Sibirien über Alaska und Kanada bis nach Grönland - von insgesamt etwa 85.000 Inuit gesprochen werden. Obwohl diese Sprachen nicht identisch sind, kann man sich untereinander weitgehend problemlos verständigen, da sowohl die Sprache, die an der grönländischen Westküste gesprochen wird, als auch die Sprachen der Inuit aus Kanada und Alaska zum Inuit-Inupiaq gehören.

Innerhalb des Grönländischen gibt es drei Untergruppen: **Westgrönländisch** ist die "offizielle" Sprache. Sie wird überall im Land mit Ausnahme der Ostküste und des äußersten Nordens gesprochen. Diese beiden Regionen haben ihre eigene Sprache: **Ostgrönländisch** und den **Thule-Dialekt**, beide sind nicht ohne weiteres für Westgrönländer verständlich, vor allem Ostgrönländisch.

Als **Schriftsprache** ist das Grönländische erst gut 200 Jahre alt und vor allem ein Werk der Dänen: Hans Egede, der Begründer der dänischen Kolonialherrschaft über Grönland, hatte in der ersten Hälfte des 18. Jh. erste Versuche gemacht, diese Sprache zu kodifizieren, und 1750 erschien, herausgegeben von seinem Sohn Poul, ein **grönländisches Wörterbuch**. Die heute noch in in den Grundzügen gültige **grönländische Grammatik** wurde 100 Jahre später von Samuel Kleinschmidt, einem deutschen Missionar, schriftlich fixiert.

Europäer tun sich im allgemeinen ungeheuer schwer damit, Grönländisch zu lernen, da sich diese Sprache von Struktur und Syntax her in

fundamentaler Weise von dem unterscheidet, was unsere Augen und
Ohren gewöhnt sind: Grönländisch ist eine **polysynthetische** Sprache,
d.h. sie besteht aus selbständigen Wortstämmen und einer Unzahl von
Nachsilben und Endungen, die jeweils zu einem einzigen Wort zusam-
mengefügt werden können. Dabei entstehen wahre Wortungetüme, wo-
von man sich leicht überzeugen kann - man muß nur einen Blick in eine
grönländische Zeitung werfen.

Ein beliebtes Beispiel, um diese Eigenart der Sprache zu veranschau-
lichen, ist folgender Satz: "Da gebot er ihm, zu der Stelle zu gehen, wo
das ziemlich große Haus gebaut werden sollte." Dies ist im Grönländischen ein einziges Wort: igdlorssuatsiarliorfigssaliarqugamiuk.

Wenn man diese Sprache zum ersten Mal hört, fallen einem sofort die
vielen gutturalen Laute auf. Grönländisch klingt sehr hart und kehlig, mit
äußerst prononcierten Konsonanten und meist kurzen Vokalen.

Vom Wortschatz her ist Grönländisch eigentlich eine **Natursprache**,
ganz auf die Bedürfnisse und die Lebensweise eines Jäger- und Fängervolkes zugeschnitten: Abstrakte Begriffe fehlen völlig, es ist schwierig,
unterschiedliche Zeiten auszudrücken, und Zahlen gibt es nur von eins
bis zwölf, um nur ein paar Beispiele zu nennen. Insofern sind viele
Wortneuschöpfungen und Lehnwörter aus dem Dänischen nötig, um die
zahlreichen Dinge auszudrücken, die es im grönländischen Fängerge-
meinwesen nicht gab und für die demzufolge auch keine Wörter existieren.

Gleichwohl hat diese "unmoderne" Sprache eine enorme politische
und kulturelle Bedeutung für die Identität dieser ehemaligen dänischen
Kolonie: Mit dem Erhalt der Sprache wird das Überleben bzw. die Wiederbelebung der eskimoisch-grönländischen Kultur verknüpft, und die
demonstrative Bevorzugung des Grönländischen gegenüber dem in vielerlei Hinsicht praktischeren Dänisch stellt für viele Grönländer ein wichtiges Element bei der Selbstvergewisserung einer eigenen, von den Dänen
unabhängigen Identität dar.

So heißt es beispielsweise in einem Lied der grönländischen Hip Hop-
Band "Nuuk Posse":

Ich versuche meinen Weg zu finden,
müde und elend von Straßenschildern,
geschrieben in einer Sprache,
die nicht die meine ist.
Ich möchte auf Grönländisch schreiben:
Sei stolz auf was du bist
und öffne dich.

Dabei sind sich auch die jungen nationalistischen Grönländer durchaus bewußt, daß man allein mit einer Sprache, die weltweit von weniger als 100.000 Menschen gesprochen wird, nicht sehr weit kommt, aber sie wenden sich dagegen, daß diese zweite Sprache, die notwendig ist, ausgerechnet Dänisch sein muß. Insofern ist das Interesse an **Englisch**, der zweiten Fremdsprache, die an grönländischen Schulen zum Pflichtprogramm gehört, in den letzten Jahren stark gestiegen. Davon profitieren auch Grönlandreisende, da es jedenfalls in den Städten im allgemeinen problemlos möglich ist, sich zu verständigen, selbst wenn man weder Dänisch noch Grönländisch spricht. Anders sieht es manchmal auf dem Land aus: Hier sprechen die Menschen oft nur Grönländisch und Dänisch, ältere Menschen mitunter nicht einmal Dänisch.

Ortsnamen

Dänisch	Grönländisch
Christianshåb	Qasigiannguit
Claushavn	Ilimanaq
Danmark	Qallunnaat Nunaat
Diskofjord	Kangerluk
Egedesminde	Aasiaat
Frederikshåb	Paamiut
Godhavn	Qeqertarsuaq
Godthåb	Nuuk
Grønland	Kalaallit Nunaat
Holsteinsborg	Sisimiut
Ivigtut	Ivittuut
Jakobshavn	Ilulissat
Julianehåb	Qaqortoq
Kangatsiaq	Kangaatsiaq
Nanortalik	Nanortalik
Narsaq	Narsaq
Proven	Kangersuatsiaq
Rodebay	Oqaatsut
Scoresbysund	Ittoqqortoormiit
Sletten	Ammassivik
Sukkertoppen	Maniitsoq
Sydprøven	Alluitsup Paa
Søndre Strømfjord	Kangerlussuaq
Thule	Qaanaaq
Umanak	Uummannaq
Upernavik	Upernavik

Grönländische Küche

Die traditionelle grönländische Küche ist sehr stark von den klimatischen und geographischen Verhältnissen des Landes und der Lebensweise der Inuit geprägt: Da so gut wie nichts in der arktischen Natur wächst, bestanden die Mahlzeiten früher nur aus dem, was Meer oder Land an Beute hergaben, also lediglich aus Fisch und Fleisch. Um sich Energiereserven gegen die Kälte zu schaffen, aß man zudem sehr fett. Gewürzt wurde so gut wie gar nicht.

Mit den Europäern kamen neue Lebensmittel ins Land, die auch Bestandteil der grönländischen Küche wurden: Reis, Kartoffeln, Gemüse, Gewürze u.a. Dennoch ist als Grundtendenz grönländischer Gerichte ihre **"Fleischlastigkeit"** erhalten geblieben.

Allerdings ist die traditionelle Küche heutzutage nur noch **eine** von mehreren möglichen Arten, in Grönland zu essen: Dänische, überhaupt europäische Speisen sind längst zur Selbstverständlichkeit geworden. Die Regale der Supermärkte sind voll von entsprechenden Produkten und in jedem größeren Ort findet man mindestens eine "Grillbar", wo das komplette Repertoire an internationalem Fast food angeboten wird.

Dennoch spielt die traditionelle Küche immer noch eine große Rolle im Alltag grönländischer Familien.

Robbe, Wal, Ren, Moschusochse, Lamm, Fisch und Meeresfrüchte sind Spezialitäten des Landes, von denen man als Tourist zumindest einmal gekostet haben sollte. Die meisten Hotels und Restaurants haben diese Gerichte auf der Speisekarte, bereiten sie aber "europäischer" zu als traditionell üblich, d.h. weniger fett und stärker gewürzt.

Ausgesprochen wohlschmeckend sind **Wal, Ren** und **Lamm:** Gutes Walfleisch erinnert von Geschmack und Konsistenz an ein zartes Rindersteak, auch das Fleisch von Ren und Lamm ist sehr zart.

Auch **Robbenfleisch** ist keinesfalls zäh, schmeckt aber etwas streng.

Fisch gibt es in vielen Varianten: Am bekanntesten sind grönländischer **Dorsch, Lachs, Forelle** und **Heilbutt**, die auf unterschiedliche Art zubereitet werden können: geräuchert, gebraten oder gekocht. Unter Grönländern wird auch viel **Dörrfisch** gegessen: Überall, selbst auf den Balkons der großen Mietskasernen in den Städten, kann man Trockengestelle sehen, die mit Fischen behangen sind.

Zwei Dinge werden immer wieder als besondere Spezialitäten der traditionellen grönländischen Küche genannt: Die eine ist rohe **Robbenleber**, die in früheren Tagen eine äußerst wichtige Funktion als Vitaminlieferant hatte und auch heute noch von den Fängern gern verzehrt wird.

Häufig geschieht dies bereits an Ort und Stelle, wenn sie mit der erlegten Robbe zurückkommen und sie zerteilen. Die zweite Spezialität ist **Mattak**, Walhaut mit einer dicken Schicht Speck, die normalerweise in kleine Würfel geschnitten roh gegessen wird: Mattak ist manchmal recht zäh und man muß eine Weile darauf herumkauen, bis sich allmählich ein nußartiger Geschmack entwickelt.

Rohe Robbenleber wird für Touristenmägen im allgemeinen nicht sehr bekömmlich sein, aber Mattak sollte man ruhig einmal probieren.

Wirtschaft

1994 wies die Landesstatistik 3.100 registrierte Vollerwerbsjäger, also Personen, die ihren Lebensunterhalt hauptsächlich durch Jagen und Fischen bestreiten, und 4.100 Personen, die über eine Lizenz als "Freizeit-" oder "Teilzeitjäger" verfügen, aus. Dabei spielt vor allem der **Fischfang**, der seit den 20er Jahren dieses Jahrhunderts ständig an Bedeutung gewann und in den 60ern zu einer modernen Industrie ausgebaut wurde, eine große Rolle.

Der **Robbenfang**, in der traditionellen Inuit-Kultur die Hauptquelle für Nahrung, Kleidung und andere Materialien des täglichen Lebens, wird nach wie vor von vielen betrieben und ist aus dem Alltag kaum wegzudenken. Er stellt aber nur noch für sehr wenige eine wirkliche Existenzgrundlage dar und ist häufig eher ein Zubrot zum eigentlichen Erwerb. Dies gilt erst recht, seitdem der internationale Markt für Robbenfelle als ein Ergebnis der Greenpeace-Kampagne gegen das Robbenbabyschlachten in Neufundland Ende der 70er Jahre zusammengebrochen ist.

Die grönländischen Robbenfänger sind nicht sehr gut auf die internationalen Tierschützer von Greenpeace zu sprechen. Sie leiden bis heute unter der Kampagne gegen das Abschlachten der Robbenbabys auf Neufundland und Jan Mayen, obwohl sie nie etwas mit den kritisierten Praktiken zu tun hatten. In Grönland wurden und werden **nur ausgewachsene Robben** gejagt. Dies ist auch kaum anders möglich, da die begehrten Sattelrobben und Klappmützen ihre Jungen nicht in grönländischen Gewässern zur Welt bringen, sondern in den besagten Regionen, und nur eine Zeit des Jahres hier verbringen. Auch wird in Grönland immer die **ganze Robbe** verwertet und nicht, wie seinerzeit auf den kanadischen und norwegischen Inseln, nur das Fell, das den Jungtieren dort tatsächlich bei lebendigem Leibe abgezogen wurde.

Das nachfolgende Zugeständnis seitens Greenpeace, mit einer undifferenzierenden Kampagne auch dort Schaden angerichtet zu haben, wo es nicht beabsichtigt war, hat den grönländischen Fängern nicht geholfen. Bis heute ist es z.B. verboten, Robbenfellprodukte in die USA einzuführen. Um den Beruf des Fängers überhaupt zu erhalten, kauft die staatliche Pelzhandels- und Pelzverarbeitungsfirma **"Great Greenland"** nach wie vor Felle zu Preisen ab, die weit über dem Marktpreis liegen, denn dieser Berufsstand hat in Grönland nicht nur eine ökonomische Bedeutung. Aus einer Erklärung des grönländischen Landesting:

"Heutzutage haben wir viele verschiedene Berufe in Grönland. Dazu sind wir gezwungen, um zu überleben. Aber der Fängerberuf ist der Hintergrund unseres gesamten Gemeinwesens. Er ist unsere Geschichte und unsere Kultur."

Das moderne grönländische Gemeinwesen hängt im wesentlichen von **zwei Geldquellen** ab: Die Einkünfte aus der **Fischereiindustrie** und die

Grönlands Exporte in Millionen Dkr.

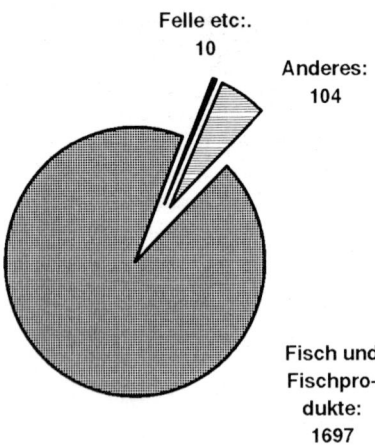

Felle etc:.
10

Anderes:
104

Fisch und
Fischpro-
dukte:
1697

jährlichen **Zuschüsse aus Dänemark**. Sie stellen die Haupteinkommensquellen dar, mit denen der aufwendige und kostspielige Import quasi jeden Gutes finanziert wird. Mit diesen Geldern wird auch der große öffentliche Sektor unterhalten und die Subventionierung anderer Wirtschaftsbereiche geleistet.

In Grönland kursiert der Witz, daß es auf der Welt nur noch zwei sozialistische Länder gibt: Kuba und Grönland!

Es gibt kein größeres Unternehmen, das nicht wenigstens teilweise vom Staat kontrolliert wird. Daß dies so ist, liegt nicht an politischen Vorgaben seitens der Regierung, sondern vielmehr daran, daß Grönland ein für Privatunternehmen unattraktives Land ist. Die geringe Bevölkerungszahl, die großen Distanzen zwischen den Städten und Siedlungen, die rauhen klimatischen Bedingungen und vieles mehr machen Grönland als Produktionsort und weite Teile des Landes auch als Absatzmarkt unrentabel. Seit Einführung der grönländischen Selbstverwaltung ist die Politik sehr darauf bedacht, alle kleinen Siedlungen zu erhalten und nicht

Importe nach Grönland in Millionen Dkr.

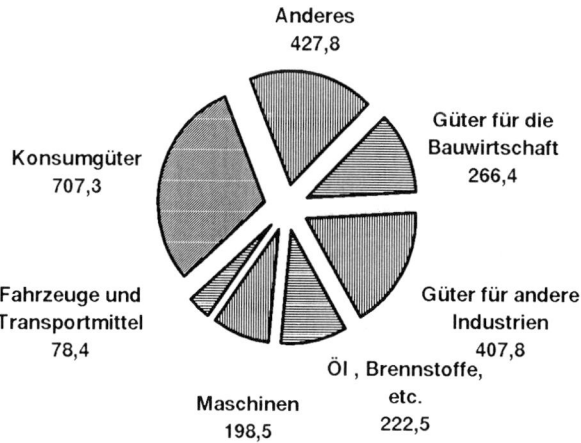

Anderes
427,8

Güter für die
Bauwirtschaft
266,4

Konsumgüter
707,3

Güter für andere
Industrien
407,8

Fahrzeuge und
Transportmittel
78,4

Öl , Brennstoffe,
etc.
222,5

Maschinen
198,5

die Fehler der dänischen Zentralisierungspolitik zu wiederholen. Um unter diesen Bedingungen einen modernen Lebensstandard in Grönland aufrechtzuerhalten, um Arbeitsplätze zu schaffen und eine Versorgung mit Gütern zu gewährleisten, muß der Staat an vielen Stellen einspringen, wo in anderen Ländern private Unternehmen aktiv sind.

Das mit Abstand wichtigste Unternehmen Grönlands ist der Fischereikonzern Royal Greenland mit seinen beiden Hauptprodukten Shrimps und Heilbutt. Einziger Aktionär ist die grönländische Selbstverwaltung. Royal Greenland betreibt in 13 grönländischen Städten Fabriken, hinzu kommen etwa 40 kleinere Anlagen in den Siedlungen, in denen die Produkte meist nicht verarbeitet, sondern lediglich gekühlt, verpackt und zur weiteren Verwertung verschickt werden. Da diese Anlagen selten profitabel sind, erhält Royal Greenland für ihren Unterhalt Zuschüsse von der grönländischen Regierung. Royal Greenland beschäftigt in Grönland etwa 2000 Menschen. Dazu kommen noch die ca. 5000 selbständigen Fischer, die ihren Fang an die örtlichen Fischfabriken verkaufen und die, sofern es sich nicht um Nebenerwerbsfischer handelt, völlig von Royal Greenland abhängig sind. Das heißt, das etwa ein Viertel der grönländischen Erwerbsbevölkerung ökonomisch auf Royal Greenland angewiesen ist.

Royal Greenland investiert seit einigen Jahren intensiv im Ausland. Unter anderem hat der Konzern auch eine Fischfabrik in Deutschland gekauft. In den letzten Jahren haben Royal Greenlands Aktivitäten im Ausland und in Übersee dafür gesorgt, daß der Konzern am Jahresende eine zumindest passable Geschäftsbilanz aufwies - die grönländische Bilanz hat dagegen traditionell ein Defizit. 1997 haben Preis- und Wechselkursschwankungen auf dem Weltmarkt allerdings dazu geführt, daß das Unternehmen seine inländischen Verluste nicht kompensieren konnte. Seitdem wird verstärkt darüber diskutiert, wie man Royal Greenland auch in Grönland nach marktwirtschaftlichen Gesichtspunkten umstrukturieren und rentabler machen könnte. Kapazitätsanpassungen sind zweifelsohne notwendig - fraglich ist aber, wie gut Grönland die möglichen Auswirkungen solcher Kapazitätsanpassungan auf den Arbeitsmarkt und damit auf die soziale Lage der Bevölkerung verkraften kann.

Neben der Fischerei gibt es keinen Wirtschaftszweig, der durch Export nennenswerten Profit macht und für die in einem importabhängigen Land wie Grönland so wichtigen Devisen sorgen könnte.

Von gewisser Bedeutung ist allenfalls noch die Schafzucht, die optisch den Süden dominiert. Allerdings leben nur etwa 70 Familien von der Schafzucht, und die Fleischproduktion reicht zumindest bisher nicht einmal annähernd dazu aus, den einheimischen Bedarf zu decken.

Fast alle anderen grönländischen Unternehmen sind im Bereich Handel, Transport und Service tätig. Das nach Beschäftigtenzahlen größte Unternehmen des Landes ist „Kalaalliit Niuerfiat" (KNI), die Nachfolgerin der einst allmächtigen KGH (Königlich-Grönländische Handelsgesellschaft), die Mitte der 80er Jahre von der grönländischen Selbstverwaltung übernommen wurde. 1992 wurde das Unternehmen in zwei Aktiengesellschaften aufgeteilt. Alleinaktionär ist die grönländische Selbstverwaltung. Eine Gesellschaft, KNI Pilersuisoq, ist für den gesamten Passagierverkehr per Schiff und für die Versorgung der abseits liegenden Siedlungen mit Post und Waren zuständig. Die andere, **"KNI Pissiffik"**, betreibt den **Groß- und Einzelhandel** im ganzen Land, am sichtbarsten an den KNI-Supermärkten in den Städten und Siedlungen. KNI beschäftigt damit insgesamt gut 2.500 Personen.

Daß fast der gesamte Handel von einem staatlichen Unternehmen betrieben wird, hat für die Bewohner in den abgelegenen Siedlungen den Vorteil, daß sie dort alle Produkte zu Preisen erwerben können, die unter den durch den Transport verursachten Kosten liegen. Für die Bewohner der leichter zugänglichen Orte, wie z.B. Nuuk, das einen ganzjährig eisfreien Hafen hat, heißt das jedoch, daß sie mit Preisen, die höher sind, als sie sein müßten, die anderen Orte subventionieren. Die KNI-Preise sind, egal ob in Thule, Ittoqqotoormit oder Narsaq, dieselben. Dieses System wird derzeit aber dadurch gefährdet, daß die KNI in einigen "größeren" Orten private Konkurrenz, z.B. die "Brugsen-Märkte", bekommen hat. Diese können, da sie nicht an solche Vorgaben gebunden sind, ihre Waren billiger anbieten.

Als Arbeitgeber ist vor allem die öffentliche Verwaltung von Bedeutung. Rechnet man die Beschäftigten der Selbstverwaltung, der Kommunen und der nach wie vor unter dänischer Kontrolle stehenden Bereiche zusammen, ergibt das ca. 10.000 Personen. Damit ist die öffentliche Verwaltung der größte direkte Arbeitgeber in Grönland.

Dieser Sektor wird, genauso wie viele Unternehmen der grönländischen Wirtschaft mit Hilfe der **"Bloktilskuddet"** (engl. "block-grants") aus Dänemark finanziert. Diese "Blockzuschüsse" werden regelmäßig mit der dänischen Regierung ausgehandelt. Da im Laufe der Zeit immer mehr Zuständigkeiten in grönländische Verwaltung übergingen, stiegen diese Zahlungen seit Einführung der Selbstverwaltung kontinuierlich an. 1996 betrugen die "Blockzuschüsse" knapp dkr 2,5 Mrd. Dazu kommen noch die Ausgaben für die Aktivitäten dänischer Einrichtungen in Grönland.

Diese Zahlungen ermöglichen der grönländischen Regierung die Subventionierung zahlreicher Unternehmen, die Schaffung von Arbeitsplätzen und die Erbringung der hohen, am skandinavischen Standard orientierten Sozialleistungen.

Trotz massiver Bemühungen seitens des Staates leidet Grönland unter einer **hohen Arbeitslosigkeit**. Die Zahlen schwanken, je nach Saison, zwischen 11% und 18%. Obwohl es diese hohe Arbeitslosigkeit unter den Grönländern gibt, werden nach wie vor Arbeitskräfte aus Dänemark "importiert". Rund 4.000 Personen, die in Dänemark geboren wurden, sind derzeit in Grönland beschäftigt. Die Unterscheidung in Personen, die in Dänemark geboren wurden, und Personen, die in Grönland geboren wurden, läßt sich in zahlreichen Statistiken und offiziellen Verlautbarungen finden. Sie ist der Versuch, zwischen Inuit und Dänen zu unterscheiden, ohne ethnische Kriterien einzuführen, denn die Bezeichnung "Grönländer" ist nicht auf die Bewohner eskimoischer Herkunft beschränkt. Gemeint ist jedoch genau diese Unterscheidung.

Sie zu machen ist auch insofern sinnvoll, als es einige signifikante Unterschiede zwischen beiden Bevölkerungsgruppen gibt. In ökonomischer Hinsicht ist vor allem die Tatsache von Bedeutung, daß es unter den Grönländern dänischer Herkunft oder Abstammung ein deutlich höheres Bildungs- und Ausbildungsniveau gibt. 95% der Dänen in Grönland verfügen über eine Berufsausbildung, dem stehen 46% der in Grönland geborenen Personen gegenüber. Wenn man von den gewählten Amtsinhabern in der Regierung, im Parlament und in den Kommunen einmal absieht, sind fast alle höheren Posten von "importierten" Arbeitskräften aus Dänemark besetzt. Das auch im Alltag auffällige Phänomen, daß mit der Höhe der Position der Anteil der Dänen zunimmt, erklärt sich vor allem durch die unterschiedliche Qualifikation. Der gelegentlich erhobene Vorwurf, diese Erscheinungen seien Überreste der alten Kolonialpolitik, läuft zumindest insofern ins Leere, als daß im Grunde alle Unternehmen unter Kontrolle der grönländischen Regierung stehen und dort eine Personalpolitik betrieben wird, die bei gleicher Qualifikation grundsätzlich Personen bevorzugt, die in Grönland geboren wurden.

Für die Zukunft erhofft sich die grönländische Selbstverwaltung steigende Einnahmen sowie neue Arbeitsplätze vor allem im Bereich **Tourismus** und in der Ausbeutung von **Bodenschätzen**.

Geologen haben in Grönland Mineralvorkommen an Zink, Graphit, Molybdän, Chrom, Eisen, Gold und anderem entdeckt. Diese abzubauen ist jedoch aufgrund der schwierigen Umweltbedingungen nur sehr schwer möglich. Zudem befindet man sich in vielen Gebieten noch in der Phase der Erkundung.

Erfolgsversprechender sind allerdings die **Öl- und Gasvorkommen** vor der grönländischen Küste. Hier werden bereits Bohrungen vorgenommen. Die Hälfte der möglichen Einnahmen aus diesen Funden muß allerdings an Dänemark abgeführt werden. Dies ist einer der wichtigen Punkte, die in den Verhandlungen um die grönländische Selbstverwaltung festgelegt wurden und in denen Grönland die volle Souveränität verweigert wurde. Kritiker der Grönlandpolitik Dänemarks sehen in der Erwartung von Einnahmen aus Mineralvorkommen auch den Hauptgrund für das dänische Engagement heute und bewerten dies entsprechend als einen Akt kolonialer Willkür. Zumindest sorgt seitdem eine grönländisch-dänische Kommission für die Organisation und Finanzierung des Abbaus von Mineralvorkommen. In den nächsten Jahren wird sich zeigen, ob Grönland davon ähnlich profitieren kann wie das gelegentlich zum Vergleich herangezogene Norwegen von seinen Öl- und Gasfunden.

Tourismus

Am 5. August 1960 landete eine Chartermaschine der Fluggesellschaft "Icelandair" auf dem Flughafen Narsarsuaq, an Bord eine kleine Gruppe Reisender aus Island. Dies war die Geburtsstunde des Tourismus in Grönland. Davor war die Insel für Touristen praktisch gesperrt, denn zur Einreise brauchte man eine besondere Genehmigung der dänischen Behörden, es gab so gut wie keine Hotels oder sonstige Übernachtungsmöglichkeiten und die Verkehrsverbindungen nach und innerhalb Grönlands waren außerordentlich schlecht.

Auch nach der Öffnung des Landes entwickelte sich das Geschäft mit dem Tourismus lange Zeit nur sehr zögerlich, erst in den letzten Jahren ist Grönland zum beliebten Reiseziel geworden: Kamen bis Anfang der 90er Jahre selten mehr als 3.000 Besucher pro Jahr, steigt ihre Zahl seit 1992 rapide an und hat mit 16.000 Gästen 1996 ihren bisherigen Höchststand erreicht. Die meisten davon sind **Dänen**. An zweiter Stelle steht die Gruppe der Touristen aus **Deutschland**. Seit 1994 eine direkte Flugverbindung von Grönland nach Kanada eingerichtet wurde, nimmt auch die Zahl der Reisenden aus **Nordamerika** ständig zu.

Der Beginn des Grönland-Booms fiel zusammen mit verstärkten Bemühungen der grönländischen Regierung, die Tourismusentwicklung im Lande zu fördern. Damals, am Übergang von den 80er zu den 90er Jahren, befand sich Grönland in einer desolaten wirtschaftlichen Lage.

Der Dorsch, bis dahin Hauptexportgut und -einnahmequelle, zog sich fast vollständig aus grönländischen Gewässern zurück. Die Arbeitslosenzahlen kletterten in beängstigende Höhen. Zudem mußte man einsehen, daß es kurzfristig nicht möglich sein würde, die Rohstoffvorkommen der Insel auszubeuten - Grönlands große Hoffnung auf Reichtum. Angesichts dieser Situation schien den Verantwortlichen des Landes der Ausweg aus der Krise in der Förderung des Tourismus zu liegen. Zeitweilig war sogar die Rede davon, Tourismus solle zur Haupteinnahmequelle für die grönländische Wirtschaft werden. Davon ist man inzwischen abgerückt, aber die Pläne sind nach wie vor ehrgeizig: Bis zum Jahre 2005 soll die Zahl der jährlichen Besucher auf 61.000 gesteigert werden, womit Schätzungen zufolge eine Einnahme von 500 Mio Kronen pro Jahr verbunden wäre. Etwa 3.000 Grönländer sollen bis dahin eine Beschäftigung in der Tourismusindustrie gefunden haben - bei einer Gesamtbevölkerung von 55.000 eine beachtliche Anzahl.

Auch wenn dieses hochgesteckte Ziel erreicht werden sollte - Massentourismus, so wie man ihn aus einigen südlichen Ländern kennt, wird es in Grönland nicht geben: 61.000 Touristen scheinen zwar im Verhältnis zur Bevölkerungszahl des Landes sehr viel zu sein, aber im Vergleich zu den rund 50 Mio Besuchern, die beispielsweise pro Jahr nach Italien kommen, ist diese Zahl verschwindend gering. In jedem Fall stehen allein schon die horrenden Kosten, die mit einer Grönlandreise verbunden sind, einer Entwicklung zum Massentourismus im Wege. Nicht umsonst ist einer Studie zufolge der **durchschnittliche Grönlandreisende** über 50 Jahre alt, hat bereits viel von der Welt gesehen und verfügt über ein überdurchschnittlich hohes Einkommen. Daneben besuchen aber auch jedes Jahr mehrere tausend **Rucksacktouristen**, die im eigenen Zelt oder in Jugendherbergen schlafen, die Insel.

Die Organisation und Koordinierung der zur touristischen Erschließung des Landes notwendigen Maßnahmen liegt in den Händen der 1991 gegründeten Agentur **"Greenland Tourism"**. Und so, wie in Grönland beinahe alle Initiativen unter staatlicher Kontrolle stehen, ist auch bei "Greenland Tourism" die grönländische Selbstverwaltung hundertprozentige Anteilseignerin. Sie arbeitet Konzepte für die weitere Entwicklung aus, sie vermarktet das Urlaubsziel Grönland im Ausland, unterhält die meisten Touristenbüros und bildet Touristenführer, sogenannte **"Greenland Outfitter"**, aus.

Die Früchte dieser Arbeit sind bereits zu spüren - vieles hat sich in den letzten Jahren verbessert: Es wurde eine ganze Reihe neuer Hotels gebaut, die Verkehrsverbindungen wurden erweitert und somit mehr an touristische Bedürfnisse angepaßt. Auch das Angebot an Informations- und Serviceeinrichtungen wurde stark erweitert. Mittlerweile gibt es in fast jeder grönländischen Stadt ein **Touristenbüro**, das Exkursionen und Ausflüge veranstaltet, Unterkünfte vermittelt und auch bei allen sonstigen Fragen und Problemen die Adresse ist, an die man sich wenden kann.

Dennoch ist Grönland nach wie vor **kein leicht zu bereisendes Land**: Es gibt im Sommer zu wenige Hotelbetten, Flüge und Schiffsverbindungen, man muß Monate im voraus buchen, wenn man sicher sein will, einen Platz zu bekommen. Es kommt immer wieder vor, daß Flüge wetterbedingt ausfallen oder verschoben werden müssen, so daß das ganze Programm durcheinandergerät. Es ist schwer, sich auf eigene Faust im Land fortzubewegen, da viele interessante Ausflugsziele nicht mit öffentlichen Verkehrsmitteln zu erreichen sind. Man hat in solchen Fällen keine andere Wahl, als auf das Exkursionsprogramm der örtlichen Touristenbüros zurückzugreifen. Das Angebot ist zwar gut und die Fahrten sind in der Regel hervorragend organisiert, aber die Preise sind gesalzen.

Bei schlechtem Wetter ist es für Touristen oft schwierig, sich zu beschäftigen, da die meisten Aktivitäten, die in Grönland möglich sind, mit der Natur zusammenhängen.

Man kann damit rechnen, daß in den nächsten Jahren in einigen Bereichen weitere Verbesserungen stattfinden werden: So soll die Hotelkapazität des Landes um 700 Betten erweitert werden, außerdem werden fünf weitere grönländische Städte Flughäfen bekommen, einige davon sind schon im Bau. Auch ist im Gespräch, die Flüge nach und innerhalb Grönlands billiger zu machen. Mit anderen Dingen dagegen muß man sich einfach abfinden - sie liegen in den besonderen klimatischen und geographischen Verhältnissen des Landes begründet, die ja umgekehrt auch seinen Reiz ausmachen.

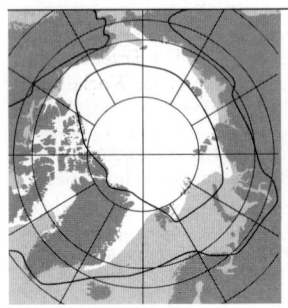

Arktis, Antarktis:
Kompetenz und Auswahl

Im Conrad Stein Verlag von Andreas Umbreit: Spitzbergen Handbuch mit Franz-Joseph-Land, Jan Mayen (430 S.)

Reise-Infos von A bis Z

An- und Abreise

Grönland ist für Touristen im allgemeinen nur mit dem **Flugzeug** zu erreichen. Eine **Schiffsreise** nach Grönland ist nur in Verbindung mit einer Kreuzfahrt möglich. Solche Fahrten werden von verschiedenen Reiseveranstaltern in Deutschland mehrmals jährlich angeboten.

Direkte Flugverbindungen von Deutschland nach Grönland gibt es nicht, sondern man muß über **Dänemark** (Kopenhagen) oder **Island** (Keflavik) fliegen. Wenn man nicht zusätzlich einen Islandaufenthalt plant, ist der Weg über Kopenhagen der günstigere: Diese Strecke wird in der Sommersaison fast täglich von **SAS** bzw. **Greenlandair** beflogen. Die Flugverbindung über Island ist teurer und es verkehren weniger Maschinen.

In Grönland selbst gibt es fünf internationale Flughäfen, vier davon sind ehemalige US-Luftwaffenstützpunkte. Der wichtigste ist nach wie vor Kangerlussuaq (Søndre Strømfjord) in Mittelgrönland, über den der Löwenanteil des Flugverkehrs nach und innerhalb Grönlands abgewickelt wird. Es gibt das ganze Jahr über mehrere wöchentliche Direktverbindungen mit Kopenhagen, außerdem ein bis zwei Flüge in der Woche nach Island und dem kanadischen Iqaluit.

Direktflüge nach Kopenhagen und Island gibt es auch vom südgrönländischen Narsarsuaq aus, im Sommer bis zu viermal wöchentlich. Die beiden ostgrönländischen Flughäfen Kulusuk bei Ammassalik und Nerlerit Inaat (Konstabel Pynt) in der Nähe von Ittoqqortoormiit werden von Keflavik in Island aus angeflogen. In den Sommermonaten bietet First Air außerdem einen wöchentlichen Direktflug von Kanada in die grönländische Hauptstadt Nuuk an.

Es ist auf jeden Fall ratsam, rechtzeitig einen Anschlußflug zu buchen, da der Weitertransport innerhalb Grönlands in der Regel per Flugzeug oder Helikopter erfolgt und es im Sommer im innergrönländischen Flugverkehr häufig zu Engpässen kommt. Allerdings verkehren sowohl in Kangerlussuaq als auch in Narsarsuaq Linienschiffe der KNI, so daß man auch mit dem Küstenschiff weiterreisen kann. In Ostgrönland besteht diese Möglichkeit nicht.

Die Preise für Flüge von und nach Grönland sind vor allem im Sommer recht hoch. So kostet ein reguläres Rückflugticket Kopenhagen-Kangerlussuaq etwa 2500 DM. Allerdings haben die Fluggesellschaften immer wieder Sonderangebote, bei denen die Tickets - abhängig von

Buchungszeitpunkt und Aufenthaltsdauer - bis zu etwa 50% billiger sind. Greenlandair bietet zusammen mit der Schiffsgesellschaft KNI im Sommer außerdem Vergünstigungen bei kombinierten Flug-/Schiffs-tickets an. Auch über Reiseveranstalter kann man gelegentlich verbilligte Flüge buchen."

Ausrüstung

Unabhängig von der Jahreszeit empfiehlt es sich, **robuste, strapazier-fähige Kleidung** mitzunehmen, außerdem **wind- und wasserdichte Überbekleidung**. Wichtig ist auch **solides Schuhwerk**: Da es in Grön-land kaum befestigte Wanderwege gibt und man häufig steiniges oder geröllhaltiges Gelände passiert, sind **Wander- oder Trekkingschuhe** mit stabiler, rutschfester Sohle, am besten wasserfest, ratsam. Die Sonnenein-strahlung ist vor allem wegen der Reflexion durch Wasser und Eis sehr stark, insofern sollte man weder **Sonnenbrille** noch **Sonnenschutzcreme** mit hohem Lichtschutzfaktor vergessen.

Wer im **Sommer** nach Süd- oder Mittelgrönland reist, braucht, wenn er nicht zelten oder Fahrten mit dem Hundeschlitten machen will, in der Regel keine Spezialbekleidung gegen Kälte (Thermo-Unterwäsche o.ä.). Gewöhnliche Kleidung reicht völlig aus, da die Temperaturen sich hier normalerweise zwischen 5 und 15 °C bewegen. Dennoch sollte man **Handschuhe, Mütze** und **Schal** einpacken: Gerade auf dem Wasser ist es auch im Sommer sehr kalt, und abends wird es ebenfalls recht kühl. Außerordentlich wichtig ist ein **Mückenschutz - Moskitonetz** oder **In-sektenspray -**, ansonsten ist es im Inneren der Fjorde wegen der vielen Stechmücken kaum auszuhalten.

In Grönland wechselt das Wetter sehr rasch. Auch im Sommer, wo es in der Mittagssonne manchmal so warm wird, daß man sich nur mit einem T-Shirt bekleidet draußen aufhalten kann, können durch **plötzliche Wetterumschwünge** die Temperaturen innerhalb kurzer Zeit beträchtlich sinken. Insofern empfiehlt es sich, bei Wanderungen immer warme Klei-dung und **Regenschutz** einzupacken, auch wenn man bei Sonnenschein und blauem Himmel aufbricht.

Bei **Winterreisen** muß man auf eine extreme Kälte vorbereitet sein (☞ Klima): Hier ist lange, wollene oder **Thermo-Unterwäsche**, son-stige **warme Oberbekleidung, Handschuhe, Mütze, Schal und warme Stiefel** ein absolutes Muß.

Spezielle Fellbekleidung für Hundeschlittenfahrten kann bei den Veranstaltern solcher Touren ausgeliehen werden.

Auch im Winter sollte man einen **Sonnenschutz** mitbringen: Bereits im Februar sind in den meisten Gegenden Grönlands die Tage wieder so lang wie in Mitteleuropa, und durch Eis und Schnee ist die Sonneneinstrahlung sehr intensiv.

Wer in Grönland **zelten** möchte, sollte keinesfalls auf **warme Unterwäsche** und **sonstige warme Bekleidung** verzichten: Es wird abends sehr schnell sehr kalt, und ohne die entsprechende Bekleidung ist es außerordentlich ungemütlich, sich draußen aufzuhalten. Da ein Großteil der Kälte vom Boden kommt, ist es besonders wichtig, eine gute Isomatte zu haben, am besten eine aufblasbare.

Sowohl **Daunen-** als auch **Schlafsäcke aus Kunstfaser** können verwendet werden, beide haben ihre Vor- und Nachteile: Daunenschlafsäcke sind sehr leicht und wärmen am besten, sind auf der anderen Seite aber sehr empfindlich gegenüber Feuchtigkeit. Dann verkleben und verklumpen die Daunen und die Wärmewirkung läßt erheblich nach. Kunstfaserschlafsäcke dagegen sind meist schwerer und voluminöser, dafür robuster und weniger empfindlich gegenüber Wasser. In jedem Fall sollte der Schlafsack auch bei Minusgraden noch komfortable Wärme bieten, wieviel genau, hängt nicht zuletzt vom subjektiven Kälteempfinden ab: Im allgemeinen ist ein Komfortbereich von -5 bis -10 °C empfehlenswert. Verwendet man einen älteren Schlafsack, der bereits mehrmals gewaschen wurde, ist allerdings zu beachten, daß mit jeder Reinigung die **Kältetauglichkeit** des Schlafsacks um ein paar Grade nachläßt, so daß die ursprünglichen Herstellerangaben nur noch eingeschränkt gelten.

Wichtig bei der Auswahl des geeigneten Zeltes ist vor allem, daß es wasserdicht und stabil genug ist, um starkem Wind standzuhalten. Am besten sind in der Regel robuste **Tunnel- oder Kuppelzelte**. Sinnvoll ist es auch, Ersatzheringe dabeizuhaben, da derartige Spezialartikel in Grönland schwer zu bekommen sind.

Benzinkocher sind für eine Grönlandreise wohl die geeignetsten Campingkocher. Nachteilig ist hier zwar das Gewicht, aber wenigstens gibt es keine Probleme, Brennstoff zu kaufen, wohingegen es manchmal schwierig ist, Gaskartuschen oder Spiritus zu bekommen. Gaskartuschen werden immerhin in einigen Touristeninformationen verkauft, allerdings zu recht hohen Preisen.

Da Natur und Klima in Grönland stets unberechenbar sind und sich sehr von dem unterscheiden, was man in unseren Breiten gewohnt ist, sollte man auch zu seiner **Sicherheit** einiges an Ausrüstung dabeihaben: Will man längere Wanderungen in den Bergen machen, sollte man auf jeden Fall einen **Kompaß** mitnehmen. Gerade in Südgrönland kommt es häufig vor, daß plötzliche Nebel eine Orientierung erschweren.

Eine **Erste-Hilfe-Ausrüstung** ist bei längeren Wanderungen auf jeden Fall ratsam.

In Grönland selbst kann man das sogenannte **ANNA-Notpaket** kaufen, das speziell für größere Bergtouren entwickelt wurde. In diesem 560 g schweren Paket sind Trillerpfeife, Kompaß, Signalraketen u.ä. enthalten. Sollte ein schwerer Unfall während einer solchen Tour passieren, kann man so auf sich aufmerksam machen.

Das ANNA-Notpaket kostet etwas über DM 100 und ist in KNI-Geschäften erhältlich.

Diplomatische Vertretungen

Da Grönland formal nach wie vor Teil des dänischen Königreiches ist, wird man weder ausländische Vertretungen in Grönland noch grönländische Vertretungen im Ausland finden.

Zuständig sind die jeweiligen dänischen Botschaften und Konsulate. Folgende diplomatische Vertretungen des Königreichs Dänemark gibt es in Deutschland, Österreich und der Schweiz:

Deutschland
* Dänische Botschaft, Pfälzer Str. 14, 53111 Bonn,
  ☎ 0228/729910.
* Königlich Dänisches Generalkonsulat, Unter den Linden 41,
  10117 Berlin, ☎ 030/250010.
* Königlich Dänisches Generalkonsulat, Heimhuderstr. 77,
  20148 Hamburg, ☎ 040/4140050.
* Königlich Dänisches Generalkonsulat, Nordergraben 19,
  24931 Flensburg, ☎ 069/770391.
* Königlich Dänisches Generalkonsulat, Kasernenstr. 24,
  40213 Düsseldorf, ☎ 0211/131400.
* Königlich Dänisches Generalkonsulat, Am Leonhardsbrunn 20,
  60487 Frankfurt/M., ☎ 069/770391 oder 9709000.
* Königlich Dänisches Generalkonsulat, Sendlinger Tor Platz 10/IV,
  80336 München, ☎ 089/595831.
* Königlich Dänisches Generalkonsulat, Arndtstr. 6,
  01099 Dresden, ☎ 0351/5023240.

✳ Königlich Dänisches Konsulat, Sophienblatt 33, 24114 Kiel,
☎ 0431/6032011.

✳ Königlich Dänisches Konsulat, Geniner Str. 133-135,
23560 Lübeck, ☎ 0451/58970.

✳ Königlich Dänisches Konsulat, Pädagogenstr., 18055 Rostock,
☎ 0381/45950.

✳ Königlich Dänisches Konsulat, Schlachte 15/18, 28195 Bremen,
☎ 0421/17681.

✳ Königlich Dänisches Konsulat, Berliner Allee 5, 30175 Hannover,
☎ 0511/311231.

✳ Königlich Dänisches Konsulat, Bolzstr. 6, 70173 Stuttgart,
☎ 0711/290371.

✳ Königlich Dänisches Vizekonsulat, Schiffahrtskontor, Fährhafen,
27472 Cuxhaven, ☎ 04721/38021.

Österreich

✳ Dänische Botschaft, Führichgasse 6, Postfach 298, 1015 Wien,
☎ 01/5127904.

✳ Königlich Dänisches Generalkonsulat, Ferstelgasse 3/4, 1090 Wien,
☎ 01/4022297.

✳ Königlich Dänisches Konsulat, Figulystr. 27, Postfach 410,
4020 Linz, ☎ 0732/51414.

✳ Königlich Dänisches Konsulat, Maria Theresien Str. 42,
6020 Innsbruck, ☎ 0512/582971.

✳ Königlich Dänisches Konsulat, Imbergstr. 15, 5020 Salzburg,
☎ 0662/8714850.

✳ Königlich Dänisches Konsulat, Grieskai 12-14, 8011 Graz,
☎ 0316/913801.

Schweiz

✳ Dänische Botschaft, Thunstr. 95, 3006 Bern, ☎ 031/3525011.

✳ Königlich Dänisches Generalkonsulat, Bürglistr. 8, 8002 Zürich,
☎ 01/2016670.

✳ Consulat Royal de Danemark, Rue du Stand 60, 1211 Genève,
☎ 022/3106640.

✳ Königlich Dänisches Konsulat, Küchengasse 16, Postfach 631,
4010 Basel, ☎ 061/2721133.

✳ Consulat Royal de Danemark, Via Pioda 8, 6901 Lugano,
☎ 091/235258.

✳ Consulat Royal de Danemark, Avenue de Provence 4,
1007 Lausanne, ☎ 021/6262363.

Einkaufen

Die Einkaufsmöglichkeiten sind, was Artikel des täglichen Bedarfs angeht, recht gut. Im großen und ganzen entspricht das Warenangebot in den Supermärkten dem bei uns, obwohl es weniger Auswahl gibt. Da sämtliche Lebensmittel aus Dänemark (neuerdings auch aus Kanada) importiert werden, findet man in den Geschäften sogar erstaunlich viele bekannte Produkte. Selbst frisches Obst und Gemüse sind im allgemeinen zu bekommen. Auch Alkohol und Tabakwaren werden in Grönland, anders als in einigen skandinavischen Ländern, in jedem Supermarkt frei verkauft.

Das Angebot in den Geschäften ist vor allem in Nord- und Ostgrönland auch von der Jahreszeit abhängig: Da alles per Schiff nach Grönland gebracht wird und die nord- und ostgrönländischen Häfen nur in den kurzen Sommermonaten angelaufen werden können, kommt es gelegentlich gegen Ende des Winters bei einigen Produkten zu Engpässen.

Man sollte allerdings beim Lebensmittelkauf immer auf das **Mindesthaltbarkeitsdatum** der Waren achten, das gerade in Geschäften in entlegeneren Ortschaften nicht selten bereits überschritten ist - angeblich, weil schon die dänischen Importeure keine frischen Waren nach Grönland liefern.

Zwar bekommt man in Grönland im wesentlichen das gleiche zu kaufen wie hier, aber nicht zum gleichen Preis: Mit Ausnahme von Milchprodukten sind die **Preise** für Lebensmittel **außerordentlich hoch**, höher noch als in Dänemark. Besonders kostspielig sind Obst und Gemüse, Alkohol und Zigaretten (☞ Preise).

Geschäfte findet man an jedem Ort, selbst in den kleinen Siedlungen gibt es mindestens einen kleinen "**Supermarkt**" der staatlichen Versorgungsgesellschaft KNI. Allerdings unterscheidet sich das Warenangebot dort beträchtlich von dem in den größeren Ortschaften - man wird in der Regel nur das zum Leben Notwendigste bekommen. In den Städten dagegen findet man im allgemeinen mehrere Supermärkte sowie kleinere, privat betriebene Geschäfte, die sogenannten **Kioske**. Außerdem gibt es in jeder Stadt einen **Markt**, auf dem die Fänger Fisch und Fleisch verkaufen.

Die **Öffnungszeiten** der Geschäfte sind nicht immer einheitlich, da das dänische Ladenschlußgesetz in Grönland nicht gilt: KNI-Geschäfte und Supermärkte in den Städten haben aber im allgemeinen montags bis freitags von 9:30 bis 17:30 und samstags von 9:00 bis 13.00 geöffnet. In den kleineren Siedlungen schließt der KNI-Laden montags bis freitags bereits um 16:00. Die Kioske haben meist längere Öffnungszeiten, bis

21:00 oder 22:00, manche sogar bis Mitternacht, außerdem sind sie auch am Wochenende geöffnet.

Einreise

Für Bürger der Bundesrepublik Deutschland genügt zur Einreise der **Personalausweis**. Ein Visum ist nicht erforderlich.

Sonderregelungen bestehen allerdings bei Reisen nach Thule im äußersten Norden des Landes oder in unbesiedelte Gebiete: Die Gegend um Thule ist wegen des dortigen US-Luftwaffenstützpunkts militärisches Sperrgebiet. Wer hier einreisen möchte, muß vorher eine **Genehmigung** beim dänischen Außenministerium oder bei der dänischen Botschaft im jeweiligen Heimatland beantragen (Adressen ☞ Diplomatische Vertretungen).

Das gleiche gilt für Besucher des grönländischen **Nationalparks** im Nordosten des Landes. Auch hier ist eine Sondergenehmigung erforderlich, die beim Dansk Polarcenter in Kopenhagen beantragt werden muß:

♦ **Dansk Polarcenter**, Strandgade 100 H, DK-1401 Kopenhagen K, ☎ 45/32880100, ⴼ 45/32880101.

In beiden Fällen sollten die Anträge **frühzeitig** vor Antritt der Reise gestellt werden, da die Bearbeitung meist einige Zeit in Anspruch nimmt.

Elektrizität

Mittlerweile ist so gut wie jeder Ort ans Stromnetz angeschlossen. Lediglich in sehr abgeschiedenen Gebieten, z.B. auf entlegenen Schaffarmen, gibt es in seltenen Fällen keine Elektrizität. Die Spannung beträgt 220 V.

Entfernungen

☞ Tabelle nächste Seite.

Ferien

Die grönländischen Ferien gehen etwa von Mitte Juni bis Ende Juli. Für diesen Zeitraum ist es im allgemeinen sehr schwierig, Tickets für Schiffe

Entfernungen
(Luftlinie in km)   Beispiel: Nuuk-Ilulissat 570 km

	Qaanaaq	Upernavik	Uummannaq	Ilulissat	Aasiaat	Sisimiut	Maniitsoq	Nuuk	Paamiut	Narsaq	Qaqortoq	Nanortalik
Upernavik	670											
Uummann.	880	270										
Ilulissat	1070	435	170									
Aasiaat	1091	465	225	95								
Sisimiut	1270	660	430	280	205							
Maniitsoq	1440	825	595	440	370	170						
Nuuk	1650	970	740	570	515	320	150					
Paamiut	1850	1225	990	820	775	585	420	265				
Narsaq	2015	1375	1140	965	940	775	620	475	235			
Qaqortoq	2030	1410	1165	990	965	795	640	485	245	25		
Nanortalik	2100	1470	1245	1065	1040	875	720	575	325	100	75	

und Flugzeuge (besonders Inlandflüge) zu bekommen, da auch die Einheimischen viel unterwegs sind.

Man sollte also schon frühzeitig buchen, wenn man vorhat, in dieser Zeit nach Grönland zu reisen.

Feste und Feiertage

Offizielle Feiertage sind der 1. Januar (Neujahr), der 6. Januar (Dreikönigstag), Gründonnerstag und Karfreitag, Ostermontag, Pfingsten, Christi Himmelfahrt, Buß- und Bettag, der 24. bis 26. Dezember sowie Silvester. Grönländischer **Nationalfeiertag** ist der 21. Juni, auf grönländisch **"ullotuneq"** (der längste Tag). Dieser Tag wird in Grönland mit kulturellen Veranstaltungen, Vorführungen, Reden und Festen feierlich begangen. Daneben gibt es noch eine Reihe von Gedenktagen, an denen aber nicht arbeitsfrei ist. So feiert man z.B. die Geburtstage der Mitglieder des dänischen Königshauses oder am 3. Juli den **"Hans-Egede-Tag"**, benannt nach dem Begründer der dänischen Kolonialherrschaft in Grönland im 18. Jh.

In Nordgrönland wird außerdem im Winter die **Wiederkehr der Sonne** nach der Polarnacht gefeiert. In Ilulissat etwa findet dieses Fest immer am 13. Januar statt: Dazu besteigt die Bevölkerung einen Berg in der Nähe der Stadt und begrüßt von dort oben die Sonne.

Ebenfalls in einigen nordgrönländischen Städten werden in der Osterzeit Hundeschlittenrennen veranstaltet.

Foto und Film

Wegen der starken Sonneneinstrahlung sollte man in Grönland beim Fotografieren in der Regel **UV- und Skylightfilter** sowie eine **Gegenlichtblende** verwenden.

Bei Aufnahmen im Tageslicht sollten die Filme nicht empfindlicher als 100 ASA sein. Beim Fotografieren von Eisbergen, Eislandschaften oder ähnlichem ist es außerdem empfehlenswert, stets etwas überzubelichten, damit diese Motive auf dem Foto später auch wirklich weiß erscheinen.

Im Winter ist wegen der extremen Kälte zusätzlich darauf zu achten, daß die Kamera **polargefettet** ist, da sonst die Mechanik des Fotoapparats Schaden nehmen kann.

Die gängigsten Filme sowie Batterien für Fotoapparate kann man in Grönland kaufen, in den größeren Städten in Elektronikgeschäften, ansonsten in Hotels oder bei einigen Touristeninformationen; allerdings sind sie meist wesentlich teurer als bei uns. In einigen Städten, z.B. in Nuuk oder Ilulissat, ist es auch möglich, Filme entwickeln zu lassen.

Fotografiert werden darf in Grönland eigentlich alles, nur Aufnahmen in Kirchen während des Gottesdienstes sind nicht gestattet.

📖 **Fotografieren** - *Basiswissen für Draußen* (Band 12) von Ralf Gantzhorn & Stephan Husen, Conrad Stein Verlag, Kronshagen. ISBN 3-89392-112-5, DM 12,80.

Frauen unterwegs

Für Frauen ist Reisen in Grönland völlig unproblematisch. Man hat mit keinerlei Belästigungen zu rechnen, schon gar nicht durch Einheimische, die im allgemeinen äußerst zurückhaltend sind.

Geld

Es gibt keine eigene grönländische Währung, gültiges Zahlungsmittel sind **dänische Kronen**. Für Bargeld bestehen keine Ein- und Ausfuhrbeschränkungen.

Derzeit ist eine dänische Krone etwa DM 0,25 wert. Frei konvertierbare Währungen können bei allen **Banken** und **Postämtern** sowie in den meisten **Hotels** eingetauscht werden. Bei Banken und Postämtern beträgt die Wechselgebühr pauschal dkr 30, in den Hotels im allgemeinen mehr.

Die Banken haben häufig **ec-Geldautomaten**, wo man mit der entsprechenden Karte Bargeld bekommt. Außerdem können dort Euro- und Reiseschecks eingelöst werden, auf Postämtern Postschecks.

Es gibt in fast allen Städten mindestens eine Bank und in jeder Siedlung ein Postamt. Die **Öffnungszeiten** sind nicht immer einheitlich, man kann aber auf jeden Fall montags bis freitags zwischen 10:00 und 15:00 damit rechnen, geöffnete Banken und Postämter vorzufinden.

Kreditkarten sind nicht unbedingt das günstigste Zahlungsmittel in Grönland: Sie werden im allgemeinen nur in den größeren Städten, am Flughafen, bei Touristeninformationen sowie in Hotels akzeptiert.

Gesundheit

Spezielle Impfungen sind für eine Grönlandreise nicht erforderlich. Es gibt dort keine anderen Krankheiten als in Mitteleuropa.

Auch das Wasser aus Flüssen und Bächen ist in der Regel sauber und kann ohne weiteres getrunken werden.

Haustiere

Die Einfuhr von lebenden Tieren nach Grönland ist grundsätzlich verboten. Dies gilt auch für Haustiere. Eine Ausnahme stellen lediglich Blindenhunde dar.

Information

In fast allen grönländischen Städten gibt es **Touristeninformationsbüros**, die im Sommer täglich geöffnet haben. Bei diesen Stellen erhält man Auskunft über Unterbringungs- und Erlebnismöglichkeiten in der betreffenden Stadt, außerdem werden in der Regel Wanderkarten, Literatur und Videos über Grönland sowie Souvenirs verkauft. Es ist dort auf jeden Fall möglich, sich auf Englisch zu verständigen, häufig wird auch Deutsch gesprochen.

Alle Touristenbüros bieten selbst ein mehr oder weniger umfangreiches **Ausflugs- und Unterhaltungsprogramm** an, das vom Stadtrundgang mit Führung, längeren Exkursionen wie Hundeschlittentouren oder Walsafaris bis zu Kulturveranstaltungen, z.B. sogenannten "Grönländischen Abenden" mit Chorgesang u.ä. reicht.

Darüber hinaus erfüllen die Touristeninformationsbüros einige weitere wichtige **Servicefunktionen**:

Will man in einem Wandererheim oder in einer Heimvolkshochschule übernachten, kann man dies beim örtlichen Touristenbüro buchen, auch schon von zu Hause aus. In den meisten Fällen ist die Buchung zwar auch direkt bei dem betreffenden Wandererheim oder der betreffenden Schule möglich, allerdings ist es dort manchmal sehr schwierig, jemanden zu finden, der Englisch spricht. Einige Touristeninformationen sind darüber hinaus in der Lage, auch kurzfristig Unterkünfte, z.B. bei Privatpersonen, zu vermitteln.

Das gleiche gilt bei **Transportproblemen**. Wer entlegenere Siedlungen besuchen möchte, die nicht oder nur selten von den offiziellen KNI-Schiffen angelaufen werden, sollte sich ans Touristenbüro wenden. Dort kann häufig ein Transport mit einem Ausflugs- oder Privatboot arrangiert werden. Diese Art der Fortbewegung ist zwar im allgemeinen recht teuer, aber unter Umständen die einzig mögliche.

Die meisten der Touristenbüros sind Ableger der staatlichen grönländischen Tourismusorganisation "Greenland Tourism". Es gibt an einigen Orten darüber hinaus noch privat betriebene Touristeninformationen, die aber eng mit den offiziellen zusammenarbeiten. "Greenland Tourism" verfügt zusätzlich zu den lokalen Büros und der Zentrale in Nuuk noch über ein Büro in Kopenhagen - eine sehr nützliche Adresse für Vorabinformationen für Grönlandreisende. Hier kann man telefonisch oder schriftlich Informationsmaterial, Prospekte, Fahrpläne u.ä. anfordern.

▣ **Greenland Tourism A/S**, PO Box 1139, Pilestraede 52,
DK-1010 Kopenhagen K, ☎ 0045/33136975, FAX 0045/33933883.

In Deutschland bekommt man Infomaterial bei den verschiedenen Reiseveranstaltern, außerdem über die Grönland Touristik Information:

🛈 **Grönland Touristik Information**, Hirnbeinstr. 3 c, D-87435 Kempten,
☎ 0831/5230235, FAX 0831/5230237

Hilfreich ist auch der (englischsprachige) „Greenland-Guide", den
Greenland Tourism im Internet eingerichtet hat. Wer mehr als nur
Touristisches über Grönland wissen will, für den ist die grönländische
Internetzeitung „atagu" eine nützliche Adresse. Neben Nachrichten und
dem Wetterbericht findet man dort Artikel zu aktuellen Themen sowie
Links zu allen im Netz vertretenen grönländischen Firmen, Parteien,
Touristenbüros und sonstigen Organisationen. Leider sind nur ein Teil
der Informationen auf Englisch verfügbar, das meiste auf Dänisch.

🖥 <http://www.greenland-guide.dk>
♦ <http://atagu.ki.gl>

Kartenmaterial

Mittlerweile sind von Grönland eine ganze Reihe von Land- und
Wanderkarten in unterschiedlichen Maßstäben herausgegeben worden:

♦ Amtliche **Übersichtskarte**, Maßstab 1:2,5.Mio, DM 49.
♦ Amtliche Karte über die **Küsten** (außer Nordküste), 1:250.000, ca. DM 30.
♦ **Saga Maps**: Hauptsächlich über die West- und Südküste, Ostküste spora-
disch, Maßstab 1:250.000, DM 27,50. Diese Karten werden im allgemeinen
praktischen Anforderungen gut gerecht. Auf ihnen sind Höhenlinien im Abstand von 50 m, Städte und Siedlungen, Ruinen und Sehenswürdigkeiten
eingezeichnet.
♦ Saga-Maps hat auch **historische Führer** über vier grönländische Regionen
mit dem entsprechenden Kartenmaterial im Maßstab 1:250.000, herausgegeben: Einer dieser Führer informiert über Nuuk und die Normannenzeit,
ein anderer über Ammassalik und traditionelle grönländ. Kultur, einer über
die Diskobucht mit Schwerpunkt Kolonialzeit, und schließlich gibt es einen
Führer über die Region Sisimiut/Kangerlussuaq mit den Themen Walfang
und amerikanische Präsenz in Søndre Strømfjord (Kangerlussuaq).
♦ Historische Führer für ganz Grönland: World Aeronautical Chart (14 Blät-
ter), Maßstab 1:1.000.000.
♦ Amtliche **Ortofotomaps** über die Nordküste, Maßstab 1:100.000.
♦ **Wanderkarten** von Greenland Tourism, Maßstab 1:100.000. Mittlerweile
gibt es schon von 13 grönländischen Regionen solche Karten, weitere sind
in Vorbereitung. Die Äquidistanz dieser Karten ist 25 m. Auf ihnen sind alle
Wanderrouten, nach vier Schwierigkeitsstufen unterschieden, verzeichnet.
♦ **Wanderkarten** Grönland (Karten und Infoheft), Maßstab 1:100.000,
DM 49,90.

Man erhält Karten bei uns in geografischen Buchhandlungen, vor Ort
in den Touristenbüros oder den Hotels oder man kann sie bestellen bei:

◆ Brettschneider, Feldkirchner Str. 85551 Kirchheim, ☎ 089/99020330.
◆ Aree Greul, Am Goldsteinpark 28, 60529, Frankfurt/M, ☎ 069/6661817.
◆ Nordis Versand, Frohnkamp 18, 40789 Monheim, ☎ 02173/50095.
◆ Nordland-Versand, Postfach 5, 49585 Neuenkirchen, ☎ 0800-6673526.
☺ Alle Werke von Saga sowie die anderen Karten können beim ReiseBuch-Service Cichy bestellt werden (Details ☞ Anzeige Seite 62).
◆ Bestelladresse für den Buchhandel: GeoCenter-ILH, Schockenriedstr. 44, 70565 Stuttgart, ☎ 7819460, FAX 78195654.

Klima

Grönland zeichnet sich klimatisch vor allem durch kurze Sommer, das fast völlige Fehlen der Zwischenjahreszeiten Frühjahr und Herbst sowie lange und, besonders in Nord- und Mittelgrönland, sehr kalte Winter aus.

Nördlich des Polarkreises ist im Sommer die **Mitternachtssonne** zu beobachten, im Winter herrscht dafür **Polarnacht**, d.h. die Sonne geht eine Zeitlang überhaupt nicht auf. Je weiter man nach Norden kommt, desto ausgeprägter sind diese Phänomene: So ist etwa in Qaanaaq, der nördlichsten Siedlung Grönlands (und der Welt) von Mitte April bis Ende August die Sonne 24 Stunden am Tag zu sehen, während es von Ende Oktober bis Mitte Februar durchgängig dunkel bleibt. In der Diskobucht dagegen, der südlichsten Region, wo man gewöhnlich die Mitternachtssonne sehen kann, ist es nur zwei Monate, von Ende Mai bis Ende Juli, 24 Stunden am Tag hell und "nur" etwa sechs Wochen, von Ende November bis Mitte Januar, gibt es gar keine Sonne.

Generell herrscht in Grönland **arktisches Klima**, d.h. die Durchschnittstemperatur des wärmsten Monats übersteigt nicht 10 °C und die Jahresdurchschnittstemperatur liegt um den Gefrierpunkt oder darunter. Dennoch empfindet man das Klima in Grönland im allgemeinen als sehr angenehm. Dies liegt vor allem an der fast überall extrem niedrigen Luftfeuchtigkeit, die dazu führt, daß selbst niedrige Temperaturen subjektiv wesentlich wärmer wahrgenommen werden als vergleichbare Temperaturen in mitteleuropäischen Breiten.

Allerdings bestehen erhebliche **klimatische Unterschiede** innerhalb Grönlands, was bei einer Insel dieser Größe auch nicht verwunderlich ist. Im Norden und in der Diskobucht liegen die Temperaturen die meiste Zeit des Jahres deutlich unter denen Südgrönlands. Da der Süden klimatisch durch vergleichsweise milde Winter einerseits und relativ laue Sommer andererseits gekennzeichnet ist, sind diese regionalen Temperaturunterschiede innerhalb Grönlands vor allem im Winter zu spüren:

Während z.B. die Durchschnittstemperatur im Januar in Uummannaq durchaus bei -20 ° und niedriger liegen kann, beträgt die Durchschnittstemperatur in Südgrönland im gleichen Monat im allgemeinen nicht weniger als -10 °C. Im Sommer dagegen sind die Temperaturunterschiede deutlich geringer: Die Durchschnittstemperaturen liegen überall zwischen 5 ° und 10 °C. Im Juli, dem wärmsten Monat, ist es in der Diskobucht sogar wärmer als in Südgrönland. Beträchtliche Unterschiede zwischen Nord und Süd bestehen auch, was die **Niederschlagsmenge** angeht. Während im Norden sehr wenig Niederschlag fällt und die Luft sehr trocken ist, regnet es in Süd- und Mittelgrönland erheblich mehr.

Klimaunterschiede gibt es darüber hinaus auch zwischen Küstenregionen und den (wenigen) Orten, die relativ weit im Landesinneren liegen - dadurch, daß sie sich am Ende eines langen Fjordes befinden, wie z.B. Kangerlussuaq. Während an der Küste das Klima durch den See-Einfluß feuchter und vergleichsweise weniger durch extreme Temperaturschwankungen gekennzeichnet ist, ist es in der Nähe des Inlandeises sehr trocken mit warmen Sommern und eisigen Wintern. Nicht umsonst ist Kangerlussuaq gleichzeitig einer der wärmsten und (mit Ausnahme von Qaanaaq vielleicht) der kälteste Ort Grönlands: Im Sommer sind hier Temperaturen um 15 °C keine Seltenheit, durchschnittlich liegen sie im wärmsten Monat bei 10 °C. Im Winter kann das Thermometer dagegen durchaus unter die -30 °-Marke fallen.

Eine weitere klimatische Besonderheit in Grönland ist der **Wind**: An der Westküste ist der Föhn ein bekanntes Phänomen. Manchmal wird er durch linsenförmige Wolken am Himmel angekündigt. Er kann heftige Sturmstärken (mehr als 50 m/sec) erreichen und wird von schwülwarmen Temperaturen begleitet. Ein Föhnsturm dauert in der Regel nicht länger als 72 Stunden und ihm folgt häufig Regen. An der Ostküste stürmt von Zeit zu Zeit der Pateraq, ein kalter, katabatischer Wind, der vom Inlandeis kommt. Mit bisher maximal 72 m/sec erreicht er ebenfalls Sturmstärke und hat in Ammassalik schon einige Verwüstungen angerichtet. Detailliertere Informationen über das grönländische Klima sind bei folgenden Stellen zu erhalten:

- ▣ ✿ **Danmarks Meteorologiske Institut**, Lyngbyvej 100,
  DK-2100 Kopenhagen Ø, ☎ 45/391575 00, FAX 45/39271080.
- ◆ **Greenland Field Investigations**, PO Box 1044, DK-3900 Nuuk,
  ☎ 299/24466, FAX 299/24111.

Zu welcher Jahreszeit man am besten nach Grönland reisen sollte, hängt vor allem davon ab, welche Aktivitäten man dort vorhat. In erster Linie sind wohl als beste Reisezeit die **Sommermonate** Juni, Juli und August zu empfehlen: Allerdings hat eine Reise in der Hochsaison den

Nachteil, daß Schiffe, Flugzeuge und Unterkünfte häufig ausgebucht sind. So muß man einerseits sehr frühzeitig planen und organisieren, andererseits ist es so gut wie niemals möglich, spontan seine Route zu ändern.

Durchschnittliche Tageshöchsttemperaturen (H)
Durchschnittliche Tagesniedrigsttemperaturen (N) (1993)

		Jan	Feb	Mär	Apr	Mai	Jun	Jul	Aug	Sep	Okt	Nov	Dez
Nanorta.	H	- 7,3	- 3,2	- 4,1	2,3	5,9	10,0	10,3	11,0	9,2	6,2	- 1,2	- 3,3
	N	-11,5	- 9,5	-10,5	- 4,4	- 1,0	2,0	2,3	4,0	3,5	1,1	- 5,1	- 3,3
Qaqorto.	H	-10,8	- 5,4	- 6,6	1,2	4,4	11,0	9,5	10,8	9,2	5,5	- 2,8	- 6,2
	N	-16,4	-13,5	-14,3	- 5,8	- 1,7	2,9	2,7	4,9	3,7	0,8	- 8,3	- 6,2
Narsars.	H	-13,7	- 6,1	- 6,7	2,2	6,8	14,5	14,3	13,0	10,4	7,4	- 4,4	- 7,6
	N	-21,6	-15,6	-16,1	- 5,6	- 1,2	5,2	6,2	6,5	3,9	- 0,1	-12,0	- 7,6
Narsaq	H	-10,8	- 4,4	- 4,3	2,8	6,6	12,8	12,2	11,9	10,2	5,7	- 2,4	- 5,5
	N	-16,2	-12,8	-14,3	- 4,8	- 1,2	3,9	3,3	4,1	3,2	- 0,4	- 8,8	- 5,5
Paamiut	H	-10,0	- 6,9	- 6,4	1,5	4,6	8,8	9,3	8,9	8,5	5,7	- 2,8	- 6,8
	N	-15,8	-14,7	-17,7	- 7,8	- 2,9	1,6	3,3	3,3	2,7	0,0	- 9,1	- 6,8
Nuuk	H	-13,0	- 9,8	-11,6	- 3,3	1,1	4,4	- - -	9,2	6,9	3,3	- 4,7	- 8,0
	N	-16,6	-15,6	-16,2	-16,2	- 8,4	- 3,3	4,4	- - -	4,1	2,9	- 8,1	- 8,0
Maniits.	H	-16,8	-12,1	-10,9	- 0,9	5,8	10,0	13,4	11,4	7,8	4,2	- 5,5	- 9,5
	N	-21,5	-19,0	-20,2	- 9,9	- 3,9	2,4	5,4	4,5	2,7	- 0,2	- 8,9	- 9,5
Kangerl.	H	-24,0	-18,8	-23,3	- 3,0	6,7	14,7	16,2	13,5	10,2	3,7	- 9,1	-17,7
	N	-33,5	-28,7	-35,7	-16,7	- 6,0	4,0	4,6	2,7	1,0	- 5,9	-18,3	-17,7
Sisimiut	H	-18,0	-17,3	-16,4	- 4,2	3,4	7,4	11,0	9,9	7,2	3,5	- 6,3	-11,2
	N	-24,1	-24,4	-26,0	-12,7	- 4,8	1,5	4,7	4,0	2,0	- 1,4	-10,7	-11,2
Aasiaaq	H	-20,0	-19,5	-18,0	- 5,5	2,6	7,5	11,7	8,7	6,4	2,7	- 6,5	-11,1
	N	-26,7	-27,3	-31,3	-17,5	- 6,9	1,6	4,8	3,0	1,6	- 2,5	-10,9	-11,1
Quasigi.	H	-19,9	-18,9	-19,4	- 3,9	3,1	9,2	14,2	11,4	9,1	4,2	- 7,4	-11,5
	N	-26,1	-26,5	-32,6	-16,3	- 7,1	2,6	6,5	4,0	2,6	- 3,0	-12,6	-11,5
Ilulissat	H	-18,4	-16,4	-18,1	- 4,4	2,4	8,4	12,6	9,8	8,0	2,9	- 8,2	-12,0
	N	-23,2	-22,5	-27,0	-14,3	- 5,4	2,8	6,1	3,3	1,9	- 2,3	-12,5	-12,0
Uumm.	H	-19,3	-17,6	-21,2	- 7,3	1,4	6,6	11,6	8,8	7,0	1,4	- 7,3	-11,6
	N	-24,9	-25,5	-29,1	-15,9	- 6,3	0,7	5,5	3,9	2,3	- 2,3	-10,2	-11,6
Ammas.	H	- 7,8	- 6,0	- 5,2	0,5	3,1	6,1	10,1	9,0	6,6	2,7	- 0,4	- 3,8
	N	-13,7	-13,0	-12,5	- 6,2	- 3,4	0,0	1,7	2,7	1,7	- 2,3	- 5,3	- 3,8
Ittoqqort.	H	- - -	- - -	- - -	- - -	- - -	- - -	- - -	- - -	2,6	- 4,3	- 4,0	-10,9
	N	-	-	-	-	-	-	-	-	- 2,5	-10,0	-10,3	-10,9

Quelle: Statistisches Jahrbuch Grönland 1995/96

Wer vorhat, **Hundeschlittenfahrten** zu machen, ist dagegen gut beraten, seinen Grönlandaufenthalt auf die Zeit zwischen **März** und **Mai** zu legen. Diese Zeit ist in Grönland "Hundeschlittensaison", lediglich auf der Insel Disko besteht auch im Sommer die Möglichkeit zu Hundeschlittentouren.

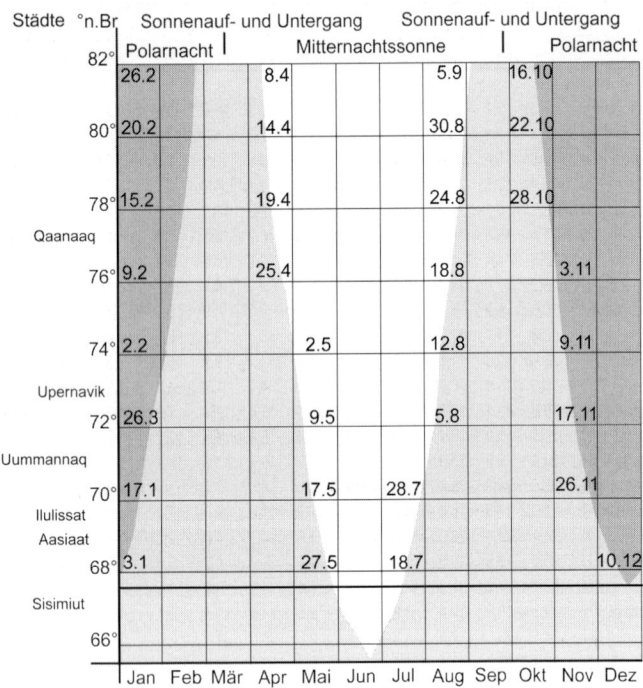

Kur- und Heilbäder

Kur- und Heilbäder im eigentlichen Sinne gibt es nicht, aber immerhin in Südgrönland eine **warme Quelle** mit einer Temperatur von 40 °C, wo man baden kann und die angeblich auch heilende Kräfte besitzen soll. Die Quelle befindet sich auf der Insel Uunartoq, die der grönländischen

Südküste bei Alluitsup Paa vorgelagert ist. Man gelangt am besten von Qaqortoq oder Nanortalik aus dorthin, da die dortigen Fremdenverkehrsbüros im Sommer Bootsausflüge zu dieser Quelle veranstalten.

Medien

Die grönländische Medienlandschaft ist alles andere als vielfältig und in weiten Teilen auch nur dem zugänglich, der die beiden Landessprachen Dänisch und Grönländisch beherrscht.

Englisch- geschweige denn deutschsprachige **Zeitungen** zu bekommen, ist so gut wie unmöglich - allenfalls im Flugzeug (auch bei Inlandflügen) darf man auf ein Exemplar von "Time" oder "Newsweek" hoffen. Im allgemeinen sind die einzigen ausländischen Zeitungen, die verkauft werden, dänische oder isländische.

Es gibt zwei grönländische Zeitungen, "Atuagagdliutit/Grönlandsposten" (AG) und "Sermitsiak", beide sind zweisprachig (dänisch/grönländisch). Die AG erscheint zweimal wöchentlich und ist mit ihren über 130 Jahren ein sehr traditionsreiches Blatt. Wer hofft, darin etwas von der Welt außerhalb Grönlands zu erfahren, wird allerdings enttäuscht. Die Zeitung beschäftigt sich lediglich mit innergrönländischen Angelegenheiten und tut dies auf eine ziemlich brave und biedere Art. Auch bei der wöchentlich erscheinenden "Sermitsiak" sucht man vergebens nach Nachrichten aus der übrigen Welt, aber diese Zeitung berichtet besser über das, was in Grönland passiert.

Ein eigenes grönländisches **Fernsehen** gibt es im Grunde nicht. Zwar ist der staatliche Sender KNR (Kallaallit Nunaata Radioa) auch Fernsehsender, das Programm entspricht aber bis auf ein paar grönländische "Fenster" am Tag dem ersten dänischen Fernsehprogramm. Dies ist auch das einzige Programm, das über Antenne zu sehen ist. Größer wird die Programmvielfalt, wenn man über Satellit empfangen kann. In einigen Hotels besteht diese Möglichkeit. Dann hat man eine ganze Reihe von ausländischen Programmen zur Auswahl, vorwiegend amerikanische.

Ebenfalls zweisprachig (dänisch/grönländisch) sendet die einzige überregionale **Radiostation**, der staatliche Sender KNR. Das Programm zeichnet sich vor allem dadurch aus, daß viel gesprochen und wenig Musik gespielt wird - also kaum zu genießen für den, der weder Dänisch noch Grönländisch spricht. Daneben gibt es noch eine Reihe kleinerer, lokaler Radiostationen, u.a. Radio Uptown aus Nuuk, ein kleiner Privatsender, dessen Programm, abgesehen von Nachrichten und Werbung, nur aus Musik besteht.

Medizinische Versorgung

Grönland verfügt über ein recht gut ausgebautes Gesundheitswesen. In allen Städten gibt es ein **Krankenhaus** und in den größeren Siedlungen immerhin eine **Station** mit einer **Krankenschwester**.

In den kleineren Siedlungen kann im Notfall medizinische Hilfe per Helikopter angefordert werden. Hubschrauber werden auch eingesetzt, um Patienten, die vor Ort nicht behandelt werden können, ins nächste Krankenhaus zu bringen.

Die medizinische Versorgung ist in Grönland grundsätzlich **kostenlos**, auch für Touristen. Dennoch ist es sinnvoll, eine Auslandskrankenversicherung abzuschließen, da man für bestimmte Dinge wie z.B. den Einsatz eines Rettungsteams unter Umständen bezahlen muß (☞ Versicherungen).

Apotheken gibt es nicht. Rezeptfreie Medikamente wie Kopfschmerztabletten o.ä. werden in den KNI-Supermärkten verkauft, in der Regel an einem besonderen Schalter, wo auch Spirituosen und Tabakwaren zu erhalten sind.

Ansonsten bekommt man Medikamente in den Krankenhäusern bzw. Schwesternstationen. Wer regelmäßig Pharmaka einnehmen muß, sollte allerdings darauf achten, eine ausreichende Menge davon nach Grönland mitzunehmen, da spezielle Produkte nicht immer beschafft werden können.

Mißweisung

Aufgrund der nördlichen Lage des Landes wirkt sich die Differenz zwischen magnetischem und geographischem Nordpol sehr stark aus. Auf grönländischen Karten kann man deshalb immer zwei Gitternetze sehen. Das eine zeigt die Längen- und Breitengrade in ihrer Ausrichtung auf den geographischen Pol an und das zweite schrägliegende den magnetischen Verlauf zu einem bestimmten Zeitpunkt.

Da der magnetische Pol derzeit jedes Jahr ca. 10 km nordwestlich wandert, werden wenigstens alle fünf Jahre umfassende neue Messungen vorgenommen. Wer längere Touren nach Kompaß unternehmen will, sollte sich, sofern das benutzte Kartenmaterial älteren Datums ist und keine aktuellen Daten zum Grad der Abweichung ausweist, nach dem derzeitigen Stand erkundigen.

Museen und Ausstellungen

In vielen Städten Grönlands gibt es zumindest ein kleines **Museum**, meist mit stark heimat- oder kulturgeschichtlicher Ausrichtung.

Die Museen sind von ihrer Qualität her sehr unterschiedlich: Einige erscheinen lediglich als willkürlich mit mehr oder weniger alten Gegenständen vollgestopfte Räume, andere dagegen sind konzeptionell besser gestaltet und geben einen guten und interessanten Einblick in das Leben Grönlands vergangener Tage. Ganz ausgezeichnet ist z.B. das Museum in Nanortalik, das sehr umfangreich und anschaulich über die Geschichte der Region berichtet.

Lohnenswert ist auf jeden Fall auch ein Besuch im grönländischen **Nationalmuseum** in Nuuk: Hier sind neben einer kulturhistorisch hochinteressanten Ausstellung über die Entwicklungsgeschichte Grönlands seit der Zeit der ersten Besiedlung vor etwa 4.000 Jahren u.a. auch die weltberühmten Mumien von Qilakitsoq bei Uummannaq zu sehen. Die über 500 Jahre alten Leichen von acht Grönländern, vom Säugling bis zur Fünfzigjährigen, lagen jahrhundertelang in einer offenen Grotte begraben und sind durch günstige klimatische Umstände außerordentlich gut erhalten.

Einen gewissen Nachteil haben Besucher von Museen, wenn sie weder Dänisch noch Grönländisch verstehen, da die Texte zu den Ausstellungsstücken häufig nur in diesen beiden Sprachen verfaßt sind. Manchmal besteht allerdings die Möglichkeit, die englischen oder deutschen Übersetzungen in Form einer Broschüre auszuleihen, so daß dieser Nachteil nicht ins Gewicht fällt.

Nicht alle Museen haben ganzjährig geöffnet, aber auf jeden Fall in den Sommermonaten täglich oder doch zumindest fast täglich. (Einzelheiten zu den jeweiligen Öffnungszeiten ☞ entsprechende Rubrik bei den Orten). Der Besuch von Museen ist häufig kostenlos; wenn überhaupt Eintritt verlangt wird, dann nur ein geringer Betrag.

Kunstausstellungen sind in Grönland relativ rar. Einige Museen bieten von Zeit zu Zeit Sonderausstellungen grönländischer Künstler, auch das Nationalmuseum in Nuuk zeigt grönländische Kunst.

Seit 1997 das grönländische Kulturzentrum (Kulturip Illorsua) „Katuaq" in Nuuk eröffnet wurde, sind auch dort regelmäßig Kunstausstellungen zu sehen

Notrufe

Eine landesweit einheitliche Notfallnummer hat weder die Polizei noch der Notdienst der Krankenhäuser. Die Polizei ist jedoch immer unter der dreistelligen Kennummer des Ortsnetzes plus 222 zu erreichen und das Krankenhaus unter 211. Da alle grönländischen Städte sehr klein sind, ist es nie weit bis zum nächsten Krankenhaus. In den größeren Siedlungen gibt es zumeist eine Krankenschwester, die eine erste Versorgung vornehmen und alles weitere einleiten kann.

Papiere

Außer den Reisedokumenten (Paß oder Personalausweis) - ein Visum wird gemeinhin nicht benötigt (☞ Einreise) - kann man alle anderen Papiere getrost zu Hause lassen. Da keine grönländische Stadt mit einer anderen durch eine Straße verbunden ist, gibt es für den Führerschein wenig Verwendung. Auf Studenten- und Jugendherbergsausweise (auch internationale) gibt es keinerlei Ermäßigungen.

Post und Telekommunikation

Jede grönländische Stadt hat ein Post- und Fernmeldeamt, wo man telefonieren und Gespräche empfangen, Faxe versenden und empfangen kann. In den kleinen Siedlungen ist es meistens möglich, vom lokalen KNI-Markt aus zu telefonieren. Dort sind meist Supermarkt, Postschalter und Ticketverkauf für die Schiffe im selben Gebäude untergebracht.

In den Städten sind die Postämter werktags von 9:00 bis 16:00 geöffnet. Münzfernsprecher lassen sich auch in den meisten Supermärkten finden. Sie können mit 1-, 5- und 10-Kronenstücken benutzt werden. Ein Ortsgespräch kostet mindestens zwei und ein Ferngespräch mindestens zehn Kronen (in Hotels und Seemannsheimen mehr). Zimmertelefon gehört in allen Hotels und in den Seemannsheimen zum Standard.

Derzeit wird das grönländische Telefonnetz umstrukturiert. Deshalb kann es in Einzelfällen zu Unstimmigkeiten kommen. Sofern in diesem Buch Telefonnummern vermerkt sind, handelt es sich dabei immer um die neuen Nummern.

Das Porto für einen Standardbrief oder eine Postkarte von Grönland nach europäischen Ländern beträgt 4,75 dkr.

Postleitzahlen grönländischer Städte

DK-3950 Aasiaat	DK-3900 Nuuk
DK-3913 Ammassalik	DK-3940 Paamiut
DK-3952 Ilulissat	DK-3971 Qaanaaq
DK-3980 Ittoqqortoormiit	DK-3920 Qaqortoq
DK-3955 Kangaatsiaq	DK-3951 Qasigiannguit
DK-3910 Kangerlussuaq	DK-3953 Qeqertarsuaq
DK-3912 Maniitsoq	DK-3911 Sisimiut
DK-3922 Nanortalik	DK 3961 Uummannaq
DK-3921 Narsaq	DK-3962 Upernavik
DK-3923 Narsarsuaq	

Preise

Grönland ist ein **extrem teures** Land. Außer dem, was sich aus dem Meer fischen oder fangen läßt, müssen alle Produkte und Materialien mit dem Schiff hertransportiert werden - in arktischen Gewässern eine extra kostspielige Angelegenheit.

Durchschnittlich liegen die grönländischen Preise 30% über den bereits recht hohen dänischen Preisen. Im Bereich Lebensmittel, Getränke und Tabak sind es sogar 47% (Greenland Statistics 95/96). Hier schlagen sich jedoch auch die enormen Preise für Alkohol und Tabak in der Statistik nieder.

Einige Preisbeispiele:

ein frisches Brötchen		dkr 5
ein Liter Orangensaft		dkr 13
eine Salatgurke		dkr 20
eine Flasche Bier (Leichtbier 3,6%) im Supermarkt		dkr 15
... im Restaurant oder in der Bar		dkr 50
eine Schachtel Zigaretten	bis zu	dkr 70

Da die Preise für Unterkunft und Transport ebenfalls sehr hoch sind (☞ entsprechende Kapitel), ist ein Grönlandaufenthalt, zumindest für Hoteltouristen, eine kostspielige Sache.

Ein 14tägiger Aufenthalt dürfte, zumindest wenn man nicht nur an einem Ort bleiben und an der einen oder anderen Exkursion teilnehmen will, kaum mit weniger als DM 5.000 bis 6.000 zu bestreiten sein. Ein 14tägiger Wanderaufenthalt mit Übernachtung im Zelt und Selbstverpflegung ist dagegen schon für ca. DM 2.500 möglich. Diese Einschätzung basiert allerdings auf der Voraussetzung, daß man einen "günstigen" Flug über einen Reiseveranstalter buchen konnte.

Reiseveranstalter

Es gibt immer mehr Reiseveranstalter, die eine oder mehrere Grönland-reisen im Programm haben:

- **Arktis Reisen Schehle**, Bahnhofstr. 13, 87435 Kempten, ☎ 0831/52159-0, FAX 0831/52159-54.
- ◆ **Inter Air Voss Reisen**, Triftstr. 28-30, 60528 Frankfurt am Main, ☎ 069/967670, FAX 069/96767100.
- ◆ **Kodiak Reisen**, Oberrahser Str. 26, 41748 Viersen, ☎ 02162/930011, FAX 02162/930093.
- ◆ **Nordwind Reisen**, Maximilianstr. 17, 87700 Memmingen, ☎ 08331/87073, FAX 08331/47624.
- ◆ **Saga Reisen**, Wettingerstr. 23, CH - 5400 Baden, ☎ 056/2036688, FAX 056/2036640.
- ◆ **terra polaris** - Fachagentur Andreas Umbreit für Polarreisen, Dammstr. 36, 24103 Kiel, ☎ 0431/91678, FAX 0431/93733.
- ◆ **Wikinger Reisen**, Kölner Str. 20 ga, 58135 Hagen, ☎ 03221/904750, FAX 02331/904740.

Sicherheit

Grönlands Kriminalstatistik kann sich bei Gewaltverbrechen mit der amerikanischer Großstädte messen. Dennoch ist Grönland ein sicheres Reiseland, da Gewaltkriminalität sich fast immer innerhalb der Familie oder des Bekanntenkreises abspielt, meist im Zusammenhang mit übermäßigem Alkoholkonsum. Auch um seine Wertsachen muß man sich weniger Sorgen machen als anderswo. Taschendiebstahl oder Raub sind eher selten

Souvenirs

In jeder Touristeninformation, jedem Hotel und auch in vielen Super-märkten kann man Produkte grönländischer Handwerkskunst erwerben.

Am verbreitetsten sind hierbei **Menschen- und Tierfiguren** aus landestypischen Materialien wie Narwalzahn, Rentiergeweih oder Speck-stein sowie besonders die **Tupilaks**, die ursprünglich nur in Ostgrönland hergestellt wurden. Dabei handelt es sich um kleine, detailliert ausgestaltete Figuren, die, halb Mensch halb Tier, wie Dämonen oder Monster aussehen. Ihnen wurde magische unheilvolle Wirkung auf andere nachgesagt und sie konnten, wenn sie mit einem Zauber belegt wurden, auch dabei helfen, eine unliebsame Person ins Jenseits zu befördern. Heute stellen sie vor allem einen Exportartikel dar. Seitdem Walzähne durch die Washingtoner Konvention zum Schutz bedrohter Tiere nicht mehr aus Grönland ex-, besonders aber in andere Länder nicht mehr importiert werden dürfen, gibt es immer weniger Figuren aus diesem Material. Die meisten sind heute aus Rentiergeweih gefertigt.

Neben den Figuren kann man auch kleine **Modelle** von **Kajaks** oder dem **"umiak"**, dem Frauenboot, erwerben. Verschiedene Mineralien und geschliffene oder ungeschliffene grönländische **Halbedelsteine** sind in den etwas größeren Geschäften zu haben.

Ein weiteres beliebtes Souvenir sind **Produkte aus Robbenfell**. Vom Schlüsselanhänger über die Schultasche bis zum großen Mantel oder den **Kamikken**, den traditionellen grönländischen Stiefeln, kann man alles, was sich aus Fell nähen läßt, kaufen. Die Preise für größere Stücke sind, da alles in reiner Handarbeit gefertigt worden ist, gesalzen, doch im Vergleich zu dem, was so etwas zu Hause kosten würde, wiederum sehr niedrig.

Sport und Hobby

✤ Angeln

Grönland ist ein ideales Land für Sportangler. In ganz Grönland gibt es die Möglichkeit, sowohl in den Seen, Bächen und Flüssen im Inland als auch im Meer zu angeln.

Der verbreitetste Süßwasserfisch ist die **Bergforelle**. Von ihr gibt es zwei Arten in Grönland. Die "Stand-Bergforelle", die nur im Süßwasser lebt, und die "Meeresbergforelle", die im Sommer für zwei, drei Monate ins Meer zieht.

Während der Wanderungszeiten im Frühjahr und Herbst ist sie in fast allen Flüssen und Bächen zu sehen und ein begehrtes und sicheres Fangobjekt. In den Sommermonaten, während sie sich im Meer aufhält, ist sie am besten in 10 bis 15 km Entfernung von der Mündung eines Forellengewässers zu fangen. Da die Forelle von den örtlichen Fischern auch mit Netzen gefangen wird, nimmt ihr Bestand mit der Entfernung vom nächsten Ort zu.

Die wichtigsten Salzwasserfische sind der **Dorsch**, der **Heilbutt**, der **Seewolf** und der **Rotbarsch**. Das Hochseeangeln in Grönland wird bisher kaum organisiert betrieben. Generell müssen Boote selbst gechartert werden. Die örtlichen Touristenbüros sind dabei behilflich. Sie helfen den Ortsunkundigen auch bei der Suche nach geeigneten Plätzen.

Jede Person, die über 18 Jahre alt ist und in grönländischen Gewässern angeln möchte, braucht dazu eine Genehmigung. Sie ist in den Touristenbüros, in manchen Hotels und bei der Polizei zu bekommen.

✳ Angelschein der Klasse A
Er kostet dkr 200 und berechtigt zum Angeln mit Rute oder Schnur. Geräte der Massenfischerei (Reuse, Stellnetz, Netz) sind nicht erlaubt. Die Gültigskeitsdauer des A-Scheins beträgt einen Monat.

✳ Angelschein der Klasse B
Er berechtigt den Inhaber für drei Monate zum Angeln. Die generellen Bedingungen sind die gleichen wie beim A-Schein. Preis: dkr 500.

📖 *Angeln - Basiswissen für Draußen* (Band 21) von Harald Barth, Conrad Stein Verlag, Kronshagen. ISBN 3-89392-121-4, DM 14,80.

⚔ Jagd
Grundsätzlich ist das Jagen in Grönland auch für Besucher möglich. Die Genehmigung dafür gibt es bei Greenland Tourism oder der örtlichen Polizei. Es gibt drei Kategorien von Jagdscheinen:

✳ Jagd- und Angelschein C
Gestattet das Angeln unter den Bedingungen von Angelschein A. Erlaubt ist zusätzlich die Jagd auf Hasen, Füchse, Ringelrobben, Sattelrobben, Klappmützen und Vögel. Das Einsammeln von Eiern ist streng verboten. Gültigkeitsdauer: Drei Monate.

✳ Jagd- und Angelschein D
Erlaubt Angeln und Jagen wie unter A und C beschrieben und gestattet zusätzlich die Jagd auf ein Rentier. Dabei darf es sich um keinen erwachsenen Bock handeln. Drei Monate gültig.

✳ Jagd- und Angelschein E
Erlaubt Angeln und Jagen wie unter A und C. Mit dem Jagd- und Angelschein E darf man zusätzlich einen erwachsenen Rentierbock jagen.

Generell dürfen keine voll- und halbautomatischen Schußwaffen verwendet werden. Ebenfalls verboten ist es, vom Flugzeug aus zu jagen oder Kraftfahrzeuge aller Art (inklusive Schneescooter) zu benutzen. Die Jagd auf Moschusochsen und Eisbären ist nicht möglich.

🐕 Hundeschlittenfahrten

Eine Hundeschlittenfahrt über einen vereisten Fjord, entlang der Küste oder ins Landesinnere gehört für die meisten Besucher zu **den** Erlebnissen einer Grönlandreise überhaupt.

In allen Städten nördlich des Polarkreises (und nur dort) ist es im Frühjahr möglich, Ausflüge mit dem Hundeschlitten zu unternehmen. Die Wintermonate eignen sich weniger dazu, da es in dieser Zeit kaum hell wird und die Temperaturen extrem niedrig sind.

Vom vier- bis fünfstündigen Ausflug bis zur mehrtägigen Exkursion bieten die Touristeninformationen alle möglichen Unternehmungen an. Ein billiges Vergnügen ist so eine Fahrt allerdings nicht. Eine achtstündige Schlittenfahrt ist im günstigsten Fall ab dkr 800 zu bekommen. Informationen bei den Touristenbüros.

📖 ***Mushing*** *- Hundeschlittenfahren - Basiswissen für Draußen* (Band 35) von Martin Wiecke, Conrad Stein Verlag, Struckum. ISBN 3-89392-135-4, DM 14,80.

🛶 Kajak- und Kanufahren

In den Fjord- und Schärenlandschaften Grönlands gibt es ideale Bedingungen zum Kajak- und Kanufahren. Ein echtes grönländisches Kajak ist auf den Körper des Fahrers zugeschnitten und damit auch nur von ihm benutzbar. Touristen müssen also auf das Vergnügen, ein "Original-Kajak" aus Seehundhaut und Holz zu fahren, verzichten. Statt dessen stehen aber an immer mehr Orten moderne Kanus aus Kunststoff zur Verfügung. In Ammassalik, Nanortalik, Qaqortoq und Aasiaat gibt es schon seit längerem die Möglichkeit, Kajaks auszuleihen. In Kangaatsiaq, Nuuk, Kangerlussuaq und den Orten der Diskobucht ist auch geplant, demnächst Boote zu verleihen. Informationen geben die jeweiligen Touristenbüros (☞ entsprechende Rubrik der jeweiligen Orte).

Obwohl die See in den Fjorden sehr ruhig ist und die raueren Wellen nur die äußeren Schären erreichen, benötigt man für längere Touren viel Erfahrung. Das Wetter schlägt sehr schnell um. Starke Winde (z.B. Föhnsturm) können eine Gefahr für das unstabile kleine Fahrzeug darstellen. Auch auf plötzlich auftretenden starken Nebel sollte man gefaßt sein. Der sichere Umgang mit Karte, Kompaß und ggf. dem elektronischen Navigationssystem GPS ist in diesen Situationen wichtig.

📖 **Karte, Kompaß, GPS** - *Basiswissen für Draußen* (Band 4) von Reinhard Kummer, Conrad Stein Verlag, Struckum. ISBN 3-89392-304-7, DM 14,80.

In einigen Regionen Südgrönlands ist man unter Umständen mit **Packeis** konfrontiert und in einigen Fjorden kalben Gletscher. Von **Eisbergen** sollte man sich grundsätzlich fernhalten, da dort immer die Gefahr besteht, daß sie kippen.

Da die Felsküste manchmal sehr steil ins Wasser abfällt, ist es nicht überall möglich, an Land zu gehen. Eine gute Adresse zum Anlegen auf Kajaktouren sind die alten **Wikingersiedlungen**, da sie grundsätzlich nur an leicht zugänglichen Gewässern gebaut wurden. Bei Übernachtungen ist zu beachten, daß man direkt auf dem Gebiet von Ruinen nicht zelten darf.

Es empfiehlt sich, egal ob bei Tagesausflügen oder bei langen Touren, die Touristeninformation, bei der man auch die Kajaks leiht, von seinem Vorhaben zu informieren und um Rat zu fragen.

📖 **Kanuwandern** - *Basiswissen für Draußen* (Band 11) von Rainer Mareik, Conrad Stein Verlag, Struckum. ISBN 3-89392-111-7, DM 14,80.
♦ **Seekajak** - *Basiswissen für Draußen* (Band 65) von Stefan Jahn, Conrad Stein Verlag, Struckum. ISBN 3-89392-165-6, DM 12,80.

🎿 Skilaufen

Im Winter gibt es in ganz Grönland die Möglichkeit, Ski zu laufen, da überall genug Schnee liegt. Im Norden ist es zu dieser Zeit aber noch sehr dunkel und zum Skifahren zu kalt. Hier beginnt die Saison erst im März und endet im Mai. Grönland bietet landesweit ideale Bedingungen für den **Skilanglauf**. Die meisten nord- und mittelgrönländischen Orte haben Skiclubs, die Loipen ziehen und Strecken für Freistilläufer präparieren. Informationen bei den jeweiligen Touristenbüros (Adressen ☞ entsprechende Rubrik).

Auch für **alpines Skifahren** gibt es in Grönland zahlreiche Möglichkeiten. Den Vergleich mit Skigebieten in den Alpen können diese Anlagen aber kaum aushalten. Die größte befindet sich in Nuuk. In Sisimiut, Qasigiannguit, Maniitsoq, Narsaq und Ammassalik gibt es ebenfalls Lifte. **Sommerski** ist im Apussuit Skicenter, in der Nähe von Maniitsoq möglich. 150 km² Gletscher bieten gute natürliche Voraussetzungen. Man muß allerdings einräumen, daß Service und Einrichtungen nicht internationalem Standard entsprechen. Weitere Möglichkeiten für Sommerski gibt es im Kobbefjord Ski- und Freizeitcenter (bei Nuuk) und in der Nähe von Qeqertarsuaq auf der Insel Disko.

Andere Freizeitmöglichkeiten

Ein echtes Freizeit- und Sportangebot, wie man es aus anderen Urlaubsländern kennt, gibt es nur in Kangerlussuaq. Dies erklärt sich einerseits dadurch, daß die US-Army, die den Stützpunkt 1992 aufgab, einige Einrichtungen hinterließ, und andererseits durch die Notwendigkeit, den Fluggästen, die wegen der manchmal schlechten Wetterbedingungen festsitzen, Unterhaltung zu bieten. In Kangerlussuaq gibt es den nördlichsten Golfplatz der Welt (18 Loch), einen Ruderclub, einen Taucherclub, einen Schützenverein, ein Schwimmbad, eine Sauna, ein Solarium, einen Gymnastiksaal und eine Bowlinghalle. Informationen und Ausrüstung gibt es bei der Touristeninformation.

Transport

Keine grönländische Stadt ist mit einer anderen durch eine Straße verbunden. Deshalb ist der innergrönländische Verkehr auf Schiffe, Flugzeuge und Hubschrauber angewiesen.

Die Schiffe der staatlichen KNI-Pilersuisoq verkehren an der grönländischen Westküste zwischen **Upernavik** und **Nanortalik**. Im Sommer sind drei große Schiffe im überregionalen Verkehr im Einsatz, die die Routen **Upernavik-Nuuk** und **Ilulissat-Qaqortoq** befahren. Innerhalb Südgrönlands und der Diskobucht verkehren zusätzlich Distriktschiffe.

Im **Winter** ist auf den großen Strecken nur ein Schiff im Einsatz. Es verkehrt zwischen **Sisimiut**, dem nördlichsten eisfreien Hafen, und **Nanortalik** ganz im Süden. Eine **Reservierung** lange im voraus (ca. zwei Monate) ist **dringend** zu empfehlen, da die Schiffe im Sommer meist ausgebucht sind.

Es ist zwar manchmal auch möglich, kurzfristig einen Platz bekommen (wenn die Kontingente der großen Reiseveranstalter nicht ausgefüllt werden), man sollte darauf jedoch nicht spekulieren. Wenn man in einem Ort hängenbleibt, kann es unter Umständen lange dauern, bis man wieder wegkommt, da die Flugzeuge oder Hubschrauber in diesen Zeiten ebenfalls oft ausgebucht sind. Aktuelle Fahrplaninformationen sind bei Greenland Tourism in Kopenhagen und oft bei heimischen Reiseveranstaltern zu bekommen.

Reservierungen können bei allen KNI-Pilersuisoq-Büros in Grönland gemacht werden. Wenn man der dänischen Sprache allerdings nicht mächtig ist, sollte man sich entweder an die dänische Dependence von

"Grønlands Rejsebureau" in Kopenhagen wenden oder über einen nationalen Veranstalter buchen.

◆ **Preise:** Eine Fahrt von Ilulissat nach Sisimiut kostet in der Hauptsaison (15.6. bis 31.8.): Deckspassage: ca. dkr 650, Kabinenplatz: ca. dkr 1.100.

Schiffsverkehr und Eissituation

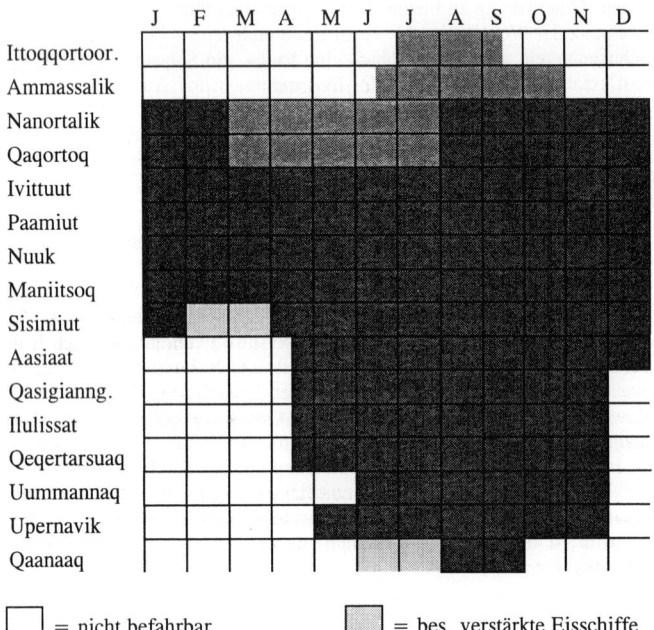

= nicht befahrbar   = bes. verstärkte Eisschiffe

= eistaugliche Schiffe   = reguläre Schiffe

Alle Städte Grönlands und einige Siedlungen verfügen über einen Anschluß an das Flugnetz von Grønlandsfly. Flughäfen, die von den viermotorigen Dash-7-Maschinen angeflogen werden können, befinden sich in Nuuk, Ilulissat, Aasiaat und Sisimiut. Dazu kommen die internationalen Flughäfen Kangerlussuaq, Narsarsuaq, Kulusuk und Nerlerit Inaat. Alle anderen Orte können nur mit Hubschraubern angeflogen werden.

Wegen des wechselhaften Wetters kommt es immer wieder zu Verspätungen und Flugabsagen. Sollte man davon betroffen sein, übernimmt Grønlandsfly die entstehenden Kosten für Übernachtungen am Ort. Dies gilt jedoch nur, wenn man eine Reservierung hat.

Buchungen nehmen die meisten Reiseveranstalter entgegen.

◆   **Preise:** Kangerlussuaq-Ilulissat: dkr 1.300, Narsarsuaq-Qeqertarsuaq: dkr 1.980.

Trinkgeld

Trinkgeld zu geben ist in grönländischen Restaurants und Cafés grundsätzlich nicht üblich. Wenn man dennoch einen besonderen Service damit honorieren möchte, wird die Geste aber durchaus verstanden.

Unterhaltung und Nachtleben

Ein abendliches Unterhaltungsangebot gibt es selbst in den größeren Orten nur in sehr begrenztem Umfang. Die **Hotels** bieten gelegentlich **Konzerte** und **Tanzabende** an. Regelmäßige Veranstaltungen gibt es nur in Nuuk, etwa die einmal wöchentlich geöffnete **Diskothek** im Hotel "Hans Egede". In Nuuk wird es mit der Fertigstellung des grönländischen Kulturzentrums auch das einzige **Kino** des Landes geben.

Die Touristeninformationen veranstalten gelegentlich **"Grönländische Abende"**, bei denen beispielsweise der örtliche Chor auftritt, grönländische Küche serviert wird und die traditionellen Trachten präsentiert werden.

Das weitgehende Fehlen eines Nachtlebens fällt in der Hauptreisezeit, im Sommer, allerdings kaum auf, da es in vielen Städten dann ja auch gar keine Nacht gibt. Man kann alle denkbaren Urlaubsaktivitäten zu jeder Zeit durchführen.

Unterkunft

Die Unterbringungsmöglichkeiten in Grönland sind in Anbetracht der relativ kurzen Reisesaison und der Größe der Ortschaften erstaunlich vielfältig, allerdings auch äußerst kostspielig, da viele der Einrichtungen vor allem von den Gästen im Sommer leben (Ausnahme: die kostenlosen Zeltplätze). Außer für die Zeltplätze ist eine frühzeitige Reservierung sehr zu empfehlen.

Hinweise auf die Übernachtungsmöglichkeiten in den einzelnen Orten und Adressen sind unter der entsprechenden Rubrik der Ortsbeschreibungen zu finden.

⌦ Hotels

In fast jeder grönländischen Stadt gibt es ein Hotel. Der Standard dieser Häuser entspricht im Normalfall dem sogenannter "Mittelklassehotels". Dazu gehören auch Telefon, Radio- und Fernsehgerät auf dem Zimmer. Der Preis für ein Doppelzimmer liegt bei ca. dkr 1.000 pro Nacht (zwei Personen im DZ mit Bad). Ein entsprechendes Einzelzimmer kostet ab ca. dkr 800.

Eine deutlich teurere, aber auch luxuriösere Ausnahme stellt das Hotel "Hans Egede" in Nuuk dar (DZ dkr 1.295/EZ dkr 1.045).

Bei allen Übernachtungen ist ein Frühstücksbuffet im Preis mit eingeschlossen. Die Möglichkeit, in Halbpension zu wohnen, ist zusätzlich sehr häufig gegeben, da den meisten Hotels ein Restaurant angeschlossen ist.

Seemannsheime

Die Seemannsheime stellen eine etwas preisgünstigere Alternative zum Hotelaufenthalt dar. Sie werden von der dänischen Seemannsmission betrieben und bieten ebenfalls Mittelklasse-Einzel- und Doppelzimmer an. Eine Nacht im Doppelzimmer mit Bad kostet etwa dkr 850. Ohne Bad ist eine Übernachtung im Seemannsheim schon für gut dkr 700 zu haben.

Auch in den Seemannsheimen gehören Telefon sowie ein Radio- und Fernsehgerät auf den Zimmern zur Grundausstattung. Ein ansprechendes Frühstücksbuffet in der jeweiligen Cafeteria ist im Preis eingeschlossen.

In den Cafeterien der Seemannsheime kann man auch recht preisgünstig essen. Alkoholkonsum ist in den Seemannsheimen generell verboten. Seemannsheime gibt es in Aasiaat, Qaqortoq, Sisimiut, Maniitsoq und Nuuk.

Apartments

Einige Hotels bieten die Möglichkeit an, Apartments zu mieten, die oft auch von dänischen "Gastarbeitern" genutzt werden, die nur wenige Monate zum Arbeiten nach Grönland kommen. Die Apartments bestehen meist aus einem größeren Zimmer, einem Bad und einer kleinen Kochzeile.

🏠 Jugendherbergen

Unter den Begriffen "Youth Hostel" und "Wandererheim" verbergen sich in Grönland Unterkünfte höchst verschiedener Ausstattung und Qualität. Einige Jugendherbergen betreiben eine Cafeteria und einen Kiosk, wo die Gäste essen oder sich mit dem Notwendigsten versorgen können. Alle Jugendherbergen verfügen über Kochgelegenheiten, die, wenn das Haus voll ist, allerdings manchmal nicht ausreichen. Auch die sanitären Einrichtungen sind in manchen Herbergen im Vollbetrieb nicht ausreichend und erfordern Koordinierung der Bewohner. Einige Herbergen verfügen lediglich über Trockenklos.

Im Normalfall kostet eine Übernachtung ca. dkr 150 bis 200 pro Nacht. Bei frühzeitiger Reservierung ist es in einigen Herbergen möglich, auch Doppelzimmer zu bekommen.

Eine andere Übernachtungsmöglichkeit stellen die sehr verstreut liegenden Unterkünfte, die die Schafzüchter im Süden Grönlands anbieten, dar. Sie werden teilweise ebenfalls als "Jugendherbergen" geführt, sind in der Regel aber eine höchst einfache Bleibe, oft ein ehemaliges Wohnhaus. Die Einrichtung ist sehr spartanisch. Trockenklos, Matratzenlager und Wasser vom nächsten Brunnen oder einer Quelle sind der Standard. Vor Ort ist oft nicht zu erkennen, ob ein Haus eine solche "Jugendherberge" ist oder das Privathaus eines Schafzüchters. Es empfiehlt sich, bei den Bewohnern der Siedlung nachzufragen, was ohne Dänisch- oder Grönländischkenntnisse allerdings schwierig sein kann.

♦ **Preis:** ca. dkr 100 pro Nacht.

Hütten

Über das ganze Land verstreut gibt es ein grobmaschiges Netz von Hütten, in denen Jäger und Fischer bei ihren Exkursionen oder die Schafzüchter beim Abtrieb der Schafe für kurze Zeit Unterkunft oder Schutz vor Unwetter suchen. Sie stehen häufig auch Wanderern zur Verfügung. Entlegene Hütten sind immer offen und die Übernachtung ist generell **kostenlos**. Mehr als Schutz vor Wetter und ein Dach ist dort im Regelfall nicht zu erwarten.

Es gibt jedoch auch aufwendiger gestaltete Hütten, z.B. Häuser in verlassenen Siedlungen, die man bei den Touristenbüros mieten kann. Wer eine Hütte weit außerhalb der Siedlungen ansteuern möchte, sollte sich vorher beim zuständigen Touristenbüro informieren, da es durchaus sein kann, daß eine auf der Landkarte noch verzeichnete Hütte nicht mehr existiert.

Schulen/Heimvolkshochschulen

Weiterführende Schulen sowie Aus- und Fortbildungsstätten sind in vielen Orten zu finden. Da alle höheren Schulen Internate sind, stehen diese Unterkünfte in der Ferienzeit leer und oft den Touristen zur Verfügung. Meist handelt es sich um kleine Zimmer mit ein bis zwei Betten. Sanitäre Einrichtungen und Kochgelegenheiten werden gemeinsam benutzt. Die Kosten für eine Übernachtung entsprechen in etwa denen der Jugendherbergen. Der Standard, besonders der Heimvolkshochschulen in Sisimiut und in Qaqortoq, ist jedoch deutlich höher.

⚠ Camping

In wenigen Städten gibt es "Campingplätze", deren Ausstattung jedoch oft sehr dürftig ist. Oft handelt es sich einfach um einen trockenen, grasbewachsenen Platz am Rand der Stadt, auf dem ein Container mit Toiletten und Duschen aufgestellt wurde. Häufig gibt es die Möglichkeit, in der Nähe der Jugendherbergen zu zelten und deren Einrichtungen gegen ein geringes Entgelt mitzubenutzen.

"Campingplätze" bucht man über die örtliche Touristeninformation. Die Gebühr beträgt im Regelfall dkr 35. Vorbestellung ist nicht nötig.

Zelten

Generell ist das Zelten in Grönland überall erlaubt. Es gibt jedoch einige Ausnahmeregelungen:

✱   Es ist verboten, an den Seen und Wasserläufen, die der Trinkwasserversorgung des Ortes dienen, zu zelten.

✱   Es ist verboten, auf den Anbauflächen und den Heuwiesen der Schafzüchter im Süden zu zelten.
Die Siedlungen der Schafzüchter sind meistens von einem Zaun umgeben, der dazu dient, die Tiere von den Wiesen fernzuhalten. Dieser Zaun markiert im Regelfall auch den Bereich, in dem man nicht zelten darf.

✱   Es ist verboten, auf dem Gelände von Ruinen, etwa der alten Normannensiedlungen, zu zelten.

Sollte man sich nicht sicher sein, ob der ausgewählte Platz unter die genannten Ausnahmen fällt, ist das Nachfragen bei den Einheimischen anzuraten.

Privatunterkunft

Die Möglichkeiten, bei einer grönländischen Familie unterzukommen, sind einerseits noch recht beschränkt, andererseits werden sie selten genutzt. Es wird aber daran gearbeitet, dieses Angebot auszuweiten. Wer den Wunsch hat, das grönländische Leben und den grönländischen Alltag so aus der Nähe zu erleben, sollte sich an die Touristeninformationen im jeweiligen Ort wenden.

Versicherungen

Obwohl die medizinische Behandlung in Grönland generell umsonst ist, ist der Abschluß einer **Reisekrankenversicherung** zu empfehlen, um sich z.B. gegen auftretende Kosten bei einem Transport ins Heimatland abzusichern.

Eine **Diebstahlversicherung** ist nicht unbedingt notwendig. Das eigene Sicherheitsbedürfnis und natürlich der Wert der Ausrüstung, die man dabeihat, mögen einen Abschluß dennoch nahelegen.

Wandern

Grönland ist ideal für Wanderungen jeder Art. Für jeden Geschmack und jede Fähigkeit gibt es hier geeignetes Terrain. Von der langen, harten Exkursion mit Expeditionscharakter über anspruchsvolle Bergtouren bis zum halbtägigen Ausflug kann man alles machen und sicher sein, auf eine atemberaubend schöne Natur zu stoßen. Die beliebtesten Wandergebiete Grönlands sind der **Süden** und die Region zwischen **Kangerlussuaq** und **Sisimiut**. Die 14tägige Tour vom Flughafen Søndre Strømfjord nach Sisimiut ist ein Klassiker unter Grönlandreisenden. Konkrete Tourenvorschläge und Tips werden jeweils unter den entsprechenden Regionen gegeben.

Da sich der Tourismus in Grönland noch im Aufbau befindet, ändern sich einige Dinge sehr schnell. So gibt es von Saison zu Saison neue **Übernachtungsmöglichkeiten**, wie Camps und Hütten entlang beliebter Routen, oder neu markierte Wanderrouten. Auch kommen jährlich neue und detailliertere **Wanderkarten** heraus. Insofern ist es bei größeren Unternehmungen grundsätzlich sinnvoll, sich vor Reisebeginn mit dem jeweiligen Touristenbüro in Grönland oder Greenland Tourism in Kopenhagen in Verbindung zu setzen.

✋ Da Grönland einerseits extrem dünn besiedelt ist und andererseits arktisches Klima und eine manchmal rauhe, schwer begehbare Landschaft aufweist, sollte man längere Touren niemals allein durchführen und seine Kräfte und Fähigkeiten realistisch einschätzen. Hilfe ist unter Umständen sehr weit weg! Das heißt nun, daß man in Grönland nur als Extremsportler unterwegs sein kann. Es gibt auch für wenig erfahrene Wanderer viele Möglichkeiten, auch längere Zeit in der Natur zu verbringen. Man sollte sich dann jedoch auf erschlossene Gebiete, für die es gutes Kartenmaterial gibt, beschränken und riskante Aufstiege oder gar Gletscherpassierungen meiden. Wer mit dem Kompaß unterwegs ist, sollte auf das Phänomen der ☞ **Mißweisung** achten.

Was das **Verhalten** in der grönländischen Natur generell angeht, hat South Greenland Tourism einen "Verhaltenskodex für Wanderer" herausgegeben, der einige Bereiche auflistet, in denen es in der Vergangenheit Probleme gab:

✱ Abfall sollte grundsätzlich in den Abfalleimern der Siedlungen und Städte entsorgt werden!

✱ Werfen Sie niemals verderbliches Essen in ein Gewässer!

✱ Zelten Sie nicht:
1. an Seen oder fließenden Gewässern, die Siedlungen oder Städte mit Wasser versorgen,
2. in der Nähe von Häusern, Scheunen oder anderen Gebäuden,
3. in der Nähe von Friedhöfen, Inuit- oder Normannenruinen,
4. auf bewirtschafteten Feldern oder Wiesen. Sie sollten auch nicht durchlaufen werden!

✱ Die Tore und Durchgänge an den Zäunen der Schafzüchter sollten immer so bleiben wie sie sind (offen oder geschlossen), nachdem man hindurchgegangen ist!

✱ Respektieren Sie Friedhöfe und Ruinen als geschützte Gebiete!

✱ Wenn man jemanden fotografieren will, sollte man immer vorher um Erlaubnis fragen!

✱ Hinterlassen Sie immer eine Nachricht, wohin Sie wandern und wann Sie zurück sein wollen bei der Touristeninformation, dem Hotel/der Jugendherberge oder der Polizeistation!

✱ Hinterlassen Sie die Natur so schön und unberührt, wie Sie sie vorgefunden haben!

📖 ***Wildniswandern** - Planen - Ausrüsten - Durchführen - Basiswissen für Draußen* (Band 7) von Reinhard Kummer, Conrad Stein Verlag, Kronshagen. ISBN 3-89392-108-7, DM 12,80.

Zeitzonen

Grönland umfaßt insgesamt vier verschiedene Zeitzonen. Für den normalen Besucher ist dies allerdings kaum von Bedeutung, da sowohl die ganze Westküste (Ausnahme Thule) als auch die Region um Ammassalik an der Ostküste in dieselbe Zeitzone fallen. Hier beträgt die Abweichung zur MEZ minus vier Stunden.

Wer von Nuuk aus nach Thule fliegt, muß seine Uhr noch einmal eine Stunde zurückstellen (MEZ minus fünf Stunden). Ist das Ziel Ittoqqortoormiit (Scoresbysund), muß die Uhr eine Stunde vorgestellt werden (MEZ minus drei Stunden). Die vierte Zeitzone umfaßt den unbewohnten Nordosten Grönlands. Grundsätzlich gilt für den Grönlandbesucher aus Mitteleuropa: Wenn es in Grönland 8:00 ist, ist es zu Hause schon 12:00.

Zoll

Da die meisten Besucher aus Kopenhagen anreisen, ist es wichtig zu wissen, daß Dänemark gegenüber Grönland zollmäßig als Ausland gilt. Dementsprechend gelten auch hier die international üblichen Einfuhrbeschränkungen. Maximal mitbringen darf man:

✳ 200 Zigaretten,
✳ 1 Liter Spirituosen (über 22%),
✳ 2 ¼ Liter Wein (unter 15%),
✳ 50 g Parfum,
✳ 2 kg Schokolade oder Süßigkeiten,
✳ 5 kg Fleisch,
✳ kosmetische Artikel bis zu einem Wert von maximal dkr 1.000.

Dänische Kronen dürfen unbegrenzt ein- und ausgeführt werden.

Die Diskobucht

Die Region zwischen Ilulissat im Norden und Aasiaat im Süden gehört sicherlich zum beeindruckendsten, was Grönland an Landschafts- und Naturerlebnissen zu bieten hat.

Hier, gut 300 km nördlich des Polarkreises, ist die Vegetation zwar sehr spärlich und im Wuchs niedrig; von den schroffen Basaltbergen Qeqertarsuaqs bis zur flächigen Schärenlandschaft bei Aasiaat läßt sich aber ein breites Spektrum geologischer Formationen und landschaftlicher Erscheinungen finden.

Am spektakulärsten sind für die meisten Besucher jedoch die **Eisberge**, die vom Eisfjord in Ilulissat aus die Diskobucht bevölkern und zu den größten der Welt gehören. Zu Tausenden treiben die riesigen Kolosse langsam durch die Bucht. Hier bleiben sie so lange, bis sie genügend abgeschmolzen sind, um das Unterwassergebirge, das der Diskobucht vorgelagert ist, überqueren zu können. Danach treten sie ihre lange Reise entlang der nordamerikanischen Küste nach Süden an. Die größten von ihnen schaffen es ungefähr bis auf die Höhe von New York.

Ihren Namen verdankt die ca. 250 km breite Bucht der 50 bis 100 km vorgelagerten Insel **Disko**, welche von verschiedenen Städten aus mit dem Schiff zu erreichen ist.

Ilulissat

Direkt am Ausgang des **Kangia (Jakobshavn Isford)** liegt Ilulissat, auf dänisch Jakobshavn, eine der ersten Adressen für Grönlandbesucher überhaupt.

Ilulissat ist das grönländische Wort für **Eisberge**, und der Grund für diese Namensgebung ist sofort ersichtlich. Das ganze Meer ist übersät mit Eisbergen. Nur drei Kilometer entfernt treten sie aus der engen Fjordmündung und verteilen sich in der Diskobucht.

Rund um diese Naturattraktion spielen sich entsprechend auch die meisten touristischen Aktivitäten ab. Wer mehrtägige Wanderungen unternehmen will, findet in anderen Regionen Grönlands sicher bessere Möglichkeiten, obwohl es auch hier reizvolle Routen und eine beeindruckende bergige Landschaft, die durch Erhebungen mit Höhen um 600 m gekennzeichnet ist, gibt. Wer jedoch arktische Eislandschaften sehen oder das Leben in einer modernen nordgrönländischen Stadt kennenlernen will, wird dazu kaum einen attraktiveren Ort finden.

Mit gut 4.000 Einwohnern ist Ilulissat die drittgrößte Stadt des Landes. Sie wurde im Jahre 1741 vom dänischen Kaufmann **Jacob Severin** gegründet, dem sie auch ihren dänischen Namen zu verdanken hat.

Besiedelt ist diese Gegend jedoch schon wesentlich länger. In der nur wenige Kilometer entfernten Siedlung **Sermermiut** wurden bei archäologischen Ausgrabungen Steinwerkzeuge gefunden, die der Saqqaq-Kultur zuzuordnen sind (☞ Land und Leute, Geschichte).

Diese Ausgrabungen waren für die Theorie der verschiedenen Einwanderungswellen von entscheidender Bedeutung. In drei deutlich voneinander getrennten Schichten ließen sich Spuren aller drei Inuit-Kulturen finden (Saqqaq-, Dorset- und Thule-Kultur). Heute ist Sermermiut unbesiedelt und selbst die Ruinen sind kaum noch zu erkennen. Gegen Mitte des 19. Jh. verließen die Einwohner den Ort und zogen zur nahegelegenen Handels- und Missionsstation.

Das moderne Ilulissat lebt vom **Fischfang** und mehr als die meisten anderen Orte vom **Tourismus**. Daher trifft man hier auf eine für grönländische Verhältnisse sehr entwickelte Infrastruktur in diesem Bereich, die mehrere Übernachtungsmöglichkeiten, einige Restaurants und ein sehr breites Angebot an Exkursionen umfaßt.

Obwohl Ilulissat zu den großen und entwickelten Städten des Landes gehört, ist auch das traditionelle Leben noch immer sehr präsent. Am augen-, besser gesagt am ohrenfälligsten sind die **Schlittenhunde**, die oft als die eigentlichen Bewohner der Stadt erscheinen. Kein freier Platz, an dem nicht ein Rudel von ihnen angekettet ist. In der ganzen Stadt und auch noch weit entfernt ist ihr Gebell und Geheule zu hören, besonders in den schneefreien Sommermonaten, wenn die Tiere nur gelegentlich gefüttert werden und ihrem Hunger lautstark Ausdruck geben.

Ilulissat entspricht in vielerlei Hinsicht den Erwartungen, die viele Besucher an Grönland haben, abgesehen davon, daß viele über das sonnige und **relativ warme Klima** überrascht sind. Zwar klettern die Temperaturen auch im Juli selten über 14 °C, aber die eher trockene Luft läßt auch bei langen Aufenthalten in der Natur nur selten das Gefühl von Kälte aufkommen. Was den Sonnenschein angeht, gehört die Diskobucht zu den stabilsten Regionen Grönlands. Die Anzahl der Sonnenstunden pro Tag beträgt im Sommer häufig 24, da hier von Mitte Mai bis Ende Juli die **Mitternachtssonne** zu beobachten ist.

An- und Abreise
Nach Ilulissat kann man sowohl mit dem Flugzeug als auch mit den KNI-Schiffen reisen.

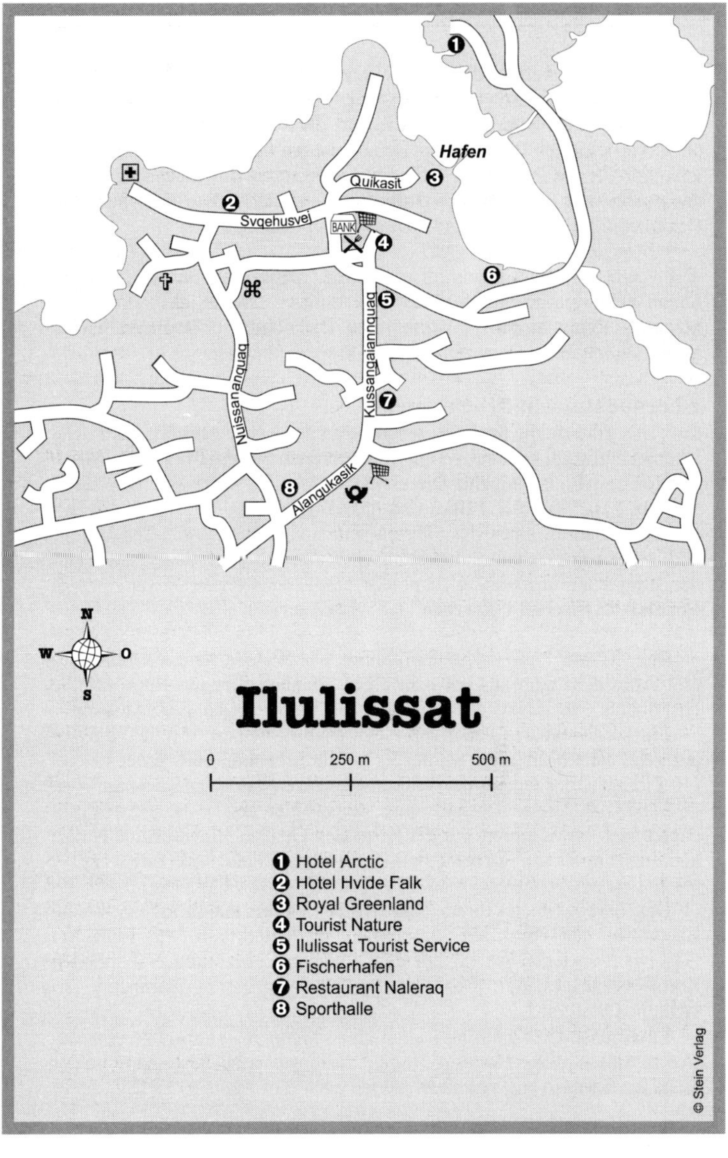

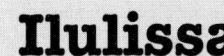

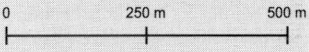

Hafen
Quikasit
Svgehusvej
BANK
Kussangajannguaq
Nuissanannguaq
Alangukasik
N
W
O
S
Ilulissat
0
250 m
500 m
1 Hotel Arctic
2 Hotel Hvide Falk
3 Royal Greenland
4 Tourist Nature
5 Ilulissat Tourist Service
6 Fischerhafen
7 Restaurant Naleraq
8 Sporthalle
© Stein Verlag

🐟 Die Stadt verfügt über einen Flughafen, der regelmäßig von **Kangerlussuaq/Søndre Strømfjord** aus angeflogen wird. Alle Reisenden aus dem südlicheren Grönland müssen dort Zwischenstation machen. Nur nach **Nuuk** gibt es **Direktflüge**. Der Flughafen in Ilulissat ist die Verteilerstation für die Diskobucht sowie für den Norden des Landes. Von hier aus verkehren regelmäßig **Hubschrauber** nach Aasiaat, Sisimiut, Qasigiannguit, Qeqertarsuaq, Upernavik und Uummannaq.

🚢 Alle großen Küstenschiffe, die die Westküste von Norden nach Süden befahren, machen auch Halt in Ilulissat. Zusätzlich verkehrt ein kleineres Regionalschiff innerhalb der Diskobucht. Mit diesem ist es auch möglich, nach Qeqertarsuaq auf Disko zu kommen

Übernachtungsmöglichkeiten
🛏 Es gibt, da die Stadt zu den Zentren des Landes gehört, zahlreiche Übernachtungsmöglichkeiten mit einem breiten Spektrum, was Standard, Service und Preise angeht: Die ersten Häuser am Platz sind das **Hotel "Hvide Falk"** (weißer Falke) und das **Hotel "Arctic"**. Ersteres ist mit seinen 25 Jahren eines der ältesten und traditionsreichsten des Landes und hat es sogar schon zu literarischen Ehren gebracht, denn es ist einer der Haupthandlungsorte in dem sehr empfehlenswerten Roman von **J. Bernlef: "Zwischen Eisbergen"** (☞ Literatur).

Das "Hvide Falk" liegt unmittelbar am Wasser, und vom Restaurant/Frühstücksraum aus hat man einen atemberaubenden Blick auf die Diskobucht. Auch viele der insgesamt 21 Zimmer bieten diese Aussicht.
Ein vergleichbares Panorama bietet auch das Hotel "Arctic", das vor gut zehn Jahren errichtet wurde. Es ist ein sehr modernes großes Hotel (40 Zimmer), das eine etwas weniger familiäre Atmosphäre als das "Hvide Falk" hat. Viele Geschäftsleute steigen hier ab. Es ist dementsprechend auch etwas teurer. Für den schmalen Geldbeutel sind beide Hotels kaum zu empfehlen. Sie bieten jedoch auch günstigere **Apartments** an.

Das "Arctic" bietet direkt beim Hotel **"Panorama-Iglus"** an, kleine Bauten in der Form der klassischen Jagdunterkünfte der Inuit, im Gegensatz zu jenen jedoch mit den üblichen Einrichtungen westlichen Komforts ausgestattet. Das "Hvide Falk" vermietet Apartments am südlichen Stadtrand.
Eine günstigere, allerdings auch etwas weniger komfortable Alternative zu diesen teuren Hotels stellt das **"Naleraq"** dar. Dieses Haus ist vor allem ein **Restaurant**, vermietet jedoch auch fünf Zimmer. Es liegt direkt

im Zentrum der Stadt, nur 100 m von der Touristeninformation entfernt.

- ◆　**Hotel Arctic**, Mittarfimmut Aqq. B 1128, ☎ 944153, FAX 943924, EZ ab ca. dkr 900, DZ ab ca. dkr 1.200.
- ◆　**Hotel Hvide Falk**, Edvard Sivertsenvej 18, ☎ 943343, FAX 943508, EZ ca. dkr 900, DZ ca. dkr 1.200.
- ◆　**Hotel Naleraq**, Kussangajaanguaq 23, Tel.: 944040, EZ ca. dkr 450.

🏠　Am östlichen Stadtrand befindet sich das **Ilulissat Vandrehjem**, eine Jugendherberge, die vom Reiseveranstalter Greenland Travel betrieben wird. Hier gibt es auch die Möglichkeit, Ein- und Zweibettzimmer zu mieten (dkr 175 pro Nacht/Schlafsack mitbringen). Wenn die grönländischen Schüler Sommerferien haben (ca. Ende Juni bis Anfang August), ist es auch möglich, im **Schulheim** zu übernachten (dkr 150 pro Nacht/Schlafsack mitbringen). Die preisgünstigste Möglichkeit, ein Dach über dem Kopf zu haben, stellen die Schlafsäle (12 Personen) der **Ilulissat Sportshall** dar (ca. dkr 150). Ansprüche an Komfort und Ruhe dürfen hier jedoch nicht gestellt werden. Jugendherberge, Landschulheim und Sporthallenunterkunft bucht man bei einem der örtlichen Touristenbüros.

Ilulissat: Luftbild vom Hafen

☞ Es gibt auch die Möglichkeit, bei einer grönländischen Familie unterzukommen. Solche Bed-and-Breakfast-Unterkünfte kosten pro Person und Nacht ca. dkr 300.

Weitere Informationen zu Privatzimmern erhält man beim Ilulissat Turist Service oder bei Tourist Nature, über die auch die Buchung solcher Unterkünfte abgewickelt wird. Generell können Reservierungen für alle Übernachtungsmöglichkeiten dort vorgenommen werden. Die Hotels kann man aber natürlich auch direkt buchen.

⚠ Der **Zeltplatz** liegt direkt am alten Heliport der Stadt. Bis Ende August sind die in Containern eingerichteten sanitären Anlagen und die windgeschützten "Speiseräume" (ebenfalls Container) gegen eine Gebühr (dkr 30 pro Tag) zu nutzen. Den Schlüssel, der Zugang zu diesen Einrichtungen verschafft, erhält man beim Ilulissat Turist Service.

Essen und Trinken

✗ Drei Restaurants, eine Pizzeria und zwei Imbißstuben stehen in Ilulissat zur Auswahl. In den Hotels "Hvide Falk" und "Arctic" gibt es vor allem **dänische** und **internationale** Küche, zumeist Menüs. Es werden jedoch auch immer **grönländische Gerichte** angeboten. Beide Küchen sind nicht gerade billig, aber aufgrund ihrer Qualität dennoch sehr zu empfehlen.

Eine grönländisch ausgerichtete Speisekarte bietet das "Naleraq". Dieses Restaurant wird auch von den Einheimischen besucht und häufig für Familienfeiern genutzt. Es ist insgesamt etwas günstiger als die erstgenannten.

Wer billig etwas Warmes zu sich nehmen möchte, kann dies in der **Pizzeria** in der Nähe des Museums tun. Von einem Italiener betrieben, gibt es hier das übliche Angebot an Pizza und Pasta. Das Essen wird allerdings mit den Zutaten zubereitet, die verfügbar sind, und unterscheidet sich von dem, was man bei uns unter Pasta und Pizza versteht. Das Ambiente liegt irgendwo zwischen Imbißbude und Restaurant, ist aber durchaus reizvoll.

ℹ Information

In Ilulissat gibt es mehrere Anlaufstellen für Touristen, die sich informieren wollen oder an einer organisierten Tour teilnehmen möchten. Neben dem zu „Greenland Tourism" gehörenden Ilulissat Turist Service und Turist Nature, das von dem ausgewanderten Italiener Silverio Scifoli betrieben wird, haben auch der Reiseveranstalter Arktis Reisen Schehle

Diskobucht

Nuugaatsiaq

Illorsuit

Ukkusissat

Niaqornat

Saattut

Qaarsut

Uummannaq

Ikerasak

Saqqaq Qeqertaq

Kangerluk

Qeqertarsuaq

Oqaatsut

Ilulissat

Kitsissuarsuit

Ilimanaq

Akunnaaq

Aasiaat Qasigiannguit

Ikamiut

Kangaatsiaq

Niaqornaarsuk

Ikerasaarsuk

Iginniarfik

Attu

Upernavik

0 100 km

und Greenland Tours, die Firma der beiden Deutschen Elke Meissner und Dieter Zillmann, Büros in Ilulissat eingerichtet. Über alle vier kann man Unterkünfte buchen, und alle vier veranstalten Exkursionen und Ausflüge. Alle liegen dicht beieinander im Stadtzentrum am Kussangajaannguaq.

♦ **Ilulissat Turist Service**, Kussangajaannguaq 11, DK-3952 Ilulissat, ☎ 944322, FAX 943933, 🕘 9:00 bis 17:00, Sa bis So 🕘 10:00 bis 16:00.
♦ **Tourist Nature**, Kussangajaannguaq 5, DK-3952 Ilulissat, ☎ 944420, FAX 944624. 15. Mai bis 15. September Mo bis So 🕘 8:00 bis 18:00.
♦ **Arktis Reisen Schehle**, Mitte Juni bis Anfang September, ☎ 944440, FAX 944849.
♦ **Greenland Tours**, ☎ 944411, FAX 944511.

Sehenswertes

Obwohl die Stadt die drittgrößte des Landes ist, braucht man für einen kompletten Stadtrundgang kaum mehr als zwei bis drei Stunden.

Besonders interessant ist dabei ein Besuch des Hafens, der alten Zionskirche und des Knud-Rasmussen-Geburtshauses, das heute ein Museum ist.

Das Erscheinungsbild des Hafens wird einerseits von den kleinen bunten Booten der Fischer und andererseits von den blauen Lagerhallen und Fabrikgebäuden von Royal Greenland dominiert. Dazwischen liegen die alten Häuser der ehemaligen Handelsstation. Eines der drei schwarz geteerten Gebäude wird heute als Ticketschalter von der KNI genutzt, ein anderes dient als Gerichtsgebäude. Das dritte Gebäude, das älteste der Stadt, wurde zu einem Jagd- und Fischereimuseum umfunktioniert.

✞ Die **Zionskirche**, 600 m westlich des Hafenfjordes gelegen, wirkt von außen eher unscheinbar. Von innen allerdings ist sie trotz protestantischer Sachlichkeit vor allem wegen der Farbgebung sehr hübsch anzusehen. Sie wurde im Jahre 1782 fertiggestellt. Finanziert wurde sie durch Spenden und den Verkauf von Walspeck und Walbarten nach Europa.

⌘ Das **Museum** erinnert an Knud Rasmussen, einen der größten Söhne Grönlands. Hier werden zahlreiche persönliche Gegenstände des Entdeckers und Händlers ausgestellt.

Eisberge und Vögel im Jakobshavn Eisfjord

Historische Fotos sowie Tagebuchaufzeichnungen, Skizzen und Notizen sind zu besichtigen. Zusätzlich gibt es noch Ausstellungsgegenstände, die das traditionelle Leben der Inuit in dieser Region und die Entwicklung der Stadt dokumentieren. Wer etwas Zeit hat, kann sich auch in die **Bibliothek** des Museums setzen, wo es die Schriften Rasmussens, aber auch andere Literatur zu Ilulissat sowie zu Grönland generell gibt. Die meisten Bücher sind in dänischer Sprache verfaßt, man findet aber auch zahlreiche Schriften in Englisch und einige in Deutsch.

Ausflüge und Exkursionen

Die größte Attraktion der Stadt, der **Jakobshavn Eisfjord**, ist das Ziel von **Bootsausflügen**, die von den Touristenbüros angeboten werden. Obwohl eine solche Fahrt nicht billig ist, ist sie auf jeden Fall ein unvergeßliches Erlebnis. Besonders beliebt sind die **Mitternachtsfahrten** im Sommer. Wenn die Sonne flacher steht und das Licht etwas gelber und milder ist, wirken die Eiskolosse besonders eindrucksvoll.

Ein anderes reizvolles Ausflugsziel ist die **Siedlung Rodebay** nördlich der Stadt, die man ebenfalls mit den Schiffen der Touristenbüros anlaufen kann.

Auch wenn man kein Freund des organisierten Tourismus ist, kommt man um die Touristenbüros kaum herum, da nur sie Schiffe vermitteln können. Die Ausflüge und Exkursionen haben jedoch nicht den Charakter von Massentourismus.

Im Winter werden **Hundeschlittenexkursionen** von unterschiedlicher Länge angeboten. Das Spektrum reicht vom vier- bis fünfstündigen Ausflug bis zur zehntägigen "Expedition" nach Uummannaq. Auch **Schneemobilfahrten** sind in dieser Zeit möglich. Informationen über das komplette Programm gibt es bei den Touristenbüros vor Ort.

Wanderungen

Eine beliebte Tour ist der ungefähr halbstündige Spaziergang nach **Sermermiut** und zum Eisfjord.

Man verläßt die Stadt in südlicher Richtung entlang des alten Heliportes und folgt dem markierten Weg. Die alte Siedlung, von der heute nur noch kleine grasbewachsene Erhöhungen zu sehen sind, liegt in einer kleinen Schlucht am Eisfjord. Wenn man noch ein kleines Stück weitergeht, hat man einen wunderschönen Blick auf die Mündung des Eisfjords.

Auf der Strecke entlang der Küste trifft man auf die **Kællingekløft**, einen schmalen und steilen Einschnitt in die Felsküste. An dieser Stelle stürzten sich früher in Zeiten der Hungersnot Alte und Kranke herunter, um für den Rest der Gemeinschaft bessere Chancen des Überlebens zu schaffen.

Von der Kællingekløft aus kann man, wenn man sich ca. 500 m ins Landesinnere bewegt, auf alte **Gräber** der Inuit stoßen. Mit großen Steinen notdürftig bedeckt, zum Teil auch frei zwischen den Felsen liegend, findet man hier zahlreiche Schädel und Knochen. Die Stelle ist sehr schwer zu finden, da sich die Felsansammlung, die die Gräber kennzeichnet, zumindest für das ungeschulte Auge kaum von anderen Formationen unterscheidet.

Geht man von hier aus parallel zum Fjordufer östlicher in Richtung Gletscher, stößt man nach wenigen Minuten auf **Holms Bakke**, eine 113 m hohe Erhebung. Hier begrüßen die Einwohner Ilulissats die Sonne am 13. Januar, wenn sie nach der Polarnacht zum ersten Mal wieder zu sehen ist. Spaziergänger und Tagesausflügler kehren hier häufig um. Wer weiter hinaus will, kann der Schlittenhundspur folgen und noch tiefer in den Fjord hineingehen. Die Spur endet jedoch nach sechs bis sieben Kilometern direkt am Wasser, da diese Spur im Winter über das zugefrorene Meer führt. Die Möglichkeit, zur **Gletscherabbruchkante** zu wandern, besteht nicht, da dazu ein anderer Gletscher überquert werden muß, der kaum passierbar ist.

Eine sehr schöne zweitägige Wanderung kann man unternehmen, wenn man Ilulissat in Richtung Flughafen verläßt und nach **Oqaatsup (Rodebay)** läuft. Man folgt der Schlittenspur bis zur **Bredebugt**. Dort angekommen bewegt man sich entlang des Ufers, bis man wieder auf eine Schlittenspur stößt, die direkt in die Siedlung führt. Wenn man sich zuvor bei der Touristeninformation gemeldet hat, ist es möglich, von einem Schiff abgeholt zu werden, was allerdings nicht ganz billig ist.

Siedlungen bei Ilulissat

Oqaatsup (Rodebay)/Qeqertaq/Ilimanaq (Claushavn)/Saqqaq

Ungefähr 18 km nördlich von Ilulissat liegt Oqaatsup (Rodebay): Der kleine Ort, in dem heute nur noch etwa 50 Menschen weitgehend von Jagd und Fang leben, ist für seine Größe mit einer außergewöhnlich guten touristischen Infrastruktur ausgestattet. Von **Greenland Tours Elke Meissner** organisiert stehen an Übernachtungsmöglichkeiten ein Gästehaus, mehrere Hütten sowie Privatzimmer zur Verfügung. Zelten kann man südlich des Dorfes. Seit kurzem gibt es in Rodebay sogar ein

Restaurant. Außerdem werden Exkursionen, Ausflüge und im Frühjahr Hundeschlittenfahrten von hier aus angeboten.

Etwa 70 km nördlich von Ilulissat gibt es seit wenigen Jahren in völliger Abgeschiedenheit und unberührter Natur das „Ata Center". Aus den Bauten, die für die Dreharbeiten zum Film „Fräulein Smillas Gespür für Schnee" verwendet wurden, hat **Tourist Nature**-Chef Silver in Kooperation mit Ilulissat Turist Service ein Feriencamp errichtet, in dem Unterkünfte verschiedener Kategorien zur Verfügung stehen (plus Verpflegung, wenn gewünscht). Von dort aus kann man Ausflüge unternehmen oder diversen Freizeitbeschäftigungen nachgehen, bis hin zum Windsurfen.

Nähere Informationen darüber bei Tourist Nature oder beim Ilulissat Turist Service.

Keine touristische Infrastruktur wird man dagegen in den anderen, noch ursprünglicheren Siedlungen des Distrikts, Saqqaq, Qeqertaq und Ilimanaq, vorfinden, was nicht heißt, daß sich nicht auch hier (über die Touristenbüros in Ilulissat) gegebenenfalls eine Unterbringung im Privatzimmer arrangieren ließe. Im 80 bzw. 100 km nördlich von Ilulissat gelegenen Qeqertaq bzw. Saqqaq leben ca. 120 bzw. 200 Menschen, im südlicher gelegenen Ilimanaq etwa 80. Alle Siedlungen werden vom Regionalschiff der KNI angelaufen, wenn auch nicht sehr häufig. Ansonsten kann man gegen entsprechendes Entgelt in Ilulissat ein Boot chartern, um dorthin zu gelangen.

Adressen: Greenland Tours und Tourist Nature ☞ Ilulissat.

Qeqertarsuaq

🏦 KNI Bank: Holten Möllerip Aqq. 3. Mo bis Fr ❚ 10:00 bis 14:00, ☎ 921244.
✬ ☎ 921222.
✚ ☎ 921211.
🚗 ☎ 921025.

Die Stadt an der Südküste der Insel Disko gehört aufgrund ihrer Lage und Größe (1.100 Einwohner) heute nicht mehr zu den Zentren des Landes. Historisch war der kleine Ort jedoch mal bedeutender.

Gegründet wurde er 1773 als **"Godhavn"** (guter Hafen) vom dänischen Kaufmann Svend Sandgren. Als bedeutendste Walfängerstation in den nördlichen Gewässern Grönlands wurde die Stadt bis Ende des 19. Jh. von zahlreichen Schiffen angelaufen oder als Ausgangsbasis für Fangfahrten genutzt. Von dieser Vergangenheit ist heute jedoch wenig zu sehen.

Genausowenig sieht man dem Ort an, daß er eine Zeitlang die Hauptstadt Nordgrönlands war. Bis 1950 war Grönland verwaltungstechnisch in einen Nord- und einen Südteil gegliedert und von Qeqertarsuaq aus wurde der ganze Norden regiert. Nachdem durch die Verwaltungsreform von 1951 Nuuk zum Zentrum des ganzen Landes wurde, verlor die Stadt an Bedeutung. Dazu trug auch bei, daß die Kohlengruben im Nordosten der Insel 1972 geschlossen wurden.

Die angeschlossene Siedlung Qullissat wurde aufgelöst und die Bewohner nach Ilulissat umgesiedelt. Heute ist die **Fischerei**, wie in allen grönländischen Städten, der wichtigste Erwerbszweig.

Das **Stadtbild** wird auch hier von den bunten Einfamilienhäusern aus Dänemark geprägt. Der Ort rühmt sich, genauso wie Qasigiannguit, die **Perle der Diskobucht** zu sein. Beide können diesen Titel sicher zu Recht beanspruchen.

Qeqertarsuaq liegt am Fuße von steil aufsteigenden, beinahe senkrechten, rötlichen Basaltbergen, die schon hier an der Küste bis knapp 1.000 m hoch sind. Diese vor 55 bis 65 Mio Jahren durch vulkanische Tätigkeit entstandenen Bergzüge sind in ganz Grönland einzigartig und geben der Stadt, die sich an der Verjüngung einer kleinen Landzunge angesiedelt hat, ein besonderes Gepräge.

Attraktiv ist die Stadt, die der natürliche Ausgangspunkt für die Erkundung der weiteren Insel ist, für Wanderer und für Sommertouristen, die in dieser Jahreszeit Hundeschlittenfahrten machen möchten. Dies ist nicht weit entfernt auf dem Gletscher Sermersuaq möglich.

An- und Abreise

🚢 Der Ort wird regelmäßig von den großen Küstenschiffen angelaufen, wobei es zu beachten gilt, daß teilweise nur in einer Richtung hier Station gemacht wird.

Derzeit ist es z.B. die Sarpik Ittuk, die den Hafen von Qeqertarsuaq auf ihrer Fahrt nach Norden anläuft, während sie auf dem Rückweg den Ort überspringt. Ein anderes großes Küstenschiff bedient Qeqertarsuaq dafür auf seiner Fahrt von Ilulissat aus südwärts.

Häufiger als die großen Küstenschiffe macht das Regionalschiff, das die einzelnen Städte und Siedlungen der Diskobucht miteinander verbindet, in Qeqertarsuaq Station, derzeit dreimal wöchentlich. Von Dezember bis Mai kommen wegen der Eissituation keine Schiffe nach Qeqertarsuaq.

Der örtliche Heliport wird von Aasiaat und Ilulissat aus mit mehreren Flügen pro Woche angeflogen. Umgekehrt muß jeder Flug in eine andere Stadt auch über eine der beiden Stationen gehen.

Übernachtungsmöglichkeiten

Qeqertarsuaq hat nur ein Hotel, „Hotel Disko", das erst vor zwei Jahren seinen Betrieb aufgenommen hat und über einen guten Standard verfügt. Das Hotelgebäude ist das ehemalige Haus des Kolonialverwalters aus dem 19. Jahrhundert.

Außerdem gibt es in Qeqertarsuaq nicht weniger als vier Jugendherbergen. Vandrehjem Panorama und das sehr zentral gelegene Fox Hostel sind selbst für grönländische Verhältnisse recht teuer. Dafür liegen sie aber über dem üblichen Standard einer Jugendherberge, das Vandrehjem Panorama sogar deutlich. In beiden Häusern gibt es zumindest teilweise auch Doppelzimmer, Küche und Bad werden gemeinschaftlich genutzt. Preisgünstiger, dafür aber schlichter ausgestattet sind Vandrehjem Naja und das etwas außerhalb, aber sehr idyllisch gelegene Vandrehjem Napasunnguit. In allen Fällen ist eine Reservierung dringend angeraten.

Zelten kann man östlich der Stadt beim Røde Elv, in unmittelbarer Nähe der Napasunnguit Jugendherberge. Eine Übernachtung kostet ca. 30 dkr. Dafür hat man Zugang zu sanitären Anlagen. Buchungen für alle genannten Unterkünfte erledigt man am besten über das Touristenbüro.

- Vandrehjem Panorama, ca. 350 dkr pro Nacht
- Fox Hostel, ca. 350 dkr pro Nacht
- Vandrehjem Naja, ab ca. dkr 175 pro Nacht
- Vandrehjem Napasunnguit, ab ca. dkr 175 pro Nacht

Essen und Trinken

Zum **Hotel Disko** gehört das gleichnamige Restaurant, das in einem benachbarten Gebäude untergebracht ist. Auf der dortigen Speisekarte findet man sowohl grönländische als auch internationale Spezialitäten.

Essen und Trinken kann man auch im **Restaurant Nikiffik**, zu dem auch eine Bar gehört, die abends ab 21 Uhr geöffnet ist

Information

Das Touristenbüro des Ortes befindet sich an der Hauptstraße, der Rosendahliip Aqq. Dorthin kann man sich wegen allen Fragen, Hotelreservierungen, Ausflügen, Exkursionen etc. wenden. Auch wer auf dem Campingplatz übernachten möchte, sollte sich vorher beim Touristenbüro melden.

♦   **Qeqertarsuaq Turist Service**, ☎ 921196, FAX 921198, Mo bis Fr 🕒 10:00 bis 17:00, Sa 10:00 bis 13:00.

Sehenswertes

♱   Schon von weitem fällt jedem Besucher die eigenwillig gestaltete Kirche der Stadt auf. Das **"Tintenfaß Gottes"** wird der achteckige Bau genannt und er erinnert tatsächlich sehr an ein solches. Errichtet wurde die Kirche 1914. Wer sie von innen sehen möchte, kann sich an den Turist Service wenden.

⌘   Das kleine historische Zentrum mit seinen alten Kolonialgebäuden durchquert jeder Besucher automatisch, wenn er vom Hafen aus in die Stadt geht. In einem der Häuser wurde ein Museum eingerichtet, das im Sommer von 11:00 bis 16:00 geöffnet ist. Auch der Turist Service ist in einem solchen Gebäude untergebracht.

🏠   Wenn man vom Ort aus in Richtung Süden zur Spitze der Halbinsel läuft, stößt man nach nicht allzu langer Zeit auf einen kleinen, roten, kuppelähnlichen Bau, dem ein Kreuz aufgemalt ist, wie es auch auf den skandinavischen Flaggen zu finden ist. Hierbei handelt es sich um den Aussichtsposten Udkiggen/Qaqqaliaq, der in den großen Zeiten des Walfangs zur Sichtung der Tiere aufgestellt wurde. Von hier aus hat man einen sehr guten Blick auf die Westküste Grönlands, genauso wie auf das Bergmassiv von Disko. Dem eigentlichen Bestimmungszweck des Postens nachzugehen, ist natürlich auch möglich: Man hat gute Chancen, einen oder mehrere Wale zu sehen.

Einmal in der Woche kann **"Den danske arktiske Station"** besichtigt werden. Das 1906 gegründete Forschungsinstitut gehört zur Universität Kopenhagen und beschäftigt sich mit Forschungen zu arktischer Geologie, Botanik und Zoologie. Die Einrichtungen des geophysischen Observatoriums, das ebenfalls Untersuchungen auf Disko durchführt, sind im allgemeinen nicht zugänglich.

Ausflüge und Exkursionen

🐕   Die Möglichkeit, auf dem nahegelegenen Gletscher auch im Sommer mit einem **Hundeschlitten** fahren zu können, ist der Hauptgrund, warum nicht nur Wanderer nach Qeqertarsuaq kommen. Eine solche Tour dauert im Regelfall anderthalb bis zwei Tage.

Von Qeqertarsuaq aus fährt man zunächst mit einem Boot in die **Itilleq**. Dort angekommen, wandert man ca. drei Stunden in die Berge, wobei man auf eine Höhe von 600 m kommt. Dort ist es möglich, mit einem Schneemobil auf ungefähr 1.000 m Höhe zu fahren, wo sich ein Iglu-Zeltcamp befindet, das als Basislager für Fahrer, Hunde und Gäste dient. Hier wird übernachtet (es ist geheizt) und gegessen. Auf dem Gletscher kann man Skier ausleihen oder selbst mit dem Schneemobil fahren. Am nächsten Tag findet eine dreistündige Hundeschlittenfahrt statt. Anschließend: Wanderung zurück zum Boot und Fahrt in die Stadt. Preis: ca. dkr 1.700.

Für Leute, die weniger Zeit haben, ist es auch möglich, diesen Ausflug an **einem** Tag durchzuführen, wobei das Programm dann allerdings körperlich recht anstrengend wird.

Über die Hundeschlittenfahrt hinaus gibt es noch das in vielen Städten der Diskobucht übliche Repertoire an **Walsafaris, Mitternachtsboottouren** und **Stadtführungen**.

Zudem ist die **Siedlung Kangerluk** Ziel einiger Ausflüge.

Einmal in der Woche wird eine Führung durch die **arktische Forschungsstation** angeboten.

Sonstige Aktivitäten

🐕 Im Winter werden auch in Qeqertarsuaq ein- oder mehrtägige **Hundeschlittenfahrten** angeboten.

⛷ Zusätzlich besteht die Möglichkeit, in gespurten Loipen **Skilanglauf** zu betreiben und **Schneemobilfahrten** zu unternehmen.

🚶🚶 Wanderungen

Eine beliebte Tagestour führt zur **Fortunebay**, ca. 12 km (Luftlinie) westlich von Qeqertarsuaq. In dieser kleinen Bucht befindet sich eine ehemalige holländische **Walfängerstation**. Um dorthin zu kommen, muß man nur dem Verlauf der Küste folgen. Nach sechs bis sieben Kilometern trifft man auf einen Fluß, der in einer Bucht mit einem Strand ins Meer mündet. Hier kann man Wasser auftanken und eine Strandszenerie mit Eisbergen genießen.

Verläßt man die Stadt in anderer Richtung (Heliport und Arktisstation), stößt man nach zwei Kilometern unterhalb der Jugendherberge auf den **Røde Elv**, einen Schmelzwasserfluß, der vor allem vom **Lyngmarksgletscher** gespeist wird. Direkt an seiner Mündung ist er flach und

Blick auf Qasigiannguit

leicht passierbar. Wenige Meter weiter oben sieht das anders aus, hier hat er sich ins Gestein gefressen und ist jetzt von einem kleinen Canyon umgeben. 400 bis 500 m in Richtung Jugendherberge befindet sich noch eine kleine Brücke. Die nächste Möglichkeit der Überquerung gibt es erst wieder ca. zwei Kilometer von der Mündung entfernt über einem Wasserfall.

Entlang dieses Flusses sind verschiedenste sehr schöne Wanderungen möglich. Entlang der Ostseite des Flusses verläuft in einigen hundert Metern Entfernung eine auch im Sommer durch die Abschürfungen im Boden gut sichtbare **Hundeschlittenspur**, der man, wenn man eine mehrtägige Tour, z.B. in die Siedlung Kangerluk, machen will, folgen kann. Genauere Informationen über Lagermöglichkeiten und Dauer kann man beim Turist Service erfragen.

Wer nicht ganz so weit möchte, kann ebenfalls der Spur folgen und den **Skarvefjeld** umwandern. An einem Tag ist diese Tour jedoch kaum zu machen. Ca. acht Kilometer von der Mündung des Røde Elv entfernt kann man einen Abzweig der Schlittenspur in Richtung Osten nehmen. Sie führt um die kleine Berggruppe herum wieder ans Meer in die Bucht **Assoq**. Von dort aus kann man in der Spur weiter dem Küstenverlauf in Richtung Osten folgen oder den Rückweg antreten.

Für den weniger ehrgeizigen Wanderer und den Spaziergänger bietet sich der einfache Gang von der Stadt entlang der Küste in Richtung Osten an. Trotz der schroffen Steinformationen und der teilweise steil abfallenden Küste findet man immer einen gangbaren Weg vor einer bizarren Berglandschaft auf der einen und den Eisriesen der Diskobucht auf der anderen Seite.

Siedlungen bei Qeqertarsuaq

Auf Disko gibt es nur noch einen weiteren Ort, der besiedelt ist. **Kangerluk** ist eine Siedlung mit nur 70 Einwohnern, die an einem Fjord, 60 Schiffskilometer entfernt von Qeqertarsuaq, liegt. Aufgrund dieser großen Entfernung ist ein Ausflug dorthin mit einer Übernachtung verbunden und entsprechend teuer (je nach Teilnehmerzahl zwischen dkr 1.540 und 3.900).

Früher gab es im Nordosten noch eine weitere Siedlung. Die Ortschaft **Qullissat** im Nordosten der Insel wurde, nachdem man dort wegen mangelnden Ertrages den Kohlebergbau einstellte, geschlossen und die ca. 1.000 Bewohner wurden umgesiedelt. Dieser Ort wird heute von keinem Schiff mehr angelaufen. Ein Ausflug dorthin dürfte kaum bezahlbar sein.

Qasigiannguit

☆ ☎ 911222.
✚ ☎ 911211.
🚌 ☎ 574560.

Qasigiannguit liegt auf halber Strecke zwischen Ilulissat und Aasiaat. Im Vergleich zu diesen wirkt der Ort etwas verschlafen. Er hat sich weniger dynamisch entwickelt und ist verkehrstechnisch schlechter angebunden. Auch touristisch hat sich hier weniger getan. Zwar gibt es auch hier eine Touristeninformation und ein Hotel, und es kommen einigermaßen regelmäßig Besucher, doch die großen Touristenströme der Hauptsaison gehen hier vorbei. Was für die Bewohner ein ernstes ökonomisches Problem ist, macht die Stadt für viele Besucher attraktiv. Sie erinnert in vielem eher an eine **Siedlung** als an eine Stadt.

Wie Ilulissat wurde die Stadt von dem Kaufmann Jacob Severin gegündet, der lange Zeit das Handelsmonopol in Grönland innehatte. Die Entstehung datiert auf das Jahr 1734. Vorher war die Bucht als **Vire bay** schon bei den holländischen Walfängern bekannt. 15 Tage nach der Ankunft der Kolonialisten kam auch Poul Egede, der Sohn von Hans Egede, um die Siedlung zu weihen und ihr den Namen **Christianshåb**, nach dem damaligen dänischen König Christian VI., zu geben.

Zunächst wurde die Stadt auf der gegenüberliegenden Ostseite der Bucht angelegt, doch die starken Föhnstürme führten regelmäßig zu großen Zerstörungen, so daß man beschloß, die Siedlung auf die andere Seite der Bucht zu verlegen. 1763 wurden die Materialien für das neue Haus des Kolonialherrn (das alte war völlig zerstört worden) nach Grönland geschickt und im folgenden Jahr wurde es dort, wo es heute noch steht, errichtet.

Die Inuit siedelten vor der Ankunft der Dänen nicht in dieser Bucht. In der weiteren Umgebung allerdings gab es einige Wohnplätze. Nach der Gründung der Stadt ließen sich jedoch schon bald einige fest hier nieder und errichteten Torfsteinhäuser, die, da sie halb im Boden versenkt waren, den rauhen Winden besser standhielten als die Holzhäuser der Weißen. Einige Male mußten die Missionare und Händler Schutz in diesen Häusern suchen.

Die Überreste der alten Stadt, im wesentlichen die Grundrisse, kann man noch heute ca. 500 m östlich der jetzigen besichtigen.

Qasigiannguit ist in jüngster Zeit in Schwierigkeiten geraten. Im Herbst 1997 schloß Royal Greenland die dortige Shrimps-Fabrik, die seit 1950 für bescheidenen Wohlstand gesorgt und aus der damaligen 500-Einwohner-Siedlung eine Stadt mit etwa 1.500 Einwohnern gemacht hatte. Viele befürchten, daß die Schließung der Fabrik einen Exodus vor allem der jüngeren Leute zur Folge haben könnte, die in anderen Städten eine bessere Perspektive für sich sehen

An- und Abreise

Die Stadt wird nur von einem der großen Küstenschiffe jeweils auf der Hin- und Rückfahrt angelaufen. Ein weiteres macht nur in Richtung Süden hier halt. Das heißt, daß sie insgesamt dreimal wöchentlich in Qasigiannguit Station machen Zusätzlich verkehrt hier zweimal wöchentlich das Regionalschiff.

Von Mitte Dezember bis Mitte Mai ist hier aufgrund der Eissituation gar kein Schiffsverkehr möglich.

Hubschrauberverbindungen bestehen an zwei bis drei Tagen der Woche nach **Ilulissat** und **Aasiaat**.

Übernachtungsmöglichkeiten

Unterkunft und Bewirtung bietet am Ort nur das **Hotel "Diskobay"**, das erst vor wenigen Jahren errichtet wurde. Mit 15 modern eingerichteten Räumen gehört es zu den komfortabelsten des Landes, allerdings auch zu den teureren. Bemerkenswert ist der Ausblick, den man vom Restaurant/Frühstücksraum auf die See hat. Immer wieder kann man hier Wale sehen, die eine oder mehrere Runden in der Bucht drehen.

♦ **Hotel Diskobay**, Margrethevej 34, ☎ 911081, FAX 911524. Preise (Hauptsaison): EZ dkr 830, DZ Ü/F,dkr 1.030. Ermäßigung für Gruppen.

Im Sommer gibt es außerdem die Möglichkeit, in zwei Jugendherbergen zu übernachten - eigentlich Studentenwohnheimen, die während der Sommerferien leerstehen. Hier muß man sich Küche und Bad mit anderen Gästen teilen, wohnt dafür aber entsprechend preisgünstiger.
Jugendherbergen: Preise pro Nacht ca. 200 dkr, Informationen beim Hotel Diskobay

⚠ Etwa einen Kilometer vom Zentrum entfernt, oberhalb des Fuß-ballplatzes, befindet sich ein als **Campingplatz** ausgewiesenes Areal. In einer kleinen Hütte ist eine Küche untergebracht und es gibt Toiletten. Duschen kann man im Hotel "Igdlo" am anderen Ende der Stadt.

Essen und Trinken

✗ Zum Hotel „Diskobay" gehört ein Restaurant, in dem grönländische, dänische und internationale Gerichte auf dem Speiseplan stehen. Der Speisesaal bietet eine phantastische Aussicht aufs Meer, und bei schönem Wetter kann man sich sogar auf der Terrasse von der Sonne bescheinen lassen. Darüber hinaus gibt es auch die obligatorische Grillbar mit dem ebenso obligatorischen Fast-Food-Repertoire

🖪 Information

Ein eigenständiges Touristenbüro gibt es nicht, sondern das Hotel Diskobay übernimmt diese Aufgabe. Dort werden auch Ausflüge, Exkursionen und sonstige Veranstaltungen organisiert.

◆ Diskobay Tourism, c/o Diskobay Hotel.

Sehenswertes

⌘ Das **Museum**, im ältesten Haus Nordgrönlands eingerichtet, stellt Fundstücke aus **Qeqertasussuuk** aus. Auf der kleinen Insel, 30 km von Qasigiannguit entfernt, entdeckten Archäologen Spuren der **frühesten Besiedlung** Grönlands. Sie sind ungefähr 4.000 Jahre alt und damit der Saqqaq-Kultur zuzuordnen. In den sieben Jahre andauernden Ausgrabungen wurden mehr als 100.000 Gegenstände entdeckt. Die interessanten Objekte sind im Museum zu bewundern. In zwei weiteren Gebäuden sind andere traditionelle Gebrauchsgegenstände und Dokumente zur Ortsgeschichte ausgestellt.

◆ **Qasigiannguit Museum**, montags bis freitags 🛗 13:00 bis 16:00. Öffnung auch nach Vereibarung möglich. ☎ 911477.

Die Touristeninformation veranstaltet Führungen durch die **Krabbenfabrik** (so es sie in Zukunft noch gibt), und auch das obligatorische **Schaukajak** wird angeboten.

Ausflüge und Exkursionen

Der Qasigiannguit Turist Service führt im Sommer regelmäßig **Stadtführungen** durch.

Auch von Qasigiannguit aus werden **Mitternachtsfahrten** zum Eisfjord bei Ilulissat angeboten. Weitere Bootstouren werden in die verlassene Siedlung **Akulliit** vorgenommen. Auf Nachfrage sind außerdem

Ausflüge nach Qeqertasussuuk, der archäologischen Fundstelle, möglich. Die Preise für diese Ausflüge liegen meistens um die dkr 900.

Die **Siedlungen Ikamiut** und **Ilimanaq** auf der Südseite des Ilulissat Eisfjords werden ebenfalls regelmäßig angefahren. Zudem gibt es für Interessierte Walsafaris und Angelausflüge.

🐕 Im Winter werden **Hundeschlittenexkursionen** unterschiedlicher Dauer und auch **Eisfischen** angeboten.

Sonstige Aktivitäten

Im Sommer gibt es die Möglichkeit, sich von jungen Grönländern die traditionellen Techniken des **Kajakfahrens** vorführen zu lassen. Größere Gruppen können für sich einen **"grönländischen Abend"** mit Essen, Volkstanz und Chorgesang veranstalten lassen.

🎿 Im Winter kann man in begrenztem Umfang **alpinen Skilauf** (ein kleiner Lift ist vorhanden) und auf großen Strecken **Skilanglauf** betreiben. Loipen werden gespurt.

🚶🚶 Wanderungen

Die Landschaft um Qasigiannguit bietet ideale Bedingungen sowohl für diejenigen, die mehrtägige Wanderungen machen möchten, als auch für Tagestouren.

Entlang des Küstenstreifens, welcher von niedrigen Erhebungen von 100 bis 150 m gekennzeichnet ist, ist es in Richtung Norden möglich, bis nach **Ilimanaq** an die Südseite des Eisfjords zu wandern. Wenn man die Stadt in Richtung Nordosten verläßt und entlang des Ufers des **Sees 90** bis ans Meer läuft, stößt man auf die **Laksebugt**. Ihr muß man bis über ihre Spitze hinaus folgen, um auf die Hundeschlittenspur zu stoßen, die nach Ilimanaq führt. Die ganze Wanderung dauert ca. vier Tage.

Der "Hausberg" des Ortes ist der **Qaqqarsuaq**, der mit 451 m Höhe auch von Ungeübten gut zu besteigen ist.

Man verläßt den Ort in Richtung Süden und folgt dem Verlauf der Küste. Wer nicht ganz schwindelfrei ist, sollte nicht den Weg direkt am Ufer entlang wählen, sondern auf den Plateaus über der Steilküste gehen. Nach ca. fünf Kilometern trifft man auf **Kangerlukuk**, die **Paradiesbucht**, eine sehr hübsche kleine Bucht, die ihren Namen zu Recht trägt. Wenn man um diese Bucht herumläuft, kommt man auf die Südseite des Qaqqarsuaq, von wo aus er leicht bestiegen werden kann.

Siedlungen im Distrikt Qasigiannguit

Zum Distrikt Qasigiannguit gehört nur eine Siedlung. **Ikamiut** mit seinen ca. 100 Einwohnern ist eine Fischer- und Fängersiedlung gut 30 km südwestlich von Qasigiannguit. Sie verfügt über eine eigene kleine Fischfabrik und gilt als noch "gut funktionierende Gemeinde". Ikamiut kann per Schiff von Qasigiannguit aus erreicht werden. Chartern muß man beim Turist Service.

Aasiaat

☆　☎ 892222.
✠　☎ 892211.
🚗　☎ 891400 + ☎ 892700.

Aasiaat liegt im südlichen Mündungsbereich der Diskobucht, fast genau auf der Grenze zwischen Baffin Bucht und Davisstraße. Diese Lage findet sich in der Zweiteilung des Stadtwappens wieder. Die obere weiße Hälfte symbolisiert das Eis in der Baffin Bucht und die untere blaue das freie Wasser der Davisstraße. Über beides zieht sich ein Spinnennetz, denn Aasiaat heißt übersetzt **"Spinnenort"**.

Eingebettet in eine großflächige Schärenlandschaft befindet sich auch die Stadt selbst auf einer kleinen Insel. Aufgrund dieser Lage ist Aasiaat keine gute Adresse für Wanderer, sondern vor allem für **Kanu- und Kajakfahrer** interessant.

Das Klima hier ist allerdings etwas rauher als in den anderen Städten der Diskobucht. Durch die ungeschützte Lage sind die Temperaturen hier etwas niedriger als im Innern der Diskobucht.

Mit knapp 3.200 Einwohnern ist der Ort einer der größten des Landes. Sein Erscheinungsbild wird von einem großen **Containerhafen** dominiert. Aasiaat ist der Umschlagplatz für den Warenverkehr in Nordgrönland.

Der Ort konkurriert mit Ilulissat um die Position als Zentrum des Nordens. Ilulissat hatte lange Zeit durch seinen Flughafen einen Vorsprung, aber seit kurzem verfügt jetzt auch Aasiaat über einen Flughafen. Neben seiner Funktion als Umschlagplatz für Frachtgüter in ganz Nordgrönland gewinnt Aasiaat überregionale Bedeutung vor allem als Schulzentrum des Nordens mit vier weiterführenden Schulen. Die **Shrimp-Fabrik**, die 1987 eingerichtet und jüngst modernisiert wurde, gehört zu den effektivsten des Landes. Die früher sehr wichtige Fischverarbeitung wurde auch hier mit dem Verschwinden des Dorsches eingestellt.

Der dänische Name der Stadt lautet **Egedesminde**, was sich dadurch erklären läßt, daß der zweite Sohn von Hans Egede, Niels, als Gründer des Ortes gilt. Ihm zu Ehren wurde die 1965 eingeweihte neue Kirche **"Egede-Kirche"** genannt.

An die Kolonialperiode erinnern heute noch die sehr schönen alten Verwaltungsgebäude hinter dem Containerhafen.

An- und Abreise

Direktverbindungen mit dem Flugzeug gibt es nach Kangerlussuaq, Ilulissat, Nuuk und Sisimiut. Mit dem Helikopter kommt man in die übrigen Städte der Diskobucht und in die umliegenden Siedlungen

Alle drei Küstenschiffe laufen den Hafen auf ihren Hin- und Rückfahrten entlang der Westküste an.

Zusätzlich verkehrt das **Distriktschiff** innerhalb der Diskobucht. Von Mitte Dezember bis Mitte Mai ist hier aufgrund der Eissituation allerdings gar kein Schiffsverkehr möglich.

Übernachtungsmöglichkeiten

Mittlerweile gibt es in Aasiaat eine ganze Reihe von Übernachtungsmöglichkeiten. Bei den neuen, gut ausgestatteten „Hotel Apartments" kann man zwischen Unterbringung im Zimmer oder im Apartment wählen. Auch die „Herberge in Aasiaat" bietet Ein-, Zwei- oder Mehr-Personen-Apartments für Touristen an. Eine weitere Übernachtungsmöglichkeit stellt das kleine Hotel Nanoq dar. Direkt am Hafen liegt das Seemannsheim, auch dort gibt es Einzel- und Doppelzimmer für Touristen zu mieten. Die Preise für Übernachtungen in Aasiaat liegen generell etwas unter denen der Haupttouristenorte, Genaueres erfährt man bei der Touristeninformation. Für den schmalen Geldbeutel bietet sich die ganzjährig geöffnet Jugendherberge an (auch Doppelzimmer; ca. 200 dkr pro Person und Nacht).

- ◆ Hotel Apartments, ☎ 89 21 95, FAX 89 29 87.
- ◆ Herberge in Aasiaat, ☎ 89 22 33, FAX 89 22 32.
- ◆ Seemansheim Aasiaat, ☎ 89 27 11, FAX 89 29 10.
- ◆ Hotel Nanoq, ☎ 89 21 21, FAX 89 25 06.
- ◆ Aasiaat Youth Hostel, ☎ 89 27 11, FAX 89 29 10.

Essen und Trinken

✕   Essen und Trinken kann man im Hotel Nanoq, das auch grönländische Spezialitäten auf der Karte hat, orientalische Speisen bietet das Café Puisi. Für relativ wenig Geld kann man auch in der Kantine des Seemannsheims seine Mahlzeiten einnehmen. Dort wird mittags und abends ein warmes Tagesgericht angeboten. Abgesehen davon gibt es natürlich auch in Aasiaat die üblichen Imbißbuden und Grillbars.

- ◆   Hotel Nanoq, ☎ 8 2121.
- ◆   Café Puisi: ☎ 891112.

ℹ️ Information

Das Touristenbüro in Aasiaat befindet sich in der Nähe des Hafens am Niels-Egedesvej in einem alten Gebäude aus der Kolonialzeit.

- ◆   Aasiaat Tourist Service, Niels Egedesvej 6, ☎ 892540, FAX 892545.

Sehenswertes

Die alten **Häuser der Kolonialverwaltung** liegen direkt am Hafen und sind einen genaueren Blick wert. Vor dem Hauptgebäude stehen einige

Hafen von Aasiaat

kleine Kanonen. Diese dienten zum einen dazu, die fremden Walfänger abzuschrecken, vor allem jedoch sollten sie dänische Souveränität in dieser Region demonstrieren.

⌘ Aasiaat hat ein kleines Museum, in dem Dokumente und Gegenstände zur Ortsgeschichte ausgestellt sind. Seit kurzem ist neben dem Museum auch die Rekonstruktion eines traditionellen grönländischen Hauses zu besichtigen, das einen interessanten Einblick in die Lebensweise vergangener Tage gibt.

Interessant ist auch eine Besichtigung der **Shrimp-Fabrik** von Aasiaat, eine der modernsten des Landes. Dies ist gelegentlich möglich. Nachfragen beim Touristenbüro.

Ausflüge und Exkursionen

🐋 In Aasiaat gibt es, wie in der ganzen Diskobucht, die Möglichkeit, Wale zu beobachten. Man kann vor Ort ein Schiff chartern, um eine **Walsafari** durchzuführen. Die Bootsbesitzer richten ihre Routen an den letzten Berichten von anderen Schiffen aus, so daß man tatsächlich gute Chancen hat, die Tiere auch zu sehen zu bekommen.

„In der Region gibt es einige „heiße" Quellen (+4° C), die man mit einem Ausflugsschiff besuchen kann. Sie sind jedoch nur der Definition nach warm, da sie ganzjährig eine konstante Temperatur aufweisen. Zum Baden sind sie nicht warm genug.

Der Besuch der beiden Siedlungen **Kitsissuarsuit** und **Akunnaaq**, die zum Distrikt Aasiaat gehören, ist, da sie ebenfalls auf kleinen Schären vor dem Festland liegen, nur möglich, indem man in Aasiaat ein Boot mietet.

🎣 Wer **hochseeangeln** möchte, findet dazu gute Bedingungen. Das Touristenbüro bietet regelmäßig Touren mit einem kleinen Schiff an. Die Ausrüstung ist im allgemeinen mitzubringen, kann im Einzelfall aber auch geliehen werden. In den zahlreichen Seen der Region ist es auch möglich, Süßwasserfische zu angeln. Die Lizenz dazu holt man sich bei der Touristeninformation oder bei der Polizei.

Neuerdings bietet Aasiaat Tourist Service auch Tauchexkursionen an. Interessant ist auch der Besuch der **Siedlungen** südlich der Stadt. Zweimal wöchentlich fährt ein kleines KNI-Schiff tief in das Fjordsystem hinein und läuft die Orte **Kangaatsiaq**, **Niaqornaarsuk**, **Ikerassarsuk**, **Iginniarfik** und **Attu** an (☞ Kangaatsiaq). Diese Variante ist, da man

ein reguläres Linienschiff benutzt, wesentlich preisgünstiger als die
angebotenen Ausflugsfahrten in diese Siedlungen.

Sonstige Aktivitäten

🛥 Die von Schären durchsetzten Fjorde, die sich über mehr als
100 km zwischen Aasiaat und Attu erstrecken und sich teilweise genauso
weit ins Inland ziehen, bieten optimale Bedingungen für **Kanu- und Kajaktouren** unterschiedlichster Länge. Die Boote und andere Ausrüstungs-
gegenstände können geliehen werden. (☞ Reise-Infos von A bis Z,
Sport und Hobby).

Im Winter besteht die Möglichkeit zu Hundeschlittentouren. Außerdem kann man Ski laufen (Langlauf und Alpin). Ein kleiner Lift ist
vorhanden.

Kangaatsiaq

Mit nur 660 Einwohnern ist der Ort selbst für grönländische Verhältnisse
eigentlich keine Stadt mehr. Diesen Status verdankt er lediglich der Tatsache, daß sich hier seit 1986 die Verwaltung für die ganz Kommune
befindet. In dieser wohnen insgesamt nur gut 1.500 Menschen, die sich
auf Kangaatsiaq und vier weitere Wohnorte verteilen. Die Fläche dieser
Kommune beträgt 43.500 km² (davon 10.000 eisfrei). Zum Vergleich:
Die Fläche Dänemarks beträgt 41.000 km².

Früher gab es in dieser Region viel mehr Siedlungen, wobei allerdings
längst nicht alle in der Phase der dänischen Zentralisierungspolitik
geschlossen wurden. Bereits vorher wurden einige freiwillig aufgegeben,
weil die Bewohner entweder in eine der nahegelegenen Städte zogen oder
weil der Ort einfach an eine andere Stelle, die günstigere Fangmöglich-
keiten versprach, verlegt wurde.

Kangaatsiaq wurde durch keinen Kaufmann oder Missionar gegründet, sondern stellt einen ursprünglich entstandenen Wohnplatz dar, der
durch Zuzug von den Bewohnern geschlossener Siedlungen auf seine
heutige Größe anwuchs. Noch Anfang der 70er Jahre lebten hier nur halb
so viele Menschen. Kangaatsiaq ist auch heute noch in vieler Hinsicht ein
Fängerdorf, wobei allerdings der Fischfang und die Fischverarbeitung
als wichtigste und zeitgemäß organisierte Einkommensquellen hinzu-
gekommen sind. Am sichtbarsten ist dies an den Trockengerüsten und
Wäscheständern, die üppig mit Fischen behängt vor jedem Haus stehen.
Das moderne Grönland hat hier erst sehr spät Einzug gehalten.

Das elektrisch beheizte Rohrsystem, das den Ort durchzieht und eine ganzjährige Versorgung mit Wasser gewährleistet, ist genauso wie das Stromnetz erst in den letzten Jahren entstanden. Die Modernisierung des Ortes wird energisch vorangetrieben. Das Zentrum, ein kleiner Platz, an dem sich der KNI-Supermarkt und die Kommunalverwaltung befinden, ist derzeit eine große Baustelle.

Der **Tourismus** ist bisher völlig an der Siedlung vorbeigegangen. Es gibt, abgesehen von einem Gästehaus der Kommune (☞ Übernachtungen), überhaupt keine Infrastruktur in diesem Bereich. Sieht man den größeren Orten des Landes den dänischen Einfluß deutlich an, so nimmt man davon in Kangaatsiaq und erst recht in den Siedlungen sehr wenig wahr. Man sieht, abgesehen von einigen Bauarbeitern, überhaupt kaum weiße Menschen hier und die Beschriftungen der Schilder werden ausschließlich in grönländischer Sprache gehalten.

Für den Besucher ist diese Abgelegenheit einerseits sehr interessant, weil hier tatsächlich ein anderes Grönland zu sehen ist als etwa in Ilulissat oder Aasiaat, es stellt ihn jedoch auch vor einige Probleme. Hier nur mit Englisch durchzukommen ist z.B. sehr schwierig. Das Wandern ist aufgrund der natürlichen Gegebenheiten wenig attraktiv und in den Siedlungen selbst findet ein Besucher sehr wenig zu tun oder zu besichtigen.

Ideal ist diese Region jedoch auf jeden Fall für **Angler**, **Jäger** und vor allem **Kanu- oder Kajakfahrer**. Sie finden, sofern sie nicht auf eingerichtete Unterkünfte angewiesen und Selbstversorger sind, optimale Bedingungen vor.

An- und Abreise
Kangaatsiaq ist nur sehr schlecht an das grönländische Verkehrsnetz angebunden.

🚢 Es wird von einem Küstenschiff nur in Richtung Norden und von einem weiteren in Richtung Süden angesteuert. Nur nach Aasiaat und in die kleinen Siedlungen gibt es noch eine weitere Verbindung durch das Distriktschiff M/S Aviaq Ittuk. Einen Heliport gibt es nicht.

Übernachtungsmöglichkeiten
Die Kommune hat direkt neben ihrem Verwaltungsgebäude ein kleines **Gästehaus** eingerichtet. Von der Übernachtung dort ist allerdings eher **abzuraten**, da die Preise sich mit denen der besseren Hotels des Landes

messen können, der Standard jedoch gerade mal dem einer durchschnittlichen Jugendherberge entspricht. Buchen kann man bei der Kommune.

Essen und Trinken

Es gibt kein Restaurant und keine Grillbar oder Imbißbude im Ort. Versorgen kann man sich nur im örtlichen KNI-Markt.

▊ Information

Eine eigens eingerichtete Touristeninformation gibt es nicht. Bei Fragen sollte man sich an die Kommunalverwaltung direkt beim Hafen wenden. Sie fungiert auch offiziell in dieser Funktion. Wenn man nicht Dänisch spricht, kann die Verständigung unter Umständen schwierig sein, mit etwas Aufwand wird man jedoch auch hier einen Dolmetscher finden.

♦ **Turistinformation**, Kangaatsiaq Kommune, PO Box 55.
DK-3955 Kangaatsiaq.

Aktivitäten

Im Sommer bietet sich eine **Kanu- oder Kajaktour** zu den Siedlungen weiter innerhalb des Fjords an. Die kleinen Schären, die zu Tausenden die Fjorde durchsetzen, machen das Wasser sehr ruhig, stellen jedoch gewisse Anforderungen an den Orientierungssinn und setzen Erfahrungen im Lesen von Karten und im Umgang mit dem Kompaß voraus. Die Touristeninformation bietet im Sommer eine 18tägige Kajaktour an, bei der die Besucher mit einem Kutter zum Inlandeis gefahren werden und von dort aus zurück nach Kangaatsiaq paddeln. Begleitet werden sie von ein oder zwei einheimischen Fängern, die unterwegs auch dafür sorgen, daß Proviant gefangen oder gefischt wird. Übernachtet wird in den Schulen der Siedlungen, bei grönländischen Familien oder in Zelten. Große Erfahrung im Kajakfahren ist dazu nicht nötig, für Anfänger ist der Ausflug aber auch nicht geeignet.

Im Winter können Besucher an einer 12tägigen Jagd- und Fangreise im **Hundeschlitten** teilnehmen. Ein Ausflug, der sowohl für Jäger (Schein ist im Preis inbegriffen) als auch für diejenigen, die die grönländische Fängerkultur kennenlernen möchten, interessant ist, vor allem, weil es hier eben noch kein arrangiertes Touristenprogramm gibt.

⚐⚐ Wanderungen

Die Schärenlandschaft der Region macht das Wandern **problematisch**. Zwar kann man von Kangaatsiaq selbst bis ans Inlandeis kommen und insofern auch gewisse Strecken zurücklegen, aber man kann sonst leider nirgendwohin kommen. Abgesehen von Niaqornaarsuk sind die Siedlungen nicht auf dem Landweg erreichbar und auch die Auswahl der Routen ist sehr begrenzt und durch schmale Übergänge von einer Schäre zur nächsten bestimmt. Die flachen Inseln sind alle sehr karg bewachsen und bieten dem Wanderer wenig Abwechslung.

Siedlungen Niaqornaarsuk/Ikerasaarsuk/Iginniarfik/Attu

Alle vier Siedlungen werden von Mitte Mai bis Anfang Dezember von einem kleinen Distriktschiff mit 27 Passagierplätzen angefahren.

Zweimal in der Woche startet es von Aasiaat aus und fährt mit einigen Zwischenstopps an einem Tag nach Attu, legt dort über Nacht an und kehrt am nächsten Tag zurück.

Offizielle Übernachtungsmöglichkeiten gibt es in diesen Siedlungen nicht. Auf organisierten Exkursionen besteht die Möglichkeit, in Schulen und Schullandheimen zu schlafen. Dies ist auf Nachfrage und bei Gruppenreisen unter Umständen auch bei selbstgestalteten Ausflügen möglich. Im Regelfall wird man jedoch ein Zelt mitnehmen müssen.

Kann man die "Stadt" Kangaatsiaq schon als ein Fängerdorf bezeichnen, gilt dies erst recht für die Siedlungen weiter innerhalb der Schären. Dabei sind **Niaqornaarsuk** und **Attu** mit über 300 Einwohnern schon relativ groß. In **Ikerasaarsuk** und **Iginniarfik** leben demgegenüber nur 100 bzw. 80 Einwohner. Attu kam in der Region zu einiger Berühmtheit, weil die dänische Königin Margarethe II. und Prinz Henrik während ihres Grönlandbesuches hier Station machten. Die Einwohner des ganzen Bezirkes kamen nach Attu und empfingen das offizielle Staatsoberhaupt in Nationaltracht gekleidet. In keiner anderen Stadt Grönlands konnte die Königin so viele Trachten sehen wie hier, wo noch jeder ein solches Kostüm hat.

Mittelgrönland

Der Bereich, der zwischen den Bezirken Sisimiut im Norden und Nuuk im Süden liegt, umschließt 600 km der grönländischen Westküste und hat durch die große Breite des Küstenstreifens eine eisfreie Fläche von insgesamt 53.000 km². Diese Fläche ist in weiten Teilen eine großflächige, zusammenhängende **Steppenlandschaft**. Sie wird nördlich von Maniitsoq von der Sukkertoppen Eiskappe kaum überwindbar in zwei Teile geteilt.

In den drei großen Städten dieser Region, Nuuk, Sisimiut und Maniitsoq, wohnt mehr als ein Drittel der Bevölkerung des Landes. Sie gehören dementsprechend zu den wirtschaftlichen und kulturellen Zentren des Landes, wobei Nuuk die anderen bei weitem übertrifft. Die Häfen dieser Städte sind ganzjährig befahrbar, d.h. sie werden im Winter nicht vom Eis eingeschlossen. Der **Polarkreis**, der gleichzeitig die Schlittenhundgrenze ist, durchschneidet Mittelgrönland südlich von **Sisimiut**.

Das Leben in dieser Region entspricht weniger den klassischen Erwartungen an Grönland als in der nördlichen Diskobucht: Der Fängerberuf hat hier nicht mehr eine so große Bedeutung und viele Menschen gehen modernen Berufen nach. Die Entwicklung der Städte ist rasant vorangeschritten, was ihrem Erscheinungsbild anzusehen ist.
Im Landesinneren erinnert die Landschaft stark an die Steppen Nordamerikas und die Fjorde an der Küste werden nicht von Eisbergen durchkreuzt wie im Norden oder Süden des Landes. Schlittenhunde gibt es nur in Sisimiut.

Obwohl also einige Erwartungen an Grönland hier nicht erfüllt werden, gilt die Region für viele Wanderer als die schönste des Landes. Dies gilt besonders für das Gebiet um den grönländischen Hauptflughafen Kangerlussuaq.
Hier ist es möglich, direkt nach der Ankunft in die beeindruckende Landschaft loszuziehen und ohne einen weiteren Transport wirklich lange Touren durch jedes denkbare Gelände zu unternehmen. Dabei ist die Wanderung von Kangerlussuaq nach Sisimiut schon so etwas wie ein "Grönlandklassiker". Sie führt durch die größte zusammenhängende eisfreie Landmasse außerhalb des Nationalparks.
Im Binnenland hat man gute Chancen, auf **Rentiere** und **Moschusochsen** zu treffen, die außerdem nur noch im unzugänglichen Nationalpark zu sehen sind. Auch die riesigen Fjorde, besonders der **Søndre Strømfjord**, der **Evighedsfjord** und der riesige **Fjordkomplex** bei **Nuuk**

gehören zu den Naturwundern des Landes und stellen absolute Sehenswürdigkeiten dar.

Ein weiterer Vorteil, den diese Region hat, ist, daß sie verkehrstechnisch sehr gut erschlossen ist und man sich schnell und unkompliziert
bewegen kann. Wer jenseits der Naturerscheinungen auch etwas über das
Leben der Menschen im modernen Grönland erfahren will, muß dazu
ohnehin Station in Nuuk und Sisimiut machen.

Kangerlussuaq

☆ ☎ 841222.

✚ ☎ 841211.

🚌 ☎ 841300.

🚢 ☎ 841300.

Das erste, was die meisten Grönlandbesucher vom Land zu sehen bekommen, ist Kangerlussuaq (**"der große Fjord"**), dänisch Søndre Strømfjord. Etwa 80% des Flugverkehrs nach Grönland wird über diesen
Flughafen in Mittelgrönland abgewickelt. Dieser erste Eindruck ist etwas
ernüchternd: Das Flugzeug landet inmitten einer Einöde von häßlichen
Militärbaracken aus Beton und einer großen Flughafenanlage. Allerdings
sieht man schon aus der Luft, wie schön die umliegende Landschaft mit
ihren sanften Hügeln und vielen Seen ist. Beim flüchtigen Blick auf die
Landkarte sieht es so aus, als würde Kangerlussuaq als einziger grönländischer Ort im Inland liegen. Das ist nicht der Fall, Kangerlussuaq
liegt "lediglich" am Ende eines etwa 170 km langen Fjordes, aber diese
Quasi-Binnenlage hat besondere klimatische Verhältnisse zur Folge: Es
herrscht ein **stabiles, trockenes Klima**. Im Sommer sind Temperaturen
um 18 bis 20 °C keine Seltenheit, im Winter kann es dagegen bis zu
-50 °C kalt werden.

Dieses stabile Klima war es in erster Linie, was die USA 1941 dazu
bewog, in das bis dahin unbewohnte Gebiet einen **Luftwaffenstützpunkt**
zu verlegen. Innerhalb kürzester Zeit wurden ein Flughafen und eine
Barackenstadt errichtet, die zeitweise bis zu 8.000 Soldaten beherbergte.
Auch nach Kriegsende blieben die Amerikaner in Kangerlussuaq: **"Bluie
West 8"** wurde 1951 unter dem Namen **"Søndrestrøm Airbase"** wieder-
eröffnet und diente als vorgeschobener Schutzposten der USA im Kalten
Krieg. U.a. wurden von hier aus die vier grönländischen **Radarstationen**
des "Distant Early Warning Systems" versorgt. Allerdings wurde schon
1954 der Flughafen für den zivilen Luftverkehr geöffnet und vom

Mittelgrönland

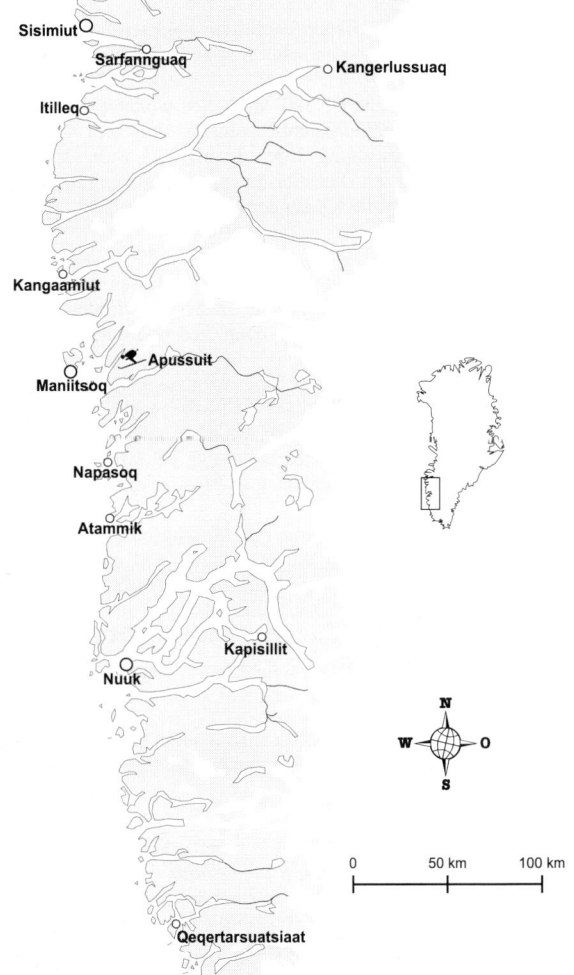

Sisimiut

Sarfannguaq

Itilleq

Kangerlussuaq

Kangaamiut

Apussuit

Maniitsoq

Napasoq

Atammik

Kapisillit

Nuuk

Qeqertarsuatsiaat

N
W — O
S

0   50 km   100 km

dänischen Staat unterhalten. Erst vor wenigen Jahren, als durch den Machtwechsel in der Sowjetunion eine Entspannung im Ost-West-Verhältnis eintrat, beschlossen die USA, den Stützpunkt aufzugeben. Am 30. September 1992 verließen die letzten Soldaten Søndrestrøm Airbase. Seitdem steht Kangerlussuaq unter grönländischer Verwaltung.

Obwohl hier annähernd 300 Menschen wohnen, hat Kangerlussuaq dennoch keinen Siedlungsstatus, sondern untersteht direkt der grönländischen Selbstverwaltung. Jeder, der hier lebt, ist beim Flughafen oder in den angeschlossenen Dienstleistungseinrichtungen beschäftigt - es gibt sogar eine Schule für die Kinder der Ortsansässigen.

Lange Zeit war Kangerlussuaq für Grönlandbesucher nur eine Durchgangsstation. Wer den Flughafenbereich verlassen oder länger bleiben wollte, als es Zwischenlandung und Umsteigen erforderten, brauchte dazu eine Sondergenehmigung der dänischen und amerikanischen Behörden.

Auch jetzt, wo solche Beschränkungen weggefallen sind, sehen viele Reisende in Kangerlussuaq nicht mehr als einen Transitflughafen, den man möglichst schnell wieder verläßt. Aber dafür ist der "Ort", bei aller unbestrittenen Häßlichkeit, viel zu schade: Die **umliegende Landschaft** ist von außerordentlicher Schönheit und lädt zu einer Reihe längerer oder kürzerer **Wandertouren** ein.

Es gibt eine **üppige Fauna** mit Moschusochsen, Rentieren, Polarfüchsen, Schneehasen und vielen Vögeln, und die touristische Infrastruktur ist für grönländische Verhältnisse geradezu einzigartig, da die ehemalige amerikanische Basis über eine ganze Reihe von Freizeiteinrichtungen verfügte: Sogar einen Golfplatz gibt es dort - den **nördlichsten 18-Loch-Golfplatz** der Welt.

An-und Abreise

Kangerlussuaq ist der **Hauptflughafen** Grönlands. Hier landen die Masc innergrönländischen Flugverkehr fast immer bis auf den letzten Platz gefüllt.

Seit einiger Zeit legen auch in Kangerlussuaq die Linienschiffe der KNI an. Einmal wöchentlich macht das Schiff auf seiner Fahrt von Uummannaq nach Narsarsuaq bzw. umgekehrt hier Halt.

Auch wenn man von Kangerlussuaq aus mit dem Schiff weiterreisen will, empfiehlt es sich dringend, rechtzeitig einen Platz reservieren zu lassen, da in den Sommermonaten die Schiffe nicht weniger ausgebucht sind als die Flugzeuge.

♦ **SAS Ticket Office**, Airport Terminal, ☎ 831030, Mo bis Fr ⏰ 8:30 bis 12:30 und 13:30 bis 15:00.

♦ **Greenlandair**, Airport Terminal, ☎ 841288, geöffnet bei Abflug/Ankunft von Flugzeugen.

Übernachtungsmöglichkeiten

☞ Bereits seit 1960 gibt es ein großes **Transithotel**, das nach dem Abzug der USA noch erweitert wurde und mittlerweile aus drei Gebäuden besteht, die insgesamt etwa 400 Übernachtungsgäste aufnehmen können.

Der Hauptteil des Hotels ist im Flughafengebäude selbst untergebracht, zwei weitere Häuser befinden sich südlich der Landebahn auf dem Gelände des ehemaligen Luftwaffenstützpunktes. Es gibt dort alle Kategorien von Zimmern, vom Schlafsaal für neun Personen bis zum mit Bad und WC ausgestatteten Einzel- oder Doppelzimmer.

♦ **Hotel Kangerlussuaq**, PO Box 1006, ☎ 841180, FAX 841284. Preise für Übernachtung: EZ: dkr 500 bis 800, DZ: dkr 600 bis 1.050, Schlafsaal: ca. dkr 250.

🏠 Außerdem gibt es etwas abseits des Ortes eine große **Jugendherberge** mit Platz für mehr als 100 Personen. Vom Flughafen aus gelangt man dorthin, wenn man der Straße etwa zwei Kilometer in westlicher Richtung folgt. Auf Wunsch kann man auch von den Betreibern der Jugendherberge mit dem Auto vom Flughafen abgeholt bzw. wieder zurückgebracht werden.

♦ **Vandrehjem**, c/o Team Arctic, PO Box 39, ☎ und FAX 842433, Preise: ca. dkr 185 pro Person und Nacht.

⚠ Schließlich gibt es in der Nähe des Frachtterminals einen **Campingplatz**, der von Kangerlussuaq Tourism betrieben wird. Wenn man dort zelten möchte, sollte man sich an den Informationsschalter von Kangerlussuaq Tourism in der Abflughalle wenden. Eine Übernachtung auf dem Campingplatz kostet dkr 40.

Essen und Trinken

🍽 Im Flughafengebäude gibt es eine **Cafeteria**, die zum Hotel gehört, aber allen zugänglich ist. Dort werden auch warme Mahlzeiten serviert.

✗ Abends besteht die Möglichkeit, im **Hotelrestaurant** zu essen, das ebenfalls im Flughafengebäude untergebracht ist. Drinks bekommt man in der **Grünen Bar** des Hotels.

Von Mai bis September ist außerdem das **Restaurant** im Ruderclub am Lake Ferguson geöffnet. Dieser liegt etwas südlich des ehemaligen Stützpunktes.

Einkaufen

🏪 Gegenüber des Flughafengebäudes befindet sich ein kleiner Laden, in dem man Lebensmittel und ähnliches kaufen kann. In der Abflughalle gibt es außerdem einen Souvenirshop und einen Kiosk.

In Kangerlussuaq gibt es keine Bank, man sollte also genügend Bargeld dabeihaben. Allerdings werden im Hotel und am Flughafen die gängigsten Kreditkarten als Zahlungsmittel akzeptiert.

ℹ️ Information

Kangerlussuaq Tourism hat in der Abflughalle einen Schalter eingerichtet, wo man auch Literatur und Videos über Grönland kaufen kann. In der Sommersaison ist der Schalter täglich besetzt.

◆ **Kangerlussuaq Tourism**, PO Box 49, ☎ 841098, FAX 841498.

Exkursionen und Ausflüge

Die Gegend bietet eine Fülle von Möglichkeiten für Exkursionen und Ausflüge: Die reichhaltige Flora und Fauna lädt zur Erkundung ein und man kann mit etwas Glück **Moschusochsen** und **Rentiere** in freier Wildbahn beobachten, wobei man zu erstgenannten allerdings stets einen gewissen Sicherheitsabstand halten sollte. Auch das **Inlandeis** ist von hier aus in einer Tagestour zu erreichen.

Alle diese Ausflüge kann man individuell planen und durchführen, sie sind aber auch Bestandteil des umfangreichen Exkursionsprogrammes von Kangerlussuaq Tourism, das am Informationsschalter in der Abflughalle ausliegt.

Weitere interessante Exkursionsmöglichkeiten sind z.B. eine **Führung** über den ehemaligen **Luftwaffenstützpunkt** der Amerikaner, wo man einen sehr anschaulichen Einblick in das Leben auf der Basis vermittelt bekommt, oder auch eine Besichtigung der nahegelegenen **Forschungsstation Kellyville**, welche sich mit der Erforschung des Polarlichts befaßt.

🐕 Im Winter besteht zudem die Möglichkeit an **Hundeschlittentouren** teilzunehmen.

🚶 Wanderungen

In dem Gebiet zwischen Kangerlussuaq und Sisimiut befindet sich das größte Stück zusammenhängender, eisfreier Landmasse in ganz Westgrönland. Die Landschaft ist hügelig, aber die Berge sind nicht sehr steil, es gibt viele Seen, das Wetter ist meist stabil - all das macht die Region Kangerlussuaq zu einem ausgezeichneten Wandergebiet.

Eine sehr schöne Tour führt von Kangerlussuaq aus zum **Russell-Gletscher**, dem Rand des Inlandeises. Mit einiger Anstrengung ist sie an einem Tag zu bewältigen (mit Rückweg). Der Weg ist nicht schwer zu finden: Man verläßt den Ort nach Nordosten Richtung Golfplatz und folgt dann immer dem Schotterweg, der parallel zu einem Bach verläuft.

Eine der "klassischen" Wanderrouten in Grönland hat ebenfalls ihren Ausgangspunkt in Kangerlussuaq: Es ist die Wanderung von Kangerlussuaq nach Sisimiut, für die man (mit Gepäck) gut zehn bis vierzehn Tage benötigt. Speziell für diese Route gibt es eine **Wanderkarte** (Maßstab 1:100.000), die aber auch für andere Touren in der Region um Kangerlussuaq verwendet werden kann.

Sonstige Aktivitäten

Das Angebot an Freizeitaktivitäten ist recht umfangreich:

🏌️ Östlich des Flughafens, etwa zwei Kilometer entfernt, befindet sich der bereits erwähnte **Golfplatz**.

🏊 Auf dem Gelände der ehemaligen Basis gibt es weiterhin ein **Schwimmbad** mit **Sauna** und eine **Bowlinghalle**. Einzelheiten über Öffnungszeiten, Preise u.ä. erfährt man bei Kangerlussuaq Tourism.

🛶 Auf dem Lake Ferguson kann man **Kajak fahren**; Boote sowie die nötige Ausrüstung verleiht das Touristenbüro.

🚲 Auch **Mountainbikes** kann man dort ausleihen - die Gegend eignet sich sehr gut für Radtouren, da die Berge nicht sehr hoch sind und die Amerikaner überdies ein recht gutes Wegenetz hinterlassen haben.

Sisimiut

⭐ ☎ 864222.
➕ ☎ 864211.
🚌 ☎ 865533.

Etwa 50 km nördlich des Polarkreises liegt im Schutz der **Ulkebugt** Sisimiut, mit 5.000 Einwohnern Grönlands zweitgrößte Stadt. Hinter ihrem Rücken erheben sich hohe Berge, die die Landschaft alpin wirken lassen, obwohl keiner der Berge auch nur 1.000 m hoch ist. Für die nördliche Lage sind Flora und Fauna der Gegend erstaunlich artenreich: Insbesondere findet man eine **vielfältige Vogelwelt** mit Alken, Seeadlern, Falken und anderen Arten vor.

Die Region Sisimiut-Kangerlussuaq hat die größte Fläche zusammenhängender, eisfreier Landmasse in ganz Westgrönland und eignet sich insofern gut zum **Wandern**, auch für längere Touren. Knapp über dem Polarkreis gelegen ist Sisimiut die südlichste grönländische Stadt, in der Schlittenhunde gehalten werden dürfen, d.h. entsprechend auch die südlichste Stadt, in der es möglich ist, **Hundeschlittentouren** zu machen.

Durch ihre Lage und vor allem durch das sehr gut erhaltene Viertel aus der Kolonialzeit ist die Stadt eine der schönsten des Landes und auf jeden Fall einen Besuch wert.

Entstanden ist der Ort, als die dänischen Kolonialherren 1764 den weiter nördlich gelegenen Posten **Ukiivik** sowie eine Missionsstation auf der anderen Seite der Ulkebugt an die Stelle des heutigen Sisimiut verlegten. Die Kolonie mit ihrem geschützten und ganzjährig anlaufbaren Hafen entwickelte sich rasch zum Zentrum des **Walfangs** an der westgrönländischen Küste.

Allerdings wurden durch den regen Schiffsverkehr im 18. und 19. Jh. immer wieder **Epidemien** eingeschleppt, die ein paarmal fast die gesamte Bevölkerung ausgelöscht hätten, aber durch den Zustrom von Menschen aus den umliegenden Siedlungen wurden diese Verluste ausgeglichen.

Die moderne, industrielle Entwicklung der Stadt begann für grönländische Verhältnisse sehr früh, bereits in den 30er Jahren, mit dem Bau einer Werft und einer Fabrik für Fischkonserven.

Heute ist Sisimiut nach Nuuk die wohlhabendste Stadt des Landes, nimmt man das Pro-Kopf-Einkommen der Bevölkerung zum Maßstab: Den Grundstein für diesen Aufschwung haben die reichen Fischgewässer und eine durch den ganzjährig eisfreien Hafen günstige Verkehrslage gelegt.

Im **Erscheinungsbild** ist Sisimiut heute eine zweigeteilte Stadt: In der Nähe des Hafens dominieren Gebäude aus der Kolonialzeit und lassen den Ort sehr idyllisch erscheinen, aber man muß nur die Hauptstraße, den **Aqqusinersuaq**, ein paar hundert Meter weitergehen und schon befindet man sich in einer modernen grönländischen Stadt mit großen

Wohnanlagen, die auf ihre Weise die Geschichte und Wandlungen des sozialen Wohnungsbaus in Grönland dokumentieren: von den lieblos in die Landschaft gesetzten Billig-Blockbauten der 60er und 70er Jahre bis zu den kleineren und optisch ansprechenderen Mehrfamilienhäusern der 80er und 90er Jahre. Aber selbst hier kommt durch die vielen Schlittenhunde, die überall zwischen den Häusern angekettet auf den Felsen lagern, ein Element traditioneller grönländischer Kultur ins Spiel.

An- und Abreise

Sisimiut ist von Kangerlussuaq aus mit dem Flugzeug zu erreichen. Es bestehen mehrere Verbindungen pro Woche, im Sommer sogar fast täglich. Zusätzlich gibt es Direktflüge nach Nuuk, Aasiaat und Ilulissat.

Außerdem wird die Stadt von allen drei großen Küstenschiffen der KNI angelaufen, die die Städte der Westküste von Upernavik bis hinunter nach Qaqortoq miteinander verbinden. Fahrkarten und Informationen über Abflug- bzw. Abfahrzeiten von Helikoptern und Schiffen erhält man beim KNI-Passagierkontor oder beim Reisebüro "Polarrejser".

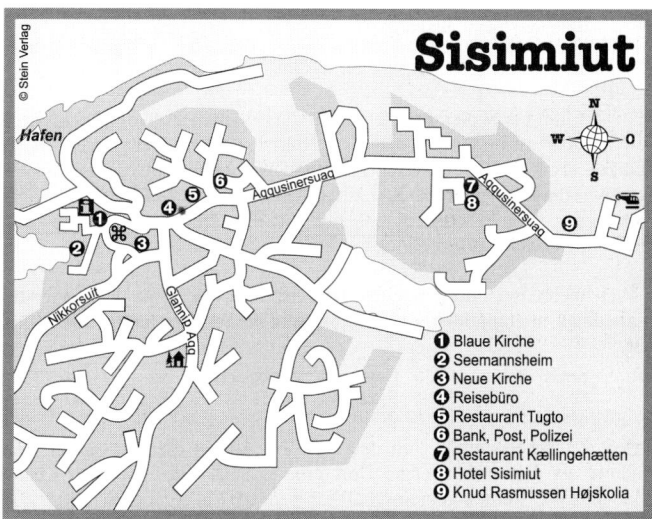

© Stein Verlag

Sisimiut

Hafen

Aqqusinersuaq

Aqqusinersuaq

Nikkorsuit

Qiannip Aqq

❶ Blaue Kirche
❷ Seemannsheim
❸ Neue Kirche
❹ Reisebüro
❺ Restaurant Tugto
❻ Bank, Post, Polizei
❼ Restaurant Kællingehætten
❽ Hotel Sisimiut
❾ Knud Rasmussen Højskolia

◆ **KNI-Passagierkontor**, Frederik den IX's plads, ☎ 865344, Mo bis Fr
🕐 9:00 bis 15:00.
◆ **Polarrejser**, ☎ 865747, Mo bis Fr 🕐 8:00 bis 16:30.

Übernachtungsmöglichkeiten

☞ Nicht weit vom Heliport entfernt befindet sich das **Hotel "Sisimiut"**. Das Hotel gehört zu den moderneren in Grönland und verfügt über einen guten Standard: Alle 26 Zimmer sind mit Dusche/WC, TV und Telefon ausgestattet. Allerdings ist es auch nicht ganz billig, dort zu wohnen. Zum Hotel gehört eine Diskothek, in der manchmal Live-Konzerte stattfinden.

◆ **Hotel Sisimiut**, Aqqusinersuaq 86, PO Box 70, ☎ 864840, FAX 865615,
Preise: EZ ca. dkr 750, DZ ca. dkr 1.050 (inkl. Frühstück).

Eine weitere Übernachtungsmöglichkeit stellt das **Seemannsheim** dar, das sehr schön am Rande des alten Kolonialviertels in der Nähe des Hafens gelegen ist.

Auch hier ist der Standard sehr gut: Zwar sind nicht alle Zimmer mit einem eigenen Bad/WC ausgestattet, aber das Haus ist frisch renoviert und strahlt eine gemütliche Atmosphäre aus, in der man sich gerne aufhält.

◆ **Sømandshjem Sisimiut**, Frederik den IX's plads 5, PO Box 1015,
☎ 864150, FAX 865791, Preise (mit Bad/WC): EZ ca. dkr 600, DZ ca.
dkr 800, (ohne Bad/WC): EZ ca. dkr 400, DZ ca. dkr 600 (je m. Frühstück).

Von Juni bis September steht auch die örtliche Heimvolkshochschule, die **Knud Rasmussenip Højskolia**, Touristen offen. Hier gibt es sowohl Einzel- als auch Doppelzimmer, Bad und WC werden allerdings teilweise gemeinschaftlich genutzt. Im Aufenthaltsraum steht ein Fernseher zur Verfügung. Sein Essen kann man sich entweder selbst in der Küche zubereiten oder nach Vorbestellung am Essen in der Schule teilnehmen.

✋ Wenn man dort wohnen will, ist eine vorherige **Reservierung** unbedingt zu empfehlen, da die Højskolia im Sommer häufig voll belegt ist.

◆ **Knud Rasmussenip Højskolia**, Aqqusinersuaq 99, PO Box 1008,
☎ 864032, FAX 864907, Preise: EZ dkr 150 bis 200, DZ ca. dkr 350.

🏠 Zwischen dem 1. Juli und dem 15. August dient außerdem eine Schule als **Jugendherberge**. Dort gibt es auch Einzelzimmer. Küche, Bad und WC werden gemeinschaftlich genutzt. Ein eigener Schlafsack ist

mitzubringen. Zur Buchung wendet man sich ans örtliche Touristenbüro. Auch hier ist eine rechtzeitige **Reservierung** ratsam.

♦   **Preise:** ca. dkr 140 pro Nacht.

⚠   Im Tal hinter dem Heliport befindet sich ein **Zeltplatz**. Das Wasser aus dem Fluß, der dort vorbeifließt, ist trinkbar.

Essen und Trinken

✕   In Sisimiut gibt es mehrere Restaurants: Man kann im **Hotelrestaurant** essen, ganz in der Nähe davon befindet sich auch das **Restaurant "Kællingehætten"**.

Folgt man der Hauptstraße ein Stück Richtung Hafen und Altstadt, gelangt man zum **Restaurant "Tugto"**. Überall werden auch grönländische Spezialitäten angeboten. Am Wochenende ist sowohl im Hotel als auch in den beiden Restaurants häufig Tanz und Musik.

Zum **Seemannsheim** gehört eine Cafeteria, in der man für wenig Geld mittags und abends ein warmes Tagesgericht bekommen kann, nachmittags gibt es dort - ebenfalls sehr preisgünstig - Kaffee und Kuchen.

Weiterhin gibt es noch ein **Café**, in dem man auch Billard spielen kann, sowie mehrere **Grillbars**, die das übliche Angebot an Fast food haben

♦   Hotel Sisimiut, Adresse s.o.
♦   Sømandshjem, Adresse s.o.
♦   Restaurant Tugto, Aqqusinersuaq, ☎ 864889.
♦   Restaurant Kællingehætten, Aqqusinersuaq.

Einkaufen

☷   Als "Großstadt" verfügt Sisimiut über gute Einkaufsmöglichkeiten: Es gibt zwei große **Supermärkte**, KNI und Brugsen, sowie mehrere **Kioske**, die auch am Wochenende geöffnet sind.

Souvenirs und **Kunsthandwerk** sind in kleinen Geschäften zu bekommen, außerdem werden solche Artikel auch beim Touristenbüro, im Seemannsheim und im Reisebüro verkauft.

Weiterhin gibt es im Ort eine **Buchhandlung** sowie die **Plattenfirma ULO**, die ihren Sitz in Sisimiut hat. Hier ist es möglich, CDs mit grönländischer Musik aller Art, vom traditionellen Trommeltanz bis zum Hip Hop, zu kaufen. ULO befindet sich etwas südlich vom Stadtzentrum in der Aqqaluartaaq Aqqusinersuaq.

🛈 Information

Das Touristenbüro der Stadt ist mitten in der Altstadt in einem Häuschen aus der Kolonialzeit untergebracht. Dort bekommt man auch Stadtpläne von Sisimiut sowie Wanderkarten der Region. Das Touristenbüro ist täglich außer sonntags geöffnet.

♦ **Sisimiut Tourism**, PO Box 65, ☎ 864848, FAX 865622, Sommer: Mo bis Fr 🕐 10:00 bis 18:00, Sa 10:00 bis 14:00, Winter: Mo bis Fr 11:00 bis 18:00, Sa 11:00 bis 14:00.

Sehenswertes

Das Sehenswerteste an Sisimiut ist das alte **Kolonialviertel**. Es beginnt bereits am Hafen mit einer Reihe von steinernen Lagerhäusern aus der Mitte des vorigen Jahrhunderts.

Folgt man der Hauptstraße ein Stück den Berg hinauf, liegt zur Linken auf halber Höhe das sogenannte **"Halbwegshaus"** ("Halvvejshuset"), ein Fachwerkhaus, das ebenfalls zur Aufbewahrung von Vorräten diente.

Der Platz zur Rechten stellt das Zentrum des Kolonialviertels dar. Man betritt ihn durch ein Tor aus Walkiefern. Hier befindet sich eine ganze Reihe schöner alter Gebäude, unter anderem die **Blaue Kirche** von 1775, das Wahrzeichen der Stadt, das **Kolonieverwalterhaus** aus dem Jahre 1846, ein zweistöckiges, gelbes Holzhaus, außerdem das **Pfarrhaus**, der **Laden** und das **Gefängnis**.

⌘ In einem dieser Häuser ist heute das Touristenbüro untergebracht, in anderen das **Museum**, das ebenfalls einen Besuch wert ist. Dort sind mehrere Ausstellungen zu sehen, über die Entwicklung Sisimiuts von einer Walfangstation zur modernen Industriestadt, über die traditionelle Kajak- und Fängerkultur sowie wechselnde zeitgenössische Ausstellungen.

Außerdem gehört zum Museum die Rekonstruktion eines Torfhauses aus dem frühen 20. Jh., das im alten Stil eingerichtet ist.

♦ **Museum Sisimiut**, Jukkorsuup Aqq., Mai bis September: Mo, Mi, Do, Sa, So 🕐 14:00 bis 17:00, Oktober bis April: Mi, Do, So 🕐 14:00 bis 17:00.

⛪ Eine weitere Sehenswürdigkeit der Stadt ist die **Neue Kirche**, die auf einem Hügel über der Altstadt thront. Sie wurde 1926 vom Architekten Bojsen-Möller entworfen.

Ausflüge und Exkursionen

In der Umgebung von Sisimiut befinden sich einige mittlerweile verlassene **Siedlungen**, die zum Teil noch aus der Zeit der Walfänger stammen und ein kulturhistorisch interessantes Exkursionsziel darstellen. Bootsausflüge dorthin werden vom Touristenbüro angeboten.

Besonders interessant ist die Siedlung **Assaqutaq**, etwa zehn Kilometer südöstlich der Stadt auf der anderen Seite des Berges **Kaellingehaetten** am **Fjord Amerloq** gelegen.

Auch die beiden einzigen noch bewohnten Siedlungen des Bezirks Sisimiut sind einen Besuch wert: **Sarfannguaq** liegt etwa 35 km südöstlich der Stadt auf einer schmalen Landzunge, die die Fjorde Amerloq und Ikertooq trennt.

Die zweite Siedlung, **Itilleq**, befindet sich rund 50 km südlich von Sisimiut auf einer kleinen Insel. Dorthin kommt man nur mit dem Schiff. In den beiden Siedlungen leben heute noch jeweils etwa 100 Menschen, vorwiegend von der Jagd und vom Fischfang. Man bekommt dort einen interessanten Einblick in den traditionellen grönländischen Lebensstil, der in den kleinen Siedlungen noch sehr lebendig ist. Übernachtungsmöglichkeiten gibt es dort nicht, aber man kann diese Orte in einem Tagesausflug mit dem Boot besuchen. Fahrten dieser Art werden ebenfalls vom Touristenbüro organisiert.

🚶🚶 Wanderungen

Die bergige Landschaft um Sisimiut bietet eine Reihe interessanter Möglichkeiten für kürzere und längere Wanderungen.

Südöstlich der Stadt erhebt sich der 775 m hohe Berg Kællingehætten ("Weiberkapuze"), von dem aus man eine sehr schöne Aussicht auf den Fjord Amerloq und die Schärenküste südlich von Sisimiut hat. Diesen Namen verdankt der Berg seiner eigenartigen Form: Seine Spitze ähnelt der Kapuze des traditionellen grönländischen Frauenanoraks.

Diesen Berg kann man problemlos in einer Tagestour bewältigen, allerdings ist es keinesfalls ein Spaziergang, dort hinaufzusteigen: Der Weg ist an einigen Stellen sehr steil und schwierig zu begehen.

Eine andere, leichtere Wanderung führt rund um die Ulkebugt nach **Asummiut** an den Platz, wo Sisimiut 1759 ursprünglich angelegt wurde. Diese Stelle liegt am Fuß des Berges **"Praestefjeldet"** und es sind heute noch Überreste der alten **Missionsstation** genauso wie früherer **Eskimosiedlungen** zu sehen.

⌐ Diese und andere Wanderrouten sind der sehr empfehlenswerten **Wanderkarte** der Region Sisimiut (Maßstab 1:100.000) zu entnehmen, die 1996 von Greenland Tourism veröffentlicht wurde und die man u.a. beim Touristenbüro in Sisimiut kaufen kann.

Altstadt von Sisimiut

Blauer Eisberg bei Narsarsuaq

Weiterhin besteht die Möglichkeit, die Wandertour Kangerlussuaq-Sisimiut auch in **umgekehrter** Richtung zu machen. Zwar ist dies eigentlich der ungünstigere Weg, da man am Anfang, wo das Gepäck noch am schwersten ist, den steilsten und anstrengendsten Teil der Strecke zu bewältigen hat, aber es gibt Möglichkeiten, sich den Weg zu erleichtern: So bietet Sisimiut Tourism diese Wanderung auch als organisierte Tour von Sarfannguaq aus an.

Der Weg von Sisimiut nach Sarfannguaq wird dann mit dem Boot zurückgelegt und man erspart sich so den ersten schwierigen Teil der Wanderung mit schwerem Gepäck. Außerdem betreibt das Touristenbüro auf halber Strecke zwischen Sisimiut und Kangerlussuaq am See Amitsorssuaq eine Hütte, die Platz für zehn Personen bietet und wo die Möglichkeit besteht, auf dem See Kanu zu fahren.

Bei Teilnahme an einer solchen Wander- und Kanutour kann man die Wanderung nach Kangerlussuaq ebenfalls erheblich erleichtern und außerdem auch noch mit Kanuferien verbinden.

Einzelheiten sowie Zeiten und Preise sind bei Sisimiut Tourism zu erfahren.

Sonstige Aktivitäten

𝄞 Man findet gute Bedingungen zum **Angeln** von Lachs, Heilbutt und Forelle. Genauere Informationen sowie Angellizenzen erhält man beim Touristenbüro.

𝄜 𝄞 Im Frühjahr und Winter werden **Hundeschlittentouren** unterschiedlicher Länge angeboten und es besteht die Möglichkeit sowohl zum **Skilanglauf** als auch zum **Alpinski**. Sogar ein Skilift ist vorhanden.

𝄝 In Sisimiut befindet sich auch das einzige **Freibad** des Landes, das allerdings nur im Hochsommer geöffnet ist.

Maniitsoq

☆   ☎ 813222.
⊞   ☎ 812111.
🚐   ☎ 576111.

Auf halber Strecke zwischen Sisimiut und Nuuk liegt auf einer kleinen Insel inmitten einer Schärenlandschaft **Maniitsoq**, auf dänisch Sukkertoppen genannt.

Der Name Sukkertoppen ist eine Dänisierung des holländischen "Zuiker" (Zucker), den die niederländischen Walfänger beim Anblick der schneebedeckten Berge wohl vor Augen hatten und an den dann das dänische "Toppen" (Spitze) angehängt wurde.

Der Ort wurde 1755 vom dänischen Kaufmann Anders Olsen gegründet. Damals lag er jedoch nicht an derselben Stelle wie heute, sondern dort, wo sich heute die zum Distrikt gehörende Siedlung Kangaamiut befindet. 1781 wurde der Ort an seine heutige Stelle verlegt, wo er sich schnell entwickelte. Mit 500 Einwohnern war Sukkertoppen in der ersten Hälfte des 19. Jh. einer der größten des Landes, wozu er mit 3.000 Einwohnern auch heute noch zählt.

Maniitsoq ist die erste Stadt südlich des Polarkreises und gehört damit nicht mehr zu den Schlittenhundorten. Obwohl als Walfängerstation gegründet, spielt dieser Erwerbszweig hier schon lange keine Rolle mehr. Das moderne Maniitsoq lebt wie alle grönländischen Städte hauptsächlich vom **Fischfang**. Der Stolz der Stadt ist allerdings die **Bekleidungsfabrik Kapitaq**, die einzige des Landes. Hier wird Arbeits- und Freizeitkleidung, die auch den Bedingungen arktischen Klimas genügt, hergestellt.

Maniitsoq gehört nicht zu den Städten, die von Grönlandbesuchern häufig aufgesucht werden, obwohl das vor einigen Jahren in 35 km Entfernung auf dem Festland errichtete **Apussuit Skicenter** ein beliebter Ort zum Sommerskilaufen geworden ist. Einer der Gründe dafür ist, daß die Region zum Wandern kaum geeignet ist. Die Insel, auf der Maniitsoq liegt, ist dafür zu klein und das nahegelegene Festland durch tiefe Fjorde, die immer wieder an das Inlandeis stoßen und kaum begehbar sind, gekennzeichnet. Das Inlandeis stößt in der Region um Maniitsoq auf breiter Fläche in Richtung Küste und teilt den breitesten Landstreifen der Westküste in zwei getrennte Gebiete, das **Kong Frederik IX. Land** und das **Dronning Ingrid Land**. Hier kommt man als Wanderer nicht weiter.

Die Gletscher des **Kangerlussuatsiaq** (Ewigkeitsfjord), der sich auf langer Strecke in die Eiskappe frißt, haben unter Kletterspezialisten zwar einen guten Ruf, wer sich jedoch nicht dazu zählen kann, sollte von Versuchen, sie zu passieren, Abstand nehmen.

An- und Abreise

Im Sommer, während der Hauptreisezeit, wird Maniitsoq von den drei überregionalen Schiffen, die die Westküste entlangfahren, angelaufen. Das heißt, daß in dieser Zeit jeweils dreimal in der Woche die

Gelegenheit gibt, nach Norden oder Süden zu reisen bzw. aus diesen Richtungen anzukommen.

Da der Hafen auch im Winter eisfrei ist, kann Maniitsoq das ganze Jahr über mit dem Schiff erreicht werden. In der Zeit von Januar bis Juni verkehren jedoch weniger Schiffe.

🚁 Der Heliport der Stadt wird sehr häufig angeflogen und ist direkt an Sisimiut, Aasiaat, Nuuk und Kangerlussuaq angebunden. Alle anderen Flugverbindungen laufen über eine dieser Stationen, zumeist Kangerlussuaq.

Übernachtungsmöglichkeiten

🛏 Das einzige Hotel der Stadt, „Hotel Maniitsoq", ist ein neues, gut ausgestattetes Mittelklassehotel. Etwas schlichter, dafür aber preisgünstiger ist das Seemannsheim am Hafen. Im Sommer besteht die Möglichkeit, in der Jugendherberge zu übernachten. Informationen und Reservierungen beim Touristenbüro. Zeltplätze gibt es in der Nähe des Museums.

Auch die Siedlungen im Distrikt Maniitsoq bieten in bescheidenem Ausmaß Unterkünfte für Touristen an. Näheres beim Touristenbüro.

♦ **Hotel Maniitsoq**, Ajoqinnguup Aqq. B1150. ☎ 813035-36, FAX 813377.
♦ **Sømandshjem**, Ivissuit 3, ☎ 813535, FAX 813553.

Essen und Trinken

✗ 🍷 Das Hotel "Maniitsoq" verfügt über ein Restaurant, das Menüs und Gerichte à la carte aus internationaler, dänischer und grönländischer Küche anbietet.

In der **Cafeteria** des **Seemannsheims** wird morgens ein Frühstücksbuffet (auch für Nichtbewohner) sowie mittags und abends ein Tagesgericht angeboten. Dazwischen gibt es Kaffee, Kuchen und ein kleines Fast-food-Repertoire.

Im **Café "Puisi"** kann man von 10:00 bis 22:00 thailändische Gerichte bekommen. Wem das zu teuer ist, der kann im **"Lille Pølsemik"** oder im **"Store Pølsemik"**, den zwei Imbißstuben des Ortes, Pommes und Pølser (Würstchen) zu sich nehmen.

♦ **Café Puisi**, Jenseeralap Aqq. 15, ☎ 812228.

ℹ Information

Bei allen touristischen Fragen kann man sich an das Maniitsoq Tourist Office wenden.

♦ **Maniitsoq Tourist Office**, PO Box 318, DK-3912 Maniitsoq, ☎ 813899, FAX 813877.

Sehenswertes

⌘   Das **Museum**, das früher am Hafen stand, kann heute an anderer Stelle besichtigt werden. Es wurde versetzt, um dem Neubau einer Fischfabrik Platz zu schaffen. Das Haus stammt aus dem Jahr 1874. Hier werden archäologische Fundstücke aus der Region, die bis zur Saqqaq-Kultur zurückreichen, ausgestellt.

Die Funde haben gezeigt, daß hier schon vor über 3.000 Jahren mit Pfeil und Bogen Rentiere gejagt wurden. Diese Technik wurde erst von den Schußwaffen abgelöst.

✟   Maniitsoq verfügt über **zwei Kirchen**, die alte von 1864, die nach wie vor an ihrem alten Platz im Zentrum des kolonialen Sukkertoppen steht, und eine 1981 gebaute neue Kirche, die jetzt für Gottesdienste und andere Kirchenfeiern genutzt wird. Dieser Bau ist wenig spektakulär, fügt sich aber bemerkenswert gut in Stadt und Landschaft ein.

Der **Altar** dieser Kirche wurde von der grönländischen Künstlerin **Aka Hoegh** gestaltet. Er besteht aus unbehauenen Steinen und einem Kreuz aus Treibholz, im traditionellen Grönland die einzige Möglichkeit, um an Holz zu kommen. Das Taufbecken fertigte sie ebenfalls aus unbehauenen Steinen an. Die Altardecke und der Teppich davor sind von der über Maniitsoq hinaus bekannten Näherin **Martha Biilmann** hergestellt. Das einzige Material, das dazu verwendet wurde, ist Robbenfell.

Sonstige Aktivitäten

⛷   Das 35 km östlich am Fjord Maniitsup Sermilia gelegene **Apussuit Skicenter** bietet auf einem großen Gletscher ganzjährig die Möglichkeit zu Langlauf und alpinem Skifahren. Um dorthin zu kommen, muß man über das Hotel oder das Seemannsheim ein Boot chartern.

Ein Besuch in den Siedlungen **Atammik** und **Naposoq**, die zum Distrikt Maniitsoq gehören und über 200 bzw. 150 Einwohner verfügen, ist aufgrund der großen Distanzen, die man zurücklegen muß, schwierig zu organisieren und kostspielig. Die Siedlung **Kangaamiut** ist mit über 500 Einwohnern fast schon eine Stadt und wird dementsprechend auch von den großen Küstenschiffen angefahren. Kangaamiut ist ein guter Ausgangspunkt für Exkursionen in den **Ewigkeitsfjord**.

🏹   Der ganze Distrikt gilt als sehr gutes **Jagdgebiet** für Rentiere. Auch Moschusochsen sind hier anzutreffen, vor allem in dem Teil des Bezirkes, der nordöstlich der Sukkertoppen Eiskappe liegt.

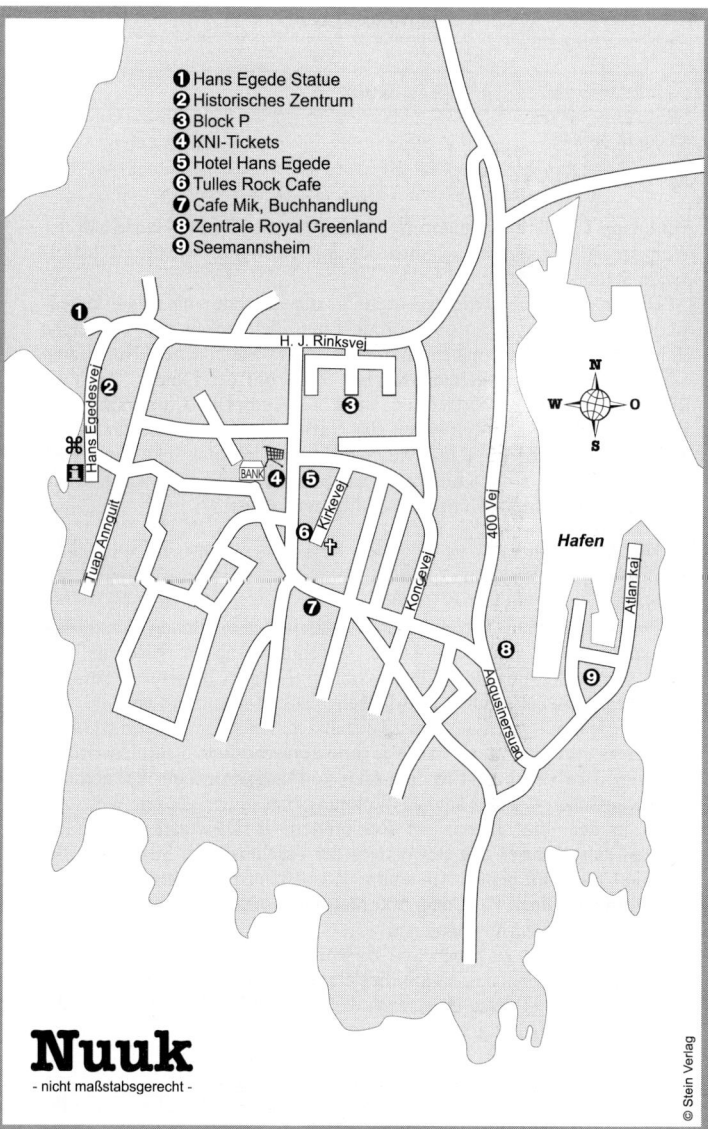

❶ Hans Egede Statue
❷ Historisches Zentrum
❸ Block P
❹ KNI-Tickets
❺ Hotel Hans Egede
❻ Tulles Rock Cafe
❼ Cafe Mik, Buchhandlung
❽ Zentrale Royal Greenland
❾ Seemannsheim

H. J. Rinksvej

BANK

Kirkevej

400 Vej

Hafen

Koncevej

Aqqusinersuaq

Atlan kaj

Nuuk
- nicht maßstabsgerecht -

© Stein Verlag

Nuuk

✵   ☎ 321448.
✚   ☎ 321101.
🚗   ☎ 321818 + ☎ 322222.

Mit knapp 13.000 Einwohnern ist Nuuk zwar die kleinste Hauptstadt der Welt, sie ist aber immer noch mehr als doppelt so groß wie die nächstfolgende Stadt des Landes.

Die grönländische Selbstverwaltung, die Zentrale von Royal Greenland, Grønlandsfly, die Royal Arctic Line, die Banken und zahlreiche andere Einrichtungen haben hier ihren Sitz. Sie machen Nuuk zum **administrativen** und **wirtschaftlichen Zentrum** des Landes. Auch im Bildungs- und Kulturbereich ist Nuuk führend. Die **Universität**, der **Rundfunk**, die beiden **Zeitungen**, das **Nationalmuseum,** eine landesweit bekannte **Theatergruppe** und vieles mehr sind in Nuuk lokalisiert. Hier entsteht auch das neue **Kulturzentrum**, das als große nationale Einrichtung für grönländische Kunst und Kultur gedacht ist.

Die Modernisierung ist in Nuuk besonders rasant vorangegangen. Noch 1960 hatte Nuuk nur 3.200 Einwohner. 1970 waren es bereits 8.000 Einwohner und 1980 knapp 10.000.

Das heutige Nuuk ist einerseits Ergebnis der dänischen Zentralisierungspolitik (☞ Land und Leute, Geschichte) und andererseits, erst recht seit Einführung der Selbstverwaltung, wegen besserer Berufsperspektiven Anziehungspunkt für Menschen aus dem ganzen Land.

Daß die Stadt innerhalb von zwei Jahrzehnten so gewachsen ist, sieht man ihr deutlich an. Nuuk ist ein architektonisches und stadtplanerisches Desaster. Das Stadtbild wird dominiert von langgezogenen Wohnblocks, die so aussehen wie der soziale Wohnungsbau in der ganzen Welt. Zumeist in den 70er Jahren auf Reißbrettern in Dänemark entstanden, mußten diese Häuser den Bewohnern der geschlossenen Siedlungen der Region Unterkunft bieten. Am eindrucksvollsten ist in dieser Hinsicht der stadtbekannte **Block P**, in dem 500 Menschen, also ungefähr ein Prozent der ganzen Bevölkerung, wohnen.

Hatte diese Art zu bauen und zu wohnen schon in anderen Ländern sozial schwierige Folgen, so gilt dies erst recht für die Grönländer, die in den 70er Jahren in diese Häuser gezwungen wurden. Wer zuvor in einer 70-Einwohner-Siedlung in einem eigenen kleinen Haus wohnte, jeden kannte und seine Welt, die auf den Fang von Meerestieren ausgerichtet war, völlig überblicken konnte, stand jetzt vor großen Wohnblocks, die sich häufig nur durch ihre Numerierung unterschieden. Zudem waren die

Blick auf Nuuk

Nuuk: Blick auf die Hauptstraße mit Hotel Hans Egede

Gebäude nicht auf eine grönländische Lebensweise, wie sie in dieser Zeit noch üblich war, ausgerichtet. Fänger und Fischer benötigen Trockengestelle, Stauraum für Jagdutensilien und Örtlichkeiten, um den Fang zu verarbeiten. Gelegenheiten dazu gibt es hier nicht. Dies war allerdings auch nicht vorgesehen. Die modernen "Norddänen", zu denen die Grönländer deklariert wurden, sollten in den Fischfabriken und Büros arbeiten.

Daß dieser mit besten Absichten gestartete Modernisierungsversuch fehlschlug, ist heute unbestritten. Zwar gelang es, einige Krankheiten wie Tuberkulose oder die Masern durch eine zentralisierte und bessere medizinische Versorgung ganz auszulöschen, aber die sozialen Kosten dieses Projektes waren enorm und sind auch heute noch sichtbar.

Eine behutsamere, mehr den Bedürfnissen der Menschen entsprechende Art des sozialen Wohnungsbaus kann man im Stadtteil Nuussuaq, der in den 80er Jahren auf der anderen Seite des neuen Hafens errichtet wurde, besichtigen.

Ganz am Anfang der Entwicklung Nuuks stand die Ankunft des norwegischen Missionars **Hans Egede**, der 1721 seine erste Niederlassung auf Håbets Ø, einer im Schärengürtel vorgelagerten Insel verließ und sich 1728 dort niederließ, wo sich auch heute noch die Kolonialhäuser befinden. **Godthåb**, "Gute Hoffnung", nannte er den neuen Ort. Sein Haus, ein länglicher gelber Bau, ist heute die Residenz des grönländischen Regierungschefs. Es ist wohl der ungesichertste Wohnsitz eines Premierministers in der ganzen Welt.

Das Gebiet um das alte Wohnhaus Egedes am Fuße eines Hügels, auf dem ein Denkmal des "Apostels Grönlands" steht, ist der historische Kern Nuuks. Er macht gerade im Vergleich zu den neuen Bauten einen sehr wohnlichen Eindruck. Ältere Bauwerke findet man sonst nur noch am südlichen Rand der Stadt, wo sich 1733 die Herrnhuter niederließen und ihr **Neu-Herrnhut** gründeten. Dieses Gebiet, das ursprünglich etwas außerhalb der Stadt lag, ist inzwischen längst von ihr eingeholt worden. Die alte Kirche der Herrnhuter bildet heute das Kernstück der **Universität**, der einzigen des Landes.

Nuuk gilt unter Grönländern als die **dänischste** Stadt des Landes. Das hat zum einen den Grund, daß hier tatsächlich $1/3$ aller Bewohner nicht in Grönland geboren wurde, wie es in der Statistik immer heißt, daß es mit anderen Worten also zumeist Dänen sind. Auch wenn die politischen Mandatsträger immer Grönländer im Sinne von Inuit sind, werden in der Verwaltung und im Management nach wie vor sehr viele Dänen beschäftigt. Sie prägen natürlich auch das Stadtbild.

Zum anderen unterscheidet sich das Leben in Nuuk selbst auch für die gebürtigen Grönländer schon lange erheblich von dem in anderen Städten. Fischfang und die Arbeit in der Fischfabrik ist zwar auch hier von Bedeutung, aber es gibt noch zahlreiche andere Arbeitsplätze. Es wird auch unter den Bewohnern Nuuks noch viel gejagt und einige gehen in die Sommerlager, aber hier haben diese Dinge einen sehr viel stärkeren Freizeitcharakter als im Rest des Landes. Der Lebensstil ist in Nuuk städtischer als anderswo.

An- und Abreise

Nuuk verfügt über einen Flughafen mit Landebahn und wird daher sowohl von Flugzeugen als auch von Hubschraubern angeflogen. Direkte Verbindungen bestehen nach Kangerlussuaq, Narsarsuaq, Ilulissat und Maniitsoq. Die Flugverbindungen in alle Städte sind sehr gut.

Der Hafen von Nuuk ist das ganze Jahr über eisfrei. Er wird dementsprechend auch **ganzjährig** von den großen Küstenschiffen bedient. Von Januar bis Mai ist jedoch nur ein Schiff auf der Route Nanortalik-Sisimiut im Einsatz.

In der Hauptreisezeit starten zwei der drei überregionalen Schiffe in Nuuk und fahren nach Norden. Das dritte verkehrt in dieser Zeit zwischen Qaqortoq und Ilulissat, wobei es in beiden Richtungen in der Hauptstadt Station macht.

Übernachtungsmöglichkeiten

Obwohl Hauptstadt, ist das Übernachtungsangebot, zumindest was die Anzahl der Einrichtungen angeht, in Nuuk eher beschränkt.

Schon von weitem sichtbar ist das **Hotel "Hans Egede"** an der Aqqusinersuaq, der großen Hauptstraße. Es ist mit 110 Zimmern das mit Abstand größte des Landes, das modernste und auch das luxuriöseste. Diesen Superlativen wird auch im Preis entsprochen. Mit diversen Bars, Restaurants und Diskothek bietet es das an, was man von Großhotels aus anderen Ländern kennt.

◆ **Hotel Hans Egede**, Aqqusinersuaq 1-5, ☎ 324222, FAX 324487. DZ dkr 1.300, EZ dkr 1.050.

Auch in Nuuk gibt es ein **Seemannsheim**, das wie die vier anderen des Landes eine preisgünstige Alternative zum Hotel darstellt und dennoch einen hotelähnlichen Standard bietet.

◆ **Sømandshjem Nuuk**, PO Box 1021, DK-3900 Nuuk, ☎ 321029, FAX 322104. DZ mit Bad dkr 850, EZ mit Bad dkr 600.

🏠   Die **Jugendherberge** in der **Sporthalle** ist preislich wohl kaum zu
unterbieten. Eine Übernachtung dort ist jedoch nur sehr bedingt zu
empfehlen, da die Herberge vor allem von Schulklassen und Sport-
mannschaften benutzt wird. Weiterhin gibt es in Nuuk die Möglichkeit,
in den **Kujalliit Dormitories** zu übernachten: Die Zimmer sind Einzelzimmer, Küche und Bad werden gemeinschaftlich genutzt. **Bed-and-
Breakfast**-Unterkünfte kann man beim Touristenbüro buchen.

♦   **Jugendherberge Godthåbshallen**, Vandssøvej 2, ☎ 321654, ca. 100 dkr
     pro Person und Nacht.
♦   **Dormitories**: Kujallerpaat 29, ca. 200 dkr pro Nacht, Buchung übers
     Touristenbüro.
♦   **Bed and Breakfast**, ca. 275 dkr pro Nacht, Buchung übers Touristenbüro

Essen und Trinken
Wenn man aus anderen grönländischen Städten oder von einer längeren
Wanderung nach Nuuk kommt, hat man den Eindruck, in einem kulinari-
schen Paradies gelandet zu sein.
    Man kann zwischen fünf verschiedenen Restaurants, zwei Cafeterien
und vier Cafés, die auch eine ansprechende Essenskarte haben, wählen.
Dazu kommen diverse Grillbars.

✕   Das Restaurant **"Sky Top"** im obersten Stock des Hotels "Hans
Egede" ist wie das Hotel sehr aufwendig und entsprechend teuer. Anspruchsvolle und etwas teurere Menüs und Essen à la carte bieten auch
das **Restaurant "Hotel Godthåb"**, wobei es hier schon länger kein Hotel
mehr gibt, das **Restaurant "Kristinemut"** und das **Restaurant "Post-
garden"**.

🍴   Günstiger und dennoch gut essen kann man im Café **"Crazy
Daisy"**, im **"Café Rudolf"** (über der Touristeninformation) und in **"Tulles Rock Café"**. Letzteres stellt eine Kopie der weltweit verbreiteten
Hard Rock Cafés dar und bietet auch das dort übliche Repertoire an Ham-
burgern, "spare ribs" und Steaks an. Dies allerdings in bemerkenswert
großen Portionen. Das kleine **"Café Mik"** ist wirklich eher ein Café und
hat lediglich Fast food im Programm.
    Im **Seemannsheim** gibt es ein Frühstücksbuffet, mittags und abends
ein Tagesgericht und außerhalb dieser Zeiten Kuchen, etwas Fast food
und Smørrebrød.

    Die **Cafetéria der Sporthalle** und diverse Imbißbuden versorgen den
eiligen oder sparsamen Besucher mit Würstchen, Pommes, u.ä.

🛈 Information

Direkt am alten Kolonialhafen, im selben Gebäude wie das Postamt des Weihnachtsmannes, befindet sich das Büro von Nuuk Tourism. Mehrere Mitarbeiter sind hier an sechs Tagen in der Woche da und helfen bei allen Fragen weiter.

◆ **Nuuk Tourism**, Hans Egedes Vej 29, ☎ 322700, FAX 322710, Mo bis Fr 🕐 10:00 bis 17:00, Sa 12:00 bis 16:00.

Sehenswertes

Es gibt gute Gründe, die Erkundung der Stadt im **historischen Nuuk** rund um das **Hans Egede Denkmal** am alten Kolonialhafen zu beginnen. Hier gibt es eine ganze Reihe von Dingen zu besichtigen.

Neben dem Viertel selbst mit dem bereits erwähnten Wohnhaus Hans Egedes, den alten **Speichergebäuden** und kleinen **Werkstätten** befinden sich hier:

⌘ Das **Landesmuseum**, das neben den berühmten **Mumien von Qilakitsoq** in mehreren Räumen sowohl archäologische Fundstücke der frühen Inuit-Kulturen als auch verschiedenste Dokumente zur neueren Geschichte Grönlands ausstellt. In einer gesonderten Abteilung werden die erdgeschichtliche Entstehung des Kontinents aufgezeigt und zahlreiche Mineralien- und Gesteinsfunde präsentiert.

✝ Die **Erlöserkirche**, die 1848 entstand und mit einem Relief von Egede und seiner Frau Gertrud Rask verziert ist. Trotz protestantisch-schlichter Gestaltung ist sie auch von innen sehr interessant und wirkt vor allem durch die blau-weiße Farbgebung.

✻ Eine historische **Böttcherei**, wie sie in den großen Walfangzeiten betrieben wurde, um den Tran zu lagern und zu versenden. Sie ist in einem kleinen Haus gegenüber dem Landesmuseum eingerichtet.

✻ Eine **Fellnähwerkstatt** im Gebäude nebenan, in der Robben- und andere Felle nach alter Tradition verarbeitet werden. Mit etwas Glück kann man zuschauen, wie eine der Frauen, die dort beschäftigt sind, mit dem **Ulo**, dem Rundmesser, ein Robbenfell abschabt. Genäht werden hier neben kleinen als Souvenirs gedachten Dingen wie Federtaschen, Ausweismappen oder Handtaschen vor allem **grönländische Trachten**, die bei feierlichen Anlässen auch heute noch oft getragen werden.

Wer diesen Ort besuchen möchte, sollte sich bei Nuuk Tourism melden.

✳ Eines der alten Speichergebäude wird heute vom örtlichen **Kajak-club** genutzt. Nachmittags und abends kann man häufig Gruppen junger Grönländer auf dem Wasser beobachten.

✳ Im alten Kolonialzentrum befindet sich auch der **Brædt**, der Fisch- und Fleischmarkt, auf dem die privaten Fischer und die Jäger und Fänger der Stadt ihre Produkte verkaufen. Vom schlichten Dorsch oder der Robbe bis zu etwas exklusiveren Dingen wie Walfleisch und Rentier läßt sich hier alles finden. Ein Besuch lohnt auf jeden Fall.

✳ Am Ende des alten Hafens befindet sich das Büro von Nuuk Tourism. Im selben Gebäude untergebracht ist auch das **Postamt des Weihnachtsmannes**. Hier wird die Post von Kindern aus aller Welt, die an den Weihnachtsmann mit der Adresse "Nordpol" geschrieben haben, gesammelt und beantwortet. Wer will, kann hier auch einen Brief vom Weihnachtsmann an die eigenen Kinder absenden. Er wird gelagert und dann zu Weihnachten zugestellt.

In einer Säule vor dem Gebäude sind die Schnuller gesammelt, die die Kinder, wenn sie zu alt dafür geworden sind, an den Weihnachtsmann geschickt haben. Ebenfalls vor dem Postamt befindet sich ein riesiger roter Briefkasten, in dem die Post gesammelt wird. Er ist ein sehr beliebtes Fotomotiv.

☺ **Adresse des Weihnachtsmannes:** Julemanden, Nordpolen, Julemandens Postkontor, DK-3900 Nuuk, Grönland.

✳ Etwas außerhalb der Kolonialsiedlung liegt das **Seminar**, das 1907 im **"Dragestil"**, im Drachenstil, gebaut wurde. Es diente lange Zeit als Ausbildungsstelle der Katecheten, bis es dann Mitte der 60er Jahre zum Lehrerseminar umfunktioniert wurde. Dieses Gebäude findet sich auch im Stadtwappen Nuuks wieder.

Weniger pittoresk als die Altstadt, dafür aber sicher aufschlußreicher, was zeitgenössisches Leben in Grönland angeht, ist ein Gang über die Aqqusinersuaq, die Hauptstraße. Ist das nördliche Ende der Straße vor allem von Wohnblocks, inklusive Block P, gekennzeichnet, lassen sich südlich des Hotels Hans Egede viele Geschäfte, die Restaurants und die Cafés finden.

Beim Gang über die Hauptstraße fällt auch das neue **grönländische Kulturzentrum (Kulturip Illorsua)** auf, das durch die Zusammenarbeit von Kommune, der grönländischen Selbstverwaltung und dem Rat der nordischen Minister enstanden ist. Es beherbergt Ausstellungs- und Kongreßräume, zwei Bühnen mit der Möglichkeit, Filme zu zeigen (es gibt im ganzen Land kein Kino), und eine große Bibliothek, die sich auf Grönland und die Arktis spezialisiert hat.

✟   Geht man an der Aqqusinersuaq entlang, fällt an ihrem südlichen Ende auch die aus weißem Beton gebaute **Hans-Egede-Kirche** auf. Sie wurde 1971 zum 250. Jahrestag der Ankunft des Missionars gebaut. In ihrem Inneren lassen sich Portraits und andere Erinnerungsstücke an Egede und seine Frau finden.

Ausflüge und Exkursionen

🐋   Auch die Gewässer um Nuuk sind sehr reich an Meerestieren. Bei Schiffsausflügen hat man generell gute Chancen, Robben und manchmal auch Wale zu sehen zu bekommen. Wer extra zu diesem Zweck rausfahren möchte, kann an einer "**Wal-Foto-Safari**" teilnehmen, die von Nuuk Tourism angeboten wird.

Der Nuuk-Fjord gehört zu den größten der Welt. Entlang seiner Verästelungen lassen sich zahlreiche **Bootsausflüge** jeder denkbaren Länge machen. Da die Siedlungen in unmittelbarer Nähe der Stadt heute alle unbewohnt sind, kann man als Tagestour nur noch "tote" Orte besuchen. Das ist als Ausflug jedoch immer noch interessant, weil die Fahrt durch eine sehr eindrucksvolle Landschaft führt. Solche Fahrten werden regelmäßig angeboten, genauso wie ein Ausflug nach **Håbets Ø**, der ersten Niederlassung Egedes, die Gegenstand von Ausgrabungen war und wo man heute die Ruinen besichtigen kann.

Wer eine bewohnte Siedlung besuchen möchte, muß bis nach **Kapisillit** weit im Inneren des Fjords fahren. Hierbei handelt es sich um eine der zwei Siedlungen im Distrikt Nuuk, die die Zentralisierungspolitik überstanden haben. Diese Ortschaft ist keine typische Fänger- und Fischersiedlung. Die 117 Bewohner (1995) hier leben vor allem von der **Rentierzucht**. Seit 1952 werden sie hier in größerem Stil gehalten.

Der Besuch der Siedlung ist nicht im normalen Tourenprogramm von Nuuk Tourism und die Organisation der Reise dorthin erfordert gewisse Anstrengungen und etwas Geld, wenn man ein Schiff mit Fahrer für längere Zeit chartern möchte.

Eine günstigere Möglichkeit, nach Kapisillit zu kommen, besteht durch ein kleines KNI-Schiff, das einmal wöchentlich von Nuuk aus in die Siedlung fährt. Dies ist jedoch sehr häufig ausgebucht. Eine langfristige Organisation des Ausflugs ist also dringend notwendig.

Nanortalik: Blick auf die Stadt mit Kirche

Landschaft bei Igaliku

Das gleiche gilt für einen Besuch in **Qeqertarsuatsiaat**, einer Siedlung 150 km südlich von Nuuk.

Wer über ein etwas üppigeres Budget verfügt, kann an einem der **Rundflüge** über Nuuk und Umgebung teilnehmen oder mit dem **Hubschrauber zum Inlandeis** fliegen.

🏃 Wanderungen

Es gibt gute Gelegenheiten für Kurztouren und erweiterte Spaziergänge in der direkten Umgebung von Nuuk. Am besten eignen sich dazu die Berge, die sich direkt hinter der Stadt erheben. Der 443 m hohe **Lille Malene** kann leicht bestiegen werden. Am besten ist dies aus östlicher Richtung möglich. Die Besteigung des **Store Malene** ist, obwohl auch er nur 772 m hoch ist, schwieriger. Dies gilt besonders für den Aufstieg von der Westseite. Wenn man um den Berg herumläuft und sich von Osten nähert, ist es etwas einfacher, aber immer noch anspruchsvoll.

Eine zwei- bis dreitägige Tour stellt die Wanderung um den **Kangerluarsunnguaq (Kobbefjord)** bis zum Gletscher **Teqqiinngallip Sermia** und zurück dar. Auf diesem Gletscher befindet sich das Sommerskigebiet, das auch mit Ausflugsschiffen von Nuuk aus angefahren wird. Auf der Strecke gibt es eine Hütte, in der man übernachten kann. Sie liegt gegenüber der kleinen Insel **Kissaviannguit Qeqertaat**. Wer dort die Hütte benutzen möchte, muß sich dazu vorher bei Nuuk Tourism anmelden.

Wer wirklich lange Touren unternehmen will, ohne immer zum Ausgangsort zurückkehren zu müssen, hat in Nuuk das Problem, daß man, um zum Landesinneren, etwa nach **Kapisillit**, zu kommen, die lange Halbinsel durchqueren muß. Die Strecke dorthin führt jedoch schon sehr früh in schwieriges Gelände und auch das Wetter hier ist sehr instabil. Eine solche Wanderung kann daher nur erfahrenen Leuten empfohlen werden. Wer in der Region um **Qooqqut** oder **Kapisillit** wandern möchte, ist besser beraten, sich mit dem Schiff in die Region, die leichter begehbar ist, bringen zu lassen.

Sonstige Aktivitäten

Wer etwas über die jüngste grönländische Geschichte erfahren und einen Einblick in die Funktionsweise der Selbstverwaltung bekommen will, kann an einer Führung durch das **Parlaments- und Regierungsgebäude** teilnehmen. Der Bau selbst ist unscheinbar und keine Sehenswürdigkeit.

Im Inneren sind allerdings zahlreiche Kunstwerke, Modelle sowie archäologische Fundstücke zur Geschichte ausgestellt.

🎿 Nuuk Tourism bietet Tagestouren in das **Sommerskigebiet** am Kobbefjord an. Der Transport dorthin findet mit dem Schiff statt. Dann folgt eine kurze Wanderung. Wenn man am Gletscher angelangt ist, geht es mit dem Schneemobil weiter.

Im Winter kann man mit dem Schneemobil Ausflüge unterschiedlicher Länge unternehmen. Zumeist wird in die Berge direkt hinter der Stadt gefahren.

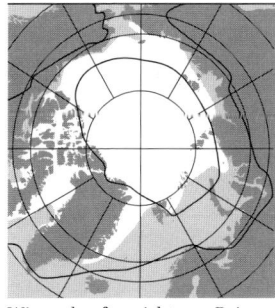

Südgrönland

Südgrönland erstreckt sich von Paamiut an der südlichen Westküste bis zum Kap Farvel an der äußersten Südspitze und umfaßt die Bezirke Paamiut, Ivittuut, Narsaq, Qaqortoq und Nanortalik.

Wer zum ersten Mal nach Südgrönland kommt, wird überrascht sein, wie **grün** es in vielen Gegenden aussieht: Man findet dort saftige Wiesen und Weiden sowie sanfte Hügel und Täler. Diesen Landstrichen verdankt Grönland seinen Namen. Sie hatte **Erik der Rote** vor Augen, als er bei der Rückkehr von seiner ersten Grönlandreise den Daheimgebliebenen in Island von der Rieseninsel im Norden, dem "grünen Land", berichtete.

Aber die Landschaft ist nicht nur grün, sondern vor allem sehr abwechslungsreich: Im Norden, um Paamiut und Ivittuut, wird das Bild von imposanten Bergen, Gletschern und Buchten beherrscht, ganz im Süden findet man eine zerklüftete alpine Hochgebirgswelt mit zahlreichen Schären vor, und in der Mitte, in den Bezirken Narsaq und Qaqortoq, dominieren sanftere Formen, grüne Felder und Seenlandschaften. Speziell in diesem Teil des Landes ist das Klima so mild, daß die Vegetation vergleichsweise üppig ist: Zwar wird man auch hier vergeblich nach Bäumen suchen (Ausnahme: Quinnguadal, ☞ Siedlungen im Distrikt Nanortalik), doch es wachsen eine Vielzahl von Sträuchern, Blumen, Pilzen, im Spätsommer Blaubeeren. Der Boden ist häufig grasbewachsen und nicht nur von Moos und Flechten bedeckt wie im übrigen Grönland.

Unter diesen Gegebenheiten ist Schafzucht gut möglich, und so prägen außerdem rund 20.000 Schafe das Bild. Insgesamt gibt es etwa 70 **Schaffarmen**, die sich auf eine Vielzahl kleiner Schafzüchtersiedlungen verteilen und die Südgrönland weitaus weniger menschenleer erscheinen lassen als den Rest der Insel.

Für Grönlandreisende bietet der Süden hervorragende Bedingungen. Die Landschaft ist atemberaubend schön. Auch auf den Anblick von **Eisbergen** muß man nicht verzichten, da es eine ganze Reihe von Gletschern gibt, die ins Meer kalben. Die südgrönländischen Eisberge sind zwar nicht so groß und majestätisch wie die der Diskobucht, aber mit ihrer häufig blauen Färbung sind sie optisch keinesfalls weniger reizvoll.

Hier gibt es für jeden Geschmack und jede körperliche Verfassung beste **Wandermöglichkeiten**, die Palette reicht vom gemütlichen Spaziergang bis zur alpinen Kletterpartie. Man kann **fischen** und **jagen**, eine vielfältige **Vogelwelt** beobachten und im Winter **Ski fahren**. Die Halbinsel Narsaq ist mit ihren reichen Vorkommen an schönen und teilweise äußerst seltenen Mineralien und Edelsteinen ein Eldorado für **Mineralienfreunde**.

Auch historisch ist Südgrönland eine hochinteressante Region, da hier Eystribygd lag, die alte **"Ostsiedlung"** der Wikinger. Unter anderem hatte Erik der Rote selbst in dieser Gegend seinen Hof. Dessen Überreste bei Qassiarsuk sowie eine ganze Reihe anderer **Wikingerruinen** sind heute noch zu sehen.

Südgrönland ist relativ leicht zu bereisen, da einerseits die Infrastruktur recht gut und andererseits die Region zumindest in Teilen touristisch weit erschlossen ist. Die Distanzen zwischen den einzelnen Ortschaften sind für grönländische Verhältnisse gering, entsprechend ist es weder sonderlich teuer noch schwierig, von einem Ort zum anderen zu kommen.

Da es in vielen Schafzüchtersiedlungen Jugendherbergen gibt, sind die **Übernachtungsmöglichkeiten** zahlreich: Nirgendwo in Grönland ist das Netz der Wandererheime, Hütten und Jugendherbergen so dicht wie hier. Diese Unterkünfte sind zwar nicht immer komfortabel, aber man hat immerhin ein Dach über dem Kopf.

Daneben gibt es in allen Städten Hotels und ebenfalls Jugendherbergen. Hotels haben in der Regel ganzjährig geöffnet, Jugend- und sonstige Herbergen regulär nur in der Sommersaison, nehmen aber in den meisten Fällen nach Vorbestellung auch zu sonstigen Zeiten des Jahres Gäste auf.

Trotz der vielen Übernachtungsmöglichkeiten kann es allerdings auch im Sommer, vor allem im Juli und in der ersten Augusthälfte, schwierig sein, kurzfristig eine Bleibe zu finden, da sich zu dieser Jahreszeit sehr viele Touristen in Südgrönland aufhalten, und man sollte nach Möglichkeit vorher ein Zimmer reservieren.

Paamiut

☆ ☏ 681222.
✚ ☏ 681211.
 ☏ 576868.

Auf halber Strecke zwischen Qaqortoq und Nuuk befindet sich Paamiut, die nördlichste Stadt Südgrönlands. Paamiut liegt an der Mündung des Kvanefjords auf einer sanft hügeligen Halbinsel mit vielen Seen. Die umliegende Landschaft ist sehr imposant: Breite, lange Fjorde schlagen tiefe Schneisen ins Land, und obwohl nur wenige der zahlreichen Berge mehr als 1.000 m hoch sind, wirkt alles sehr alpin. Die Region beherbergt auch ein großes **Rentiergebiet**. Die dort lebenden Tiere entstammen, anders als ihre westgrönländischen Artgenossen, nicht Kreuzungen mit norwegischen Hausrentieren, sondern können einen rein grönländischen Stammbaum vorweisen. Ihr Fleisch soll ausgezeichnet schmecken.

Der Abstand zwischen Paamiut und den anderen südgrönländischen Städten ist groß - Narsaq als nächstgelegene Stadt im Süden ist etwa 250 km entfernt -, was auch der Grund dafür sein mag, daß die Region von den großen Besucherströmen, die im Sommer nach Südgrönland kommen, kaum erreicht wird. Entsprechend ist hier die touristische Infrastruktur nicht so weit entwickelt wie in anderen Städten des Landes.

In Paamiut selbst - der Name bedeutet **"das Volk an der Mündung"** - leben heute etwa 2.000 Menschen. Die Stadt wurde 1742 als eine der ersten kolonialen Niederlassungen in Grönland gegründet und kann auf eine wechselvolle Geschichte zurückblicken: So herrschten über weite Strecken im 19. Jh. Not und Elend unter der Bevölkerung, obwohl die Gegend außerordentlich reich an Fisch, Walen, Rentieren und Vögeln war. Eigentlich hätte es also nicht an Nahrung mangeln dürfen, aber mit der Errichtung des **Handelspostens** ging das Gleichgewicht von Jagd und Fang und Vorratshaltung verloren, auf das sich jahrhundertelang das Überleben der Inuit in der feindseligen arktischen Natur gründete: Die Einheimischen wollten unbedingt die begehrten dänischen Importwaren aus den Geschäften haben und tauschten so viel Felle, Speck etc. dort ein, daß es ihnen schließlich am Notwendigsten fehlte.

Anfang des 20. Jh. verbesserte sich die Situation jedoch und als es nach dem Zweiten Weltkrieg daran ging, Grönlands Fischerei industriell umzugestalten, schien Paamiuts große Stunde gekommen: Aufgrund seiner überaus reichen Fischbestände und des ganzjährig eisfreien Hafens sollte Paamiut zu einer der wichtigsten Städte des neuen Grönlands werden, in der - so schätzte man - etwa 10.000 Menschen leben würden.

Es wurde mit dem Bau neuer Wohnanlagen und einer hypermodernen Fischfabrik begonnen, doch noch bevor alles fertiggestellt war, nahmen durch eine Abkühlung des Meeres die Fischbestände drastisch ab und der erwartete Boom blieb aus.

Heute ist Paamiut eine nicht besonders aufregende grönländische Durchschnittsstadt, bei der nur noch die planlos in die Landschaft gesetzten Blockbauten der 60er Jahre an die großen Hoffnungen auf wirtschaftlichen Aufschwung erinnern, die man einst in der Stadt gehegt hatte. Für Grönlandreisende lohnt sich ein Besuch in Paamiut insofern auch weniger wegen der Stadt selbst als wegen des schönen Umlands.

An- und Abreise

Nach Paamiut gelangt man von Narsarsuaq oder Nuuk aus mit dem Helikopter, der ein- bis zweimal wöchentlich verkehrt.

Paamiut wird zweimal in der Woche von einem der großen Küstenschiffe der KNI angelaufen, das die Stadt mit Narsaq und Qaqortoq im Süden, der Siedlung Arsuk sowie den übrigen Städten der Westküste bis einschließlich Ilulissat verbindet. Tickets und Fahrpläne im KNI-Passagierkontor bzw. am Schalter von Greenlandair am Heliport.

♦ **KNI-Passagierbüro**, Poul Ibsen-ip Aqq., Mo bis Fr ⚓ 9:00 bis 15:00, Info Abfahrzeiten: ☎ 681799.
♦ **Greenlandair**, Heliport, Info Abflugzeiten: ☎ 681555.

Übernachtungsmöglichkeiten

In Paamiut gibt es ein Hotel, **Hotel "Paamint"**, mit immerhin 19 Zimmern, allerdings eher schlicht in der Ausstattung: Alle Zimmer sind ohne eigenes Bad/WC.

♦ **Hotel Paamint**, PO Box 518, ☎ 681798, FAX 681377.

Weiterhin bietet **"Petersens Hotel"** Privatunterkünfte an. Für weitere Informationen darüber sollte man sich an das Touristenbüro in Paamiut wenden.

🏠 Im Sommer stehen außerdem eine **Jugendherberge** sowie während der Schulferien Räume in der **Seefahrts- und Fischereifachschule** zur Verfügung. Auch wenn man hier übernachten möchte, sollte man sich zur Buchung ans Touristenbüro wenden.

Einkaufen

🏪 Lebensmittel und sonstige Artikel des täglichen Bedarfs kann man in den zwei **Supermärkten** des Ortes kaufen, KNI und Brugsen.

Außerdem ist Paamiut bekannt für seine hervorragenden **Speckstein-schnitzereien** und **Fellprodukte**, die in mehreren kleineren Geschäften zu bekommen sind. Bis vor einigen Jahren hatte hier der mittlerweile verstorbene Anton Thorsen, ein Meister in der Kunst des Speckstein-schnitzens, seine Werkstatt. Jetzt wird das Handwerk von seinen Söhnen fortgeführt.

Essen und Trinken

🍽 Abgesehen von der Cafeteria im Hotel **Paamint** ist man in Paamiut auf **Selbstverpflegung** angewiesen. Restaurants gibt es in der Stadt nicht.

ℹ Information

Die Touristeninformation befindet sich bei der Kommune. Ansonsten steht auch Nielsen Travel in Qaqortoq für Anfragen bezüglich Paamiut zur Verfügung.

♦ Paamiut Tourist Service, c/o Paamiut Kommune, P.O. Box 93, ☎ 681277, ⟨FAX⟩ 681448.

Sehenswertes

✝ In Paamiut gibt es eine sehr schöne **Kirche** aus dem Jahre 1909, die im Stil norwegischer Holzkirchen gehalten ist. Die Kirche befindet sich in der Nähe des alten **Kolonialviertels**, das ebenfalls sehr sehenswert ist.

⌘ In einem dieser alten Gebäude sind heute das **Museum** und die Touristeninformation untergebracht. Im Museum wird eine historische Ausstellung u.a. über die **Walfängerzeit**, die an der Westküste in dieser Gegend ihren Anfang nahm, gezeigt.

Wanderungen und Ausflüge

Die Gegend bietet vor allem durch ihre artenreiche **Fauna** eine Reihe von interessanten Ausflugsmöglichkeiten.

Walsafaris werden vom Touristenbüro organisiert, im Kvanefjord gibt es einen bekannten Vogelfelsen, auch die großen Rentiergebiete laden zur Erkundung ein.

Im Hinterland erheben sich Berge, die an klaren Tagen bläulich wirken und deshalb auch **"Die blauen Berge"** genannt werden - ein interessantes Ziel für eine Wandertour.

Sonstige Aktivitäten

Im Distrikt Paamiut besteht die Möglichkeit zur Rentierjagd. Allerdings steht in Teilen der Region das Ren unter **Naturschutz**. Bevor man mit seinem Gewehr loszieht, sollte man sich auf jeden Fall beim Touristenbüro erkundigen, wo genau die Rentierjagd gestattet ist und dort auch den entsprechenden Jagdschein erwerben.

Narsaq

☆　☎ 661222.
✚　☎ 661211.
🚗　☎ 661550.

Die Stadt Narsaq, auf grönländisch **"die Ebene"**, liegt an der Südspitze der gleichnamigen Halbinsel, die von den Fjorden Tunulliarfik und Nordre Sermilik begrenzt wird. Mit ihren saftigen Wiesen, Hochplateaus und vergleichsweise sanft gerundeten Bergen und Hügeln gehört die Halbinsel Narsaq zu den schönsten Gegenden Grönlands überhaupt und eignet sich sehr gut zum Wandern. Auch ihr Reichtum an Mineralien - etwa 200 verschiedene kommen dort vor - macht sie zu einem hochinteressanten Reiseziel.

Bereits die Wikinger wußten die Region zu schätzen und siedelten an vielen Stellen, an denen man heute noch ihre Ruinen besichtigen kann.

Das gute Weideland und das milde Klima machen diesen Landstrich zu einem der Hauptgebiete für Schafzucht in Südgrönland: Etwa 12.000 der ca. 20.000 südgrönländischen Schafe weiden im Distrikt Narsaq.

Narsaq selbst dehnt sich für grönländische Verhältnisse recht weitläufig über die Ebene an der Südspitze der Halbinsel aus. Hinter ihr erhebt sich der 685 m hohe Berg **Qaqqarsuaq**. Der Platz, an dem die Stadt

heute liegt, war zwar schon einmal zu Zeiten der Wikinger besiedelt, wie
entsprechende Ruinen bezeugen, doch die Geschichte des modernen Narsaqs beginnt erst 1830, als die Königlich Dänische Handelsgesellschaft
(KGH) dort eine Handelsstation errichtete. Bis in die 50er Jahre dieses
Jahrhunderts blieb Narsaq ein kleines, verschlafenes Dorf mit etwa
500 Einwohnern. Danach setzte der Bau einer großen Fischfabrik, die
viele neue Bewohner anlockte, eine rapide Entwicklung in Gang: Narsaq
vergrößerte sich rasch, erhielt 1959 Stadtstatus und wurde Verwaltungs-
zentrum des gleichnamigen Bezirks. Derzeit leben etwa 1.800 Menschen
in der Stadt.

Narsaq ist einer der schönsten Orte Südgrönlands und macht einen
ruhigen und harmonischen Eindruck. Selbst moderne große Wohnanlagen
wirken hier weniger störend als anderswo. Das Stadtbild wird von bunten
Einfamilienhäusern aus Holz dominiert. Das Zentrum der Stadt liegt
nördlich des alten Koloniehafens. Dort befinden sich noch einige Stein-
häuser aus der Gründerzeit des Ortes, in denen heute u.a. ein Museum
untergebracht ist.

Eine Bucht weiter südlich findet man den neuen Hafen, wo die großen
Passagier- und Frachtschiffe anlegen. Dort ist auch die große Fisch-
fabrik, die jedes Jahr im September und Oktober für einige Wochen zum
Schlachthaus umfunktioniert wird. Dann kommen aus allen Gegenden
Südgrönlands Schiffe und Boote voll mit Schafen nach Narsaq.
Annähernd 15.000 sind es, die hier jedes Jahr geschlachtet werden.
Die Verarbeitung von **Schafen** und **Fischprodukten** ist der Haupt-
pfeiler, auf den sich Narsaqs Wirtschaft stützt. Lange Zeit hatte man
allerdings die Hoffnung, durch den Abbau von **Uran** reich zu werden: In
den 70er Jahren wurden große Vorkommen dieses Schwermetalls im
Kvanefjeld nordöstlich der Stadt entdeckt. Über einen möglichen Abbau
hat man lange diskutiert, sich aber letztlich dagegen entschieden. Die
Kosten für eine Förderung wären zu hoch gewesen im Vergleich zu dem
Gewinn, den man angesichts des Preisniveaus auf dem Weltmarkt hätte
erzielen können, außerdem wäre durch radioaktiven Müll ein beträcht-
liches ökologisches Problem entstanden. Nicht zuletzt sprach dagegen,
daß man für eine kurze Zeitspanne eine Menge Menschen zur Minen-
arbeit nach Narsaq hätte holen müssen, für die später keine Arbeit mehr
dagewesen wäre, was erhebliche soziale Kosten verursacht hätte.
Aber immerhin hat der Mineralreichtum der Region einen weiteren,
kleinen Wirtschaftszweig gefördert, die **Schmuck- und Edelsteinschlei-
ferei**. Es gibt in Narsaq eine Reihe von Werkstätten dieser Art, wo man

nicht nur Schmuck kaufen, sondern auch bei der Produktion zusehen kann.

An- und Abreise

🚁 Narsaq erreicht man per Helikopter von Narsarsuaq, Qaqortoq und Nanortalik aus. Verbindungen bestehen jeweils mehrmals wöchentlich.

◆   Greenlandair, ☎ 661458.

⚓ Narsaq wird von verschiedenen Linienschiffen der KNI angelaufen: Das große Küstenschiff verbindet Narsaq einmal in der Woche mit allen weiter nördlich gelegenen Städten an der Westküste bis einschließlich Ilulissat. Mit dem kleineren Distriktsschiff "Aleqa Ittuk", das diese Route zweimal wöchentlich befährt, kommt man nach Narsarsuaq und Qaqortoq sowie in die beiden Schafzüchtersiedlungen Qassiarsuk und Itilleq. Tickets und Fahrpläne für Flugzeuge und Schiffe sind beim KNI-Passagierbüro gegenüber der Post zu bekommen.

◆   **KNI-Passagierkontor**, ☎ 661444, Mo bis Fr 9:00 bis 15:00.

Übernachtungsmöglichkeiten

🛏 Narsaq bietet Reisenden eine ganze Reihe von Übernachtungsmöglichkeiten. Es gibt zwei Hotels in der Stadt: Hotel Niviarsiaq im Gl. Sygehusvej und das etwas nördlich vom Stadtzentrum gelegene Hotel Perlen. Im Sommer stehen dem Hotel Perlen zusätzliche Räume in der Gastronomieschule Inuili zur Verfügung. Dort gibt es Apartments unterschiedlicher Größe. Um dort eine Unterkunft zu buchen, wendet man sich ans Hotel Perlen oder ans örtliche Touristenbüro.
Keines der Hotels in Narsaq bietet Halb- oder Vollpension. Außer dem Frühstück kann man dort keine Mahlzeiten zu sich nehmen.

◆   **Hotel Perlen**, PO Box 123, ☎ 681317 + ☎ 572017, FAX 681317.
◆   **Hotel Inuili**, ☎ 661313, FAX 663133. Preise: EZ mit Bad: ca. dkr 650, DZ mit Bad: ca. dkr 900. Einzimmerapartment mit Küche und Bad: ca. dkr 500, bei größeren Einheiten ca. dkr 250 pro Raum und Nacht.
◆   **Hotel Naviarsiaq**, GL Sygehusvej B 503, P.O. Box 176, ☎ 661290 + ☎ 572248, FAX 661890. EZ ohne Bad ca. dkr 300, DZ ohne Bad ca. dkr 700.

🏠 Es gibt zwei Jugendherbergen: Die **"Narsaq Youth Hostel"** wird vom Reiseveranstalter "Greenland Travel" unterhalten und ist nur im Sommer, von Mitte Juni bis Anfang September, geöffnet. Die Herberge ist in einer länglichen grünen Baracke in der Nähe des Stadtzentrums untergebracht. Insgesamt stehen 30 Betten, verteilt auf Zweibettzimmer, zur Verfügung, eine kleine Küche, in der man sich sein Mahl zubereiten kann, ein Kiosk, Telefon, Duschen mit fließend Warmwasser, aber keine Wasserklosetts. Schlafsäcke, Angelzubehör und Mountainbikes können dort ausgeliehen werden. Buchungen erledigt man am besten über das Touristenbüro der Stadt.

Die zweite Jugendherberge, **"Narsaq Farm House"**, wird privat betrieben. Der Besitzer ist Helgi Jonasson, ein Isländer, der sich schon vor vielen Jahren in Narsaq niedergelassen hat. Die Herberge liegt etwa 1,5 km außerhalb der Stadt. Es gibt dort 16 Betten, verteilt auf mehrere Zweibettzimmer und einen großen Schlafsaal im Untergeschoß, außerdem ein großes, gemütliches Wohnzimmer mit TV, eine kleine, gut ausgestattete Küche, Duschen mit fließend Warmwasser und Wasserklosetts. Schlafsäcke und Mountainbikes können ausgeliehen werden.

Man gelangt dorthin, indem man die Stadt in nördlicher Richtung verläßt und von da ab einem Schotterweg folgt, der zum Farmhaus führt, einem roten Einfamilienhaus mit einer Holzveranda. Auf Wunsch kann man sich auch vom Besitzer mit dem Auto am Hafen abholen lassen. "Narsaq Farm House" steht prinzipiell das ganze Jahr über Besuchern offen. Allerdings ist eine rechtzeitige Anmeldung unbedingt notwendig, auch wenn man außerhalb der Hauptsaison dort wohnen will. Buchen kann man sowohl bei Helgi Jonasson direkt als auch über die Touristeninformation.

◆ **Narsaq Youth Hostel**, ☎ 31/665. Preise: ca. dkr 120 pro Nacht, Kinder unter 12 Jahren die Hälfte.

◆ **Narsaq Farm House**, ☎ 31/049 oder (Mobiltel.): ☎ 72072. Preise: ca. dkr 130 pro Nacht.

⚠ Einen ausgewiesenen **Campingplatz** gibt es nicht, aber man findet trotzdem genügend Stellen, wo man sein Zelt aufschlagen kann.

Essen und Trinken

✕ Essen und Trinken kann man im Restaurant **Arctic House**, wo auch grönländische Spezialitäten angeboten werden.

Kleinere Gerichte erhält man im **Café Narsaq**. Außerdem gibt es in der Gemeindehalle eine Cafeteria, wo man einen kleinen Imbiß zu sich nehmen kann.

Einkaufen

▦ In der Nähe des Touristenbüros gibt es einen großen KNI-Supermarkt, der alle wichtigen Bedarfsartikel, nicht nur Lebensmittel, führt. Daneben existieren noch ein weiterer, privater Supermarkt sowie ein paar

Kioske in der Stadt. Der kleinere Supermarkt und die Kioske sind auch am Sonntag geöffnet.

Bei **"Eskimo Pels"** im Mestersvej kann man Konfektionsware aus Robben- oder Fuchspelz kaufen, außerdem gibt es noch eine ganze Reihe kleinerer Geschäfte in der Stadt, die grönländisches Kunsthandwerk, Schmuck und Edelsteine verkaufen.

ℹ️ Information

Auf dem Weg vom Hafen zur Stadt liegt das Touristenbüro - in der Nähe des Baches, der durch Narsaq fließt.

♦ **Narsaq Tourist Office**, P.O. Box 148, ☎ 661325 + ☎ 572181, FAX 661394, täglich ⏰ 9:00 bis 17:00 im Sommer.

Sehenswertes

⌘ Sehenswert ist der alte **Koloniehafen** mit seinen Feldsteinhäusern, in denen sich heute das **Museum** befindet: Dort wird eine Ausstellung über die Geschichte der Stadt und der Region gezeigt, es gibt eine Sammlung mit Mineralien aus der Gegend, und verschiedene Räume sind so eingerichtet, daß sie einen Eindruck von der Lebensweise und den Lebensbedingungen in Narsaq im 19. und frühen 20. Jh. vermitteln. Das Museum ist nur von Juni bis August geöffnet.

Ein weiteres Museum in der Stadt ist das **Henrik-und-Malene-Lund-Gedächtnishaus**, das etwas oberhalb des alten Viertels in der Nähe der Schule liegt. Henrik Lund (1875 bis 1948), Dichter, Komponist, Maler und wohl berühmtester Sohn der Stadt Narsaq, lebte hier viele Jahre mit seiner Frau Malene. Aus seiner Feder stammt das grönländische Nationallied "Nunarput" ("Unser Land"). Das Haus aus dem Jahre 1927 ist noch genauso eingerichtet wie zu der Zeit, in der die Lunds darin gewohnt haben, und gibt einen interessanten Einblick in die Lebensweise von Grönländern des gehobenen Mittelstandes in der ersten Hälfte des 20. Jh.

✝ In der Nähe dieses Gebäudes befindet sich die **Kirche** von Narsaq, vom grönländischen Architekten Pavia Høegh entworfen, die ebenfalls einen Besuch wert ist.

Am alten **Fischerhafen**, westlich der Stadt an einer kleinen Landzunge gelegen, bieten die Boote der Fischer und Robbenfänger einen hübschen Anblick. Wenn man Glück hat und gerade ein Boot nach erfolgreicher Jagd einläuft, kann man den Fängern beim Zerteilen und Abspecken der Robben zuschauen.

Nördlich der Stadt, am Narsaq Farm House vorbei in Richtung des Narsaq Elv, liegt die Ruine von **Dyrnaes**, einem Herrenhof aus der frühesten Periode der Besiedlung Grönlands durch die Wikinger, zu dem auch eine Kirche, vermutlich aus dem 13. Jh., gehörte.

Ausflüge und Exkursionen

Von Narsaq aus kann man einige interessante Ausflüge mit dem Boot machen, z.B. in den **Eisfjord Nordre Sermilik**, der die Halbinsel Narsaq in nordwestlicher Richtung begrenzt.

Ein anderes reizvolles Ausflugsziel ist **Stephensens Havn** auf der nahegelegenen Insel Tuttutooq, wo zahlreiche Ruinen früherer Eskimobesiedlung zu finden sind. Diese und andere Ausflüge werden vom Touristenbüro angeboten, auch der Besitzer vom "Narsaq Farm House" organisiert solche Touren. Das genaue Programm mit Preisangaben ist bei der Touristeninformation erhältlich.

🏃🏃 Wanderungen

Ein schönes Ziel für eine Tageswanderung von Narsaq aus ist das **Kvanefjeld** nördlich der Stadt. Im Kvanefjeld befinden sich reichhaltige Vorkommen an Mineralien und Edelsteinen und man muß kein leidenschaftlicher Mineraliensammler sein, um Spaß daran zu haben, dort ein wenig auf der Suche nach **Tuttupitt** oder **Mondstein** herumzustöbern. (Das Sammeln von Mineralien ist in dieser Gegend eigentlich nicht erlaubt, was man auch ernst nehmen sollte, aber als Souvenir kann man sich durchaus einen Stein mitnehmen.)

Man gelangt zum Kvanefjeld, indem man die Stadt in nördlicher Richtung verläßt und dem Weg, der am "Narsaq Farm House" vorbeiführt, bis zur Mündung des Narsaq Elv folgt. Der anschließende Weg durch das Flußtal ist sehr gut zu begehen. Am Ende der Ebene wird der Weg steiler. Hier sieht man in der Bergwand die Spuren, die die Versuche, in der Gegend Uran abzubauen, hinterlassen haben. Schließlich endet der Schotterweg und man muß das letzte Stück über die Felsen kraxeln, was wegen der starken Steigung etwas mühselig, aber durchaus noch zu bewältigen ist.

Die Richtung kann man jedenfalls nicht verfehlen, da leuchtend rote Markierungen auf den Steinen den richtigen Weg weisen. Oben angelangt befindet man sich schließlich auf einer Art Hochebene mit mehreren

Seen, die neben den Mineralien noch einen schönen Ausblick auf das Umland bietet.

📖 Diese und andere Routen sind auf der Wanderkarte der Region eingezeichnet (Maßstab 1:100.000), die man bei den meisten Touristenbüros kaufen kann und deren Benutzung sehr zu empfehlen ist.

Sonstige Aktivitäten

🎣 Die Gegend hat fischreiche Gewässer und man kann sowohl an der Küste als auch in den Flüssen gut **angeln**.

🚴 🎿 Die für grönländische Verhältnisse sanft geschwungenen Berge laden ein zu **Mountainbiketouren** und im Winter zum **Ski- und Snowmobilfahren**.

Siedlungen auf der Halbinsel Narsaq

Über die Halbinsel Narsaq verstreut befindet sich eine Reihe von Schafzüchtersiedlungen.

Die größte und bedeutendste unter ihnen ist **Qassiarsuk** mit seinen knapp 60 Einwohnern, gegenüber von Narsarsuaq auf der anderen Seite des Fjordes Tunulliarfik gelegen. Qassiarsuk ist ein beliebtes Ausflugsziel, da dort die Ruinen von **Brattahlid**, dem Wohnsitz Eriks des Roten, zu besichtigen sind. Neben den Grundmauern verschiedener zum Gutshof gehörender Gebäude ist auch das Fundament einer kleinen Kapelle vorhanden, das erst 1961 ausgegraben wurde. Diese Kapelle hatte Thjodhild, Eriks Frau, etwa um 1000 herum gegen den Widerstand ihres nach wie vor an die nordischen Götter glaubenden Ehemanns bauen lassen. Aber nicht nur die Wikinger hatten sich hier niedergelassen: Ganz in der Nähe der Ruinen ihrer Behausungen findet man zudem Überreste einer **Eskimowohnstätte** aus dem 18. Jh.

🚤 Nach Qassiarsuk zu kommen, ist im allgemeinen kein Problem: Die Touristenbüros von Narsaq und Narsarsuaq bieten Tagesausflüge mit dem Boot an, außerdem besteht zweimal wöchentlich eine Linienverbindung mit dem KNI-Schiff nach Narsaq, Narsarsuaq und Qaqortoq.

🛏 Die **Jugendherberge** von Qassiarsuk ist in einem ehemaligen Landschulheim in der Nähe des Hafens untergebracht, hat drei Schlafsäle à sechs Betten und zwei Doppelzimmer, verfügt allerdings über keinen sehr hohen Standard, es gibt beispielsweise bisher nur Trockenklos. Aber immerhin hat sie eine Dusche mit fließend Warmwasser, eine Küche, Radio, TV, einen Kiosk und eine Cafeteria. Lebensmittel und andere Artikel des täglichen Bedarfs kann man in dem kleinen KNI-Laden ganz in der Nähe kaufen.

Die anderen Schafzüchtersiedlungen des Gebietes sind nicht mit Linienschiffen zu erreichen. Man kommt dorthin, indem man privat einen Transport arrangiert oder zu Fuß, etwa wenn man die Halbinsel von Qassiarsuk bis hinunter nach Narsaq durchwandert - eine sehr reizvolle mehrtägige Tour durch die schöne, seenreiche Gegend.

In einigen dieser winzigen Siedlungen, von denen keine mehr als ein Dutzend Einwohner hat, gibt es Jugendherbergen oder **Hütten**, in denen man übernachten kann, so z.B. auf der dem Tunulliarfik zugewandten Seite in **Sillisit** und in **Ipiutaq**. Die dort befindlichen Hütten sind schlicht ausgestattet, vor allem die in Sillisit (etwa zehn Betten), aber sie liegen an der Wanderroute von Qassiarsuk nach Narsaq. In der Nähe von Ipiutaq gibt es außerdem mit dem fischreichen Store Ilua hervorragende Möglichkeiten zum Angeln.

Auf der anderen Seite der Halbinsel, am Eisfjord Nordre Sermilik, gibt es ebenfalls zwei Schafzüchtersiedlungen mit Übernachtungsmöglichkeit. Wer sich den Nordre Sermilik ansehen möchte, kann dies am bequemsten (und billigsten) tun, wenn er **Tasiusaq** oder **Nunataaq** aufsucht. In beide Siedlungen gelangt man über breite Traktorspuren vom weniger als zehn Kilometer entfernten Qassiarsuk aus. Die Strecke ist ohne Mühe zu Fuß zu bewältigen, aber beide Herbergen bieten gegen Entgelt auch einen Transportservice mit dem Auto von und nach Qassiarsuk an.

🏠 **"Tasiusaq Youth Hostel"** hat 16 Betten, verteilt auf drei Schlafsäle, **"Nunataaq Youth Hostel"** zehn Betten. Beide haben fließend Warmwasser und eine Küche, in der man sich sein Essen selbst zubereiten kann. Auf Bestellung kann man auch bei den Betreibern der jeweiligen Herberge warme Mahlzeiten oder Lebensmittel kaufen. Andere Einkaufsmöglichkeiten gibt es weder in Tasiusaq, wo nur 12 Menschen leben, noch in Nunataaq, das sogar nur vier Einwohner hat.

Beide Orte bieten einen wunderschönen Ausblick auf den mit Eisbergen gefüllten Nordre Sermilik, gute Fischgewässer und viele Möglichkeiten zum Wandern.

♦ **Qassiarsuk Youth Hostel**, ☎ (mobil): 72555 oder VHS Radio 0084 Tasiusaq 40.

- **Sillisit Youth Hostel**, ☎ VHS Radio 0084 Sillisit 29.
- **Ipiutaq Youth Hostel**, ☎ VHS Radio 0084 Ipiutaq 19.
- **Tasiusaq Youth Hostel**, ☎ VHS Radio 0084 Tasiusaq 18.
- **Nunataaq Youth Hostel**, ☎ VHS Radio 0084 Tasiusaq 18.

Reservierungen für alle genannten Herbergen erledigt man am besten über South Greenland Tourism in Qaqortoq oder die Touristenbüros in Narsaq und Narsarsuaq, da die Jugendherbergen telefonisch nur über Schiffsfunk zu erreichen sind.

Narsarsuaq

☆   ☎ 665222 im Sommer, sonst: 665262 oder 665839.
✚   ☎ 665211.

Am Ostufer des Tunulliarfik (Eriks Fjord), der die Halbinseln Narsaq und Qaqortoq voneinander trennt, liegt Narsarsuaq (**"die große Ebene"**).

Kein anderer Ort liegt so nahe am Inlandeis, das nur drei bis vier Stunden Fußmarsch entfernt im Norden anfängt. Hier landen die Maschinen aus Island und Kopenhagen und von hier aus werden die Passagiere mit Helikoptern in die südgrönländischen Städte weitertransportiert.

Trotz seiner 161 Einwohner (1995) hat der Ort keinen Siedlungsstatus. Narsarsuaq gilt lediglich als Flughafen und steht entsprechend unter der Verwaltung der Flughafengesellschaft. Nur wer eine Beschäftigung im Flughafenbereich oder in den angeschlossenen Dienstleistungseinrichtungen nachweisen kann, darf sich dort niederlassen; wer seine Arbeit verliert, muß wieder gehen.

Narsarsuaq ist keine historisch gewachsene Siedlung, sondern ein künstlich angelegter Ort, dessen Wurzeln nur gut 50 Jahre in die Vergangenheit zurückreichen. Im Zweiten Weltkrieg war dieser Platz wegen seines stabilen Klimas ein geeigneter Ort für einen **Luftwaffenstützpunkt** der USA, und im Sommer 1941 wurde "Bluie West One" - so hieß die Basis - gebaut.

Während des Krieges fungierte der Stützpunkt als wichtige Station der Luftbrücke, um Großbritannien mit den notwendigen Kriegsmaterialien zu versorgen. Nach 1945 gewann Narsarsuaq unter dem Eindruck des Kalten Krieges sogar noch an strategischer Bedeutung und "Bluie West One" wurde in den 50er Jahren weiter ausgebaut. Während des Korea-Krieges errichteten die USA dort ein Lazarett, das speziell den Zweck hatte, Soldaten aufzunehmen, die so schwer verwundet oder verstümmelt waren, daß man ihren Anblick der amerikanischen Öffentlichkeit nicht zumuten wollte. Das Hospital wurde allerdings niemals richtig in Betrieb genommen und später abgerissen. An dieser Stelle befindet sich heute ein Campingplatz und es heißt, nachts würden dort die Geister der Soldaten, die im Lazarett den Tod fanden, spuken. 1958 gaben die USA "Bluie West One" auf und der dänische Staat übernahm den Stützpunkt, der daraufhin zu einem zivilen Lufthafen umgebaut wurde. Über all das informiert sehr umfangreich und anschaulich eine **Ausstellung**, die zum 50. Jahrestag der Basis 1991 zusammengetragen wurde und seitdem im örtlichen Museum zu besichtigen ist.

Narsarsuaqs militärische Vergangenheit ist heute noch deutlich zu spüren. Obwohl ein Großteil der Armeebaracken abgerissen wurde, stammt doch umgekehrt fast jedes Gebäude unverkennbar aus dieser Zeit. Der Ort wird dominiert vom Flughafen mit seiner langen Landebahn, die vom Ufer des Fjordes aus weit in die Ebene hineinragt. Parallel zur Landebahn erstreckt sich ein schmaler Streifen von Gebäuden - ein Hotel, eine Polizeistation, ein kleiner Supermarkt, eine Feuerwehr, eine Wetterstation, eine Reihe von Wohnhäusern und etwas außerhalb die Jugendherberge. Größer ist Narsarsuaq nicht.

Auch einen kleinen Hafen gibt es, etwa 15 Minuten zu Fuß vom Ort entfernt. Im Flughafengebäude selbst sind die Post sowie der grönländische Eiswarndienst untergebracht, der am 30.11.1959 seinen Dienst aufnahm. Seine Einrichtung verdankt er einem tragischen Unglück, das nur wenige Monate zuvor, am 30.1. des gleichen Jahres, geschah.

Damals war die **"Hans Hedtoft"**, ein Schiff der dänischen Grönlandflotte, das speziell für arktische Gewässer konstruiert war, bei Kap Farvel von einem Eisberg gerammt worden und mit allen 95 Menschen an Bord im Meer versunken. Seitdem werden die Gewässer um Grönland vom Eiswarndienst in Narsarsuaq überwacht: Mehrmals wöchentlich finden Patrouillenflüge statt, werden unter Zuhilfenahme von Satellitenbildern Eiskarten erstellt und Eismeldungen über Funk an die vor Grönland kreuzenden Schiffe weitergegeben. Wenn sich ein Schiff aufgrund von Eis in akuten Schwierigkeiten befindet und den Eiswarndienst zu Hilfe ruft, fungiert dieser auch an Ort und Stelle vom Flugzeug aus als "Eislotse", um das festsitzende Schiff wieder freizubekommen.

Wer, ob vom Ausland aus oder von einer anderen grönländischen Stadt, mit dem Flugzeug nach Südgrönland fliegt, passiert auf jeden Fall Narsarsuaq, den Verkehrsknotenpunkt der Region. Und obwohl der Ort selbst alles andere als schön ist, lohnt es sich doch, länger dort zu verweilen, als nur in der Abflughalle auf seinen Anschlußflug zu warten, da

Narsarsuaq einiges zu bieten hat: ein schönes Umland mit guten Wandermöglichkeiten, stabiles Klima - nirgendwo in Grönland wird es im Sommer so warm wie hier -, gute Unterkünfte und günstige Verkehrsverbindungen.

An- und Abreise

Von Narsarsuaq aus gibt es mit Flugzeug oder Helikopter meist mehrere wöchentliche Verbindungen nach Island und Dänemark sowie Direktflüge in alle südgrönländischen Städte und nach Nuuk.

Auch mit dem Schiff ist Narsarsuaq zu erreichen, wenngleich mit beschränkteren Möglichkeiten als beim Flugverkehr. Zweimal wöchentlich legt das Linienschiff der KNI hier an und verbindet Narsarsuaq mit den nahegelegenen Siedlungen Itilleq und Qassiarsuk sowie mit den Städten Narsaq und Qaqortoq.

Tickets und Flug- bzw. Fahrpläne für Flugzeuge, Helikopter und Schiff erhält man im Büro von Grønlandsfly am Flughafen.

♦ **Grønlandsfly**, Narsarsuaq Lufthavn, ☎ 665288, montags bis freitags 🕐 7:00 bis 16:00.

Übernachtungsmöglichkeiten

Nicht weit entfernt vom Flughafengebäude liegt das gute, aber recht teure **Hotel "Narsarsuaq"**, das das ganze Jahr über geöffnet ist. Mit seinen 80 Zimmern gehört es zu den größten Hotels des Landes. Alle Zimmer sind mit Telefon und TV ausgestattet, fast alle haben ein eigenes Badezimmer. Zum Hotel gehören außerdem ein Fitneßraum, Solarium und Sauna.

♦ **Hotel Narsarsuaq**, PO Box 504, ☎ 665253, FAX 665370. Preise: EZ mit Bad ca. dkr 850, DZ mit Bad ca. dkr 1.050, Ermäßigung für Gruppen ab 15 Personen.

Von Mitte Juni bis Ende August steht als weitere Übernachtungsmöglichkeit die **Jugendherberge** zur Verfügung. Sie liegt etwas außerhalb des Ortes Richtung Inland.

Die Jugendherberge wurde erst 1988 gebaut und ist die wohl bestausgestattetste Südgrönlands. Es gibt dort 36 Betten: Zwei Doppelzimmer, drei Vierbettzimmer und zwei Schlafsäle à zehn Betten. Ein großer Aufenthaltsraum, eine geräumige Küche, Wasserklosetts, Duschen mit fließend Warmwasser, Waschmaschinen sowie ein kleiner Kiosk sind dort vorhanden. Ein eigener Schlafsack muß allerdings mitgebracht werden.

Buchen kann man entweder direkt bei der Jugendherberge oder über die Touristenbüros in Narsaq und Narsarsuaq. Will man außerhalb der offiziellen Öffnungszeit in der Jugendherberge wohnen, muß man sich auf jeden Fall an eins der Touristenbüros wenden.

◆ **Jugendherberge Narsarsuaq**, ☎ 665251 (geöffnet vom 15.6. bis 31.8.). Preise: ab ca. dkr 160 pro Nacht, Kinder unter 12 Jahren die Hälfte.

⚠ Zelten kann man in der Nähe der Jugendherberge. Dort besteht auch die Möglichkeit, gegen Entgelt die sanitären Anlagen, Waschmaschinen etc. mitzubenutzen.

Ein weiterer Zeltplatz befindet sich im Hospitalsdal, dort, wo es angeblich spuken soll. Um dorthin zu gelangen, folgt man einfach der Straße, die Richtung Inland aus dem Ort herausführt, und nach einer guten Dreiviertelstunde Fußmarsch hat man den Platz erreicht.

Essen und Trinken
✗ Essen und Trinken kann man im Restaurant, in der Bar oder der Cafeteria des Hotels. Einen Imbiß bietet auch die Cafeteria des Flughafens an.

Einkaufen
🛒 Artikel des täglichen Bedarfs erhält man in dem kleinen **Supermarkt**, der sich am Ende der Häuserzeile hinter dem Hotel befindet.

Souvenirs und Kunsthandwerk werden am Flughafen oder im Hotel verkauft.

ℹ Information
Ein Touristenbüro befindet sich im Gebäude, das der Ankunftshalle des Flughafens nächstgelegen ist, wenn man sich Richtung Fjord wendet. Dort ist es auch möglich, sich auf deutsch zu verständigen.

◆ **South Greenland Tourist Info**, DK-3923 Narsarsuaq, P.O. Box 504, ☎ 665301, ⚏ 665302. Mo bis Sa 🕙 10:00 bis 18:00 im Sommer, ansonsten Tourist Information beim Hotel.

Sehenswertes
⌘ Lohnenswert ist in jedem Fall ein Besuch im örtlichen **Museum**, das im gleichen Gebäude untergebracht ist wie das Touristenbüro. Dort wird die Geschichte der Region von den frühen Besiedlungen durch Eskimos und Wikinger bis in die heutige Zeit dargestellt.

Am sehenswertesten ist allerdings die Ausstellung über die Geschichte von "Bluie West One". Hier wird umfangreiches Bildmaterial gezeigt, das ehemals auf der Basis stationierte Soldaten zur Verfügung gestellt haben, sowie eine Reihe von Dokumenten aus amerikanischen Militär- archiven und nicht zuletzt viele Gegenstände, die einst zum Stützpunkt gehörten.

Erinnerungsstücke an "Bluie West One" gibt es auch außerhalb des Museums. Der überwiegende Teil der Basis lag nördlich der Landebahn und dort sowie im Hospitalsdal findet man noch zahlreiche Überbleibsel aus dieser Zeit: Die Fundamente einiger Baracken sind zu sehen, herum- liegende Gerätschaften und Reste der alten Mülldeponie der Basis, wo noch viele Gegenstände aus den 50er Jahren lagern und wo es sich lohnt, ein wenig herumzustöbern.

Ausflüge und Exkursionen

Narsarsuaq liegt inmitten des Gebiets der alten **Wikingersiedlungen** und ist insofern ein guter Ausgangspunkt für Ausflüge zu einigen dieser Plätze. Exkursionen dieser Art werden vom Touristenbüro veranstaltet, z. B. nach **Qassiarsuk**, direkt gegenüber von Narsarsuaq auf der anderen Seite des Fjordes gelegen, wo sich die Ruine von Brattahlid, dem Hof Eriks des Roten, befindet, oder nach **Igaliku**, dem Gardar der Wikinger.

Weiterhin organisiert das Touristenbüro Bootstouren in den mit Eis- bergen gefüllten Fjord **Qooroq** sowie Wanderungen mit Führung oder Helikopterflüge zum **Inlandeis**. Das aktuelle Ausflugsprogramm und die jeweiligen Preise sind beim Touristenbüro erhältlich.

🚶 Wanderungen

Die Gegend um Narsarsuaq bietet eine Fülle von Möglichkeiten für kür- zere und längere Wanderungen.

Eine davon ist eine beliebte Tagestour zum Inlandeis, das in drei bis vier Stunden zu Fuß zu erreichen ist.

Dazu verläßt man den Ort auf der asphaltierten Straße nach Nord- osten, passiert das Hospitalsdal und folgt von da an einem markierten Fußweg bis zum Gletscher **Kiattuut Sermiat** ("der tote Gletscher"). Daß ein Gletscher in Grönland tot genannt wird, bedeutet nicht, daß er sich nicht bewegt, sondern nur, daß er am Zungenende abschmilzt, bevor er das Meer erreicht hat, und Eisberge kalben kann. Bis auf einen steil ansteigenden, etwa 300 m hohen Höhenzug im letzten Drittel stellt diese Wanderung keine besonderen Anforderungen.

Allerdings sollte man es **vermeiden**, das Eis zu betreten: Das Eis ist glatt und abschüssig, und ein leichtsinniges Betreten kann sehr gefährlich sein.

Von Narsarsuaq aus kann man auch eine Reihe interessanter mehrtägiger Wanderungen unternehmen, z.B. um den Eriks Fjord herum nach Qassiarsuk.

📖   Diese und andere Routen sind in der sehr guten Wanderkarte der Region verzeichnet, die Greenland Tourism 1994 veröffentlicht hat und die im Touristenbüro erhältlich ist. Dieser Karte mit dem Maßstab 1:100.000 kann man alle Wanderwege, unterschieden nach vier Schwierigkeitsstufen, entnehmen.

Sonstige Aktivitäten

In Narsarsuaq besteht die Möglichkeit zu einer Reihe sportlicher sowie sonstiger Freizeitaktivitäten: Man kann **angeln, Kanu und Kajak fahren, Tontauben schießen** sowie **Mountainbiketouren** machen.

Die jeweils notwendige Ausrüstung kann beim Touristenbüro bzw. bei der Jugendherberge ausgeliehen werden. Weiterhin steht von Zeit zu Zeit ein Teil der Landebahn als **Go-Kart-Bahn** zur Verfügung, und man kann sich mit der **Ponykutsche** durch den Ort fahren lassen.

Über Einzelheiten - Ort, Zeit und Preis - informiert das Touristenbüro ganz aktuell.

Qaqortoq

⭐   ☎ 642222.
➕   ☎ 642211.
🚕   ☎ 642233 + ☎ 642888 + ☎ 641233 + ☎ 531373.

Qaqortoq, mit 3.200 Einwohnern Zentrum und größte Stadt des Südens, liegt an der Spitze der gleichnamigen Halbinsel, nur etwa 25 km von Narsaq entfernt.

Hier ist die Landschaft schroffer und bergiger als auf der Halbinsel Narsaq, die Küste zerklüfteter und voller Schären.

Auf Grönländisch bedeutet der Name der Stadt **"Das Weiße"** und verweist auf die vielen Eisberge in der Gegend. Die Stadt liegt an einer breiten Bucht, die von hügeligem Gelände umschlossen wird. Viele Häuser sind an den Hang gebaut, was einen Eindruck von Kompaktheit im Stadtbild vermittelt, der für grönländische Verhältnisse einmalig sein dürfte.

Hinter der Stadt erstreckt sich ein großer See, der **Storesø**, dessen Ufer zum Spazierengehen einlädt. Der See dient gleichzeitig als Wassergewinnungsgebiet - Zelten ist also dort nicht erlaubt. Wegen des milden Klimas ist die Vegetation vergleichsweise üppig, einige Häuser in der Stadt haben Gärten, deren bunte Blüten im Sommer einen reizvollen Anblick bieten.

Was Aasiaat für die nördliche Hälfte Grönlands ist, ist Qaqortoq für den Süden: **Schul- und Ausbildungszentrum**. Verschiedene (Internats-) Schulen, ein Gymnasium, eine Handelsschule, Berufsschule und eine Arbeitervolkshochschule haben hier ihren Sitz und aus ganz Süd- und Ostgrönland kommen Jugendliche zur Ausbildung in die Stadt.

Vielen gilt Qaqortoq mit seinem schönen Naturhafen, den vielen bunten Holzhäusern, die sich über die Berghänge erstrecken, und dem recht idyllischen alten Stadtkern als attraktivste Stadt Grönlands. Als "Großstadt" bietet sie Touristen eine vergleichsweise gute Infrastruktur, was Einkaufs-, Unterkunfts- und Unterhaltungsmöglichkeiten angeht.

Die Geschichte der Stadt reicht bis ins Jahr 1774 zurück, als der Kaufmann Anders Olsen damit beauftragt wurde, einen geeigneten Platz für einen Handelsposten im Süden zu finden. Wegen des großen Naturhafens entschied er sich für das heutige Qaqortoq, das damals den Namen **Julianehåb** bekam. Diese Wahl erschien zunächst nicht ideal: Wegen Packeis war der Hafen der Stadt oft nicht schiffbar. Das Frachtgut aus Dänemark mußte dann ins etwa 250 km entfernte Paamiut und von dort aus mit kleinen Booten nach Qaqortoq gebracht werden.

Auch heute noch bereitet das Packeis der Schiffahrt in der Region manche Probleme: So kann Qaqortoq zwischen März und Juli nur von speziell eisverstärkten Schiffen angelaufen werden. Trotz dieser schwierigen Naturverhältnisse verlief die Entwicklung der Stadt günstig, und in diesem Jahrhundert konnte sie ihre Position als Metropole des Südens noch ausbauen. Heute lebt die Bevölkerung hauptsächlich von der Fischerei. Es gibt eine moderne Fischfabrik in der Stadt, außerdem hat "Great Greenland", die grönländische Pelzfirma, zu 100% im Besitz der grönländischen Selbstverwaltung, hier ihren Sitz.

An- und Abreise

🚁 Qaqortoq wird mehrmals wöchentlich von Narsarsuaq, Narsaq und Nanortalik mit dem **Helikopter** angeflogen.

🚢 Es bestehen recht häufige **Schiffsverbindungen** in die restlichen südgrönländischen Städte sowie die Westküste hinauf bis nach Ilulissat.

Tickets sowie Informationen über Abfahr- bzw. Abflugzeiten sind beim KNI-Passagierbüro, das in der Nähe des Hafens liegt, zu bekommen, Helikoptertickets außerdem am Schalter von Greenlandair am Heliport der Stadt.

♦ **KNI-Passagierkontor**, Torvevej B 23, ☎ 642240, Mo bis Fr ◻ 10:00 bis 16:00.

♦ **Greenlandair**, Heliport Qaqortoq, Krudthusvej B 1193, ☎ 642088. Mo bis Fr ◻ 8:00 bis 17:00, außerdem bei Abflug und Ankunft von Helikoptern.

Übernachtungsmöglichkeiten

☞ Seit 1987 gibt es in der Stadt ein Hotel, das zentral auf einer Anhöhe über dem alten Kolonialviertel liegt und von dem aus man einen schönen Blick auf die Hafenbucht hat. **Hotel "Qaqortoq"** verfügt über 21 gut ausgestattete Zimmer, alle mit eigenem Bad und WC. Der hohe Standard hat allerdings seinen Preis - eine Übernachtung hier ist nicht billig.

♦ **Hotel Qaqortoq**, Anders Olsenvej B 1254, ☎ 642288, FAX 641234. Preise: Übernachtung mit Frühstück im EZ ca. dkr 800, Aufbettung möglich.

In der Nähe des Hotels befindet sich das **Seemannsheim** der Stadt, das etwas preisgünstiger ist. Dort gibt es sowohl Zimmer mit eigenem Bad/WC als auch Zimmer ohne diese Ausstattung.

♦ **Sømandshjem Qaqortoq**, Ringvej B 40, ☎ 642239, FAX 642678. Preise für Übernachtung mit Frühstück: EZ ca. dkr 600, DZ ca. dkr 800.

🏠 Weiterhin besteht für Touristen die Möglichkeit, für wenig Geld in der **"Sulisartut Højskolia"**, der Heimvolkshochschule von Qaqortoq, zu übernachten. Der Standard dort ist für eine "Jugendherberge" ganz ausgezeichnet: Die Zimmer sind in der Regel Einzelzimmer, Bad/WC liegen auf dem Gang. Außerdem gehört zu jedem Trakt der Schule ein Wohnzimmer mit TV und Video und eine Teeküche. Auch Waschmaschinen sind vorhanden. Sein Essen kann man sich entweder selbst zubereiten (allerdings sind die Möglichkeiten zum Kochen begrenzt) oder nach Anmeldung an den Mahlzeiten in der Højskolia teilnehmen. Die Højskolia liegt am Nordende der Stadt in der Nähe des Storesø, etwa 15 Minuten Fußweg vom Zentrum entfernt.

Reservierungen kann man entweder direkt bei der Højskolia machen oder bei Greenland Tourism Qaqortoq.

♦ **Sulisartut Højskolia**, PO Box 132, ☎ 642466, FAX 642973, Preise: ca. dkr 160 pro Person und Nacht.

Seit ein paar Jahren gibt es in der Stadt keine reguläre **Jugendher-berge** mehr, da das Gebäude bei einem Unwetter weggeschwemmt wur-de. Es besteht aber die Möglichkeit, während der Schulferien im Juli Räume des Internats als Unterkunft zu nutzen. Für weitere Informationen und Buchungen muß man sich ans Touristenbüro wenden.

⚠ Ein **Zeltplatz** befindet sich in der Nähe der "Sulisartut Højskolia".

Essen und Trinken
✗ Zum Hotel gehört eine Bar, die jeden Abend geöffnet ist, sowie ein Restaurant, wo in der Regel einmal wöchentlich grönländische Spe-zialitäten serviert werden.

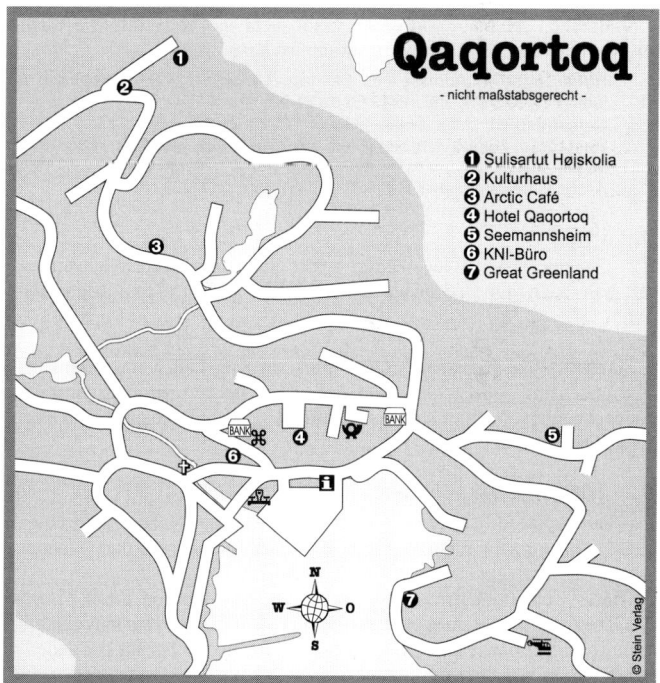

Qaqortoq
- nicht maßstabsgerecht -

❶ Sulisartut Højskolia
❷ Kulturhaus
❸ Arctic Café
❹ Hotel Qaqortoq
❺ Seemannsheim
❻ KNI-Büro
❼ Great Greenland

© Stein Verlag

Auch im **Restaurant "Nanoq"**, etwas oberhalb des Hotels gelegen, sind u.a. grönländische Gerichte zu bekommen.

Die **Cafeteria des Seemannsheims** bietet mittags und abends zu niedrigen Preisen ein warmes Tagesgericht an, eine gute Alternative für schmalere Geldbeutel, den Rest des Tages über bekommt man Kaffee und Kuchen sowie belegte Brote, morgens ein preiswertes Frühstück.

Essen und Trinken kann man auch im **"Arctic Café"** im Storesøvej: Hier gibt es Gerichte wie Pizza, Pasta, Steak u.ä. Abends kann man in die Bar **"Skipperkroen"** in der Nähe des Hafens einkehren, die vorwiegend von Einheimischen aufgesucht wird. Am Wochenende ist dort Diskothek.

Schließlich fehlt auch in dieser Stadt nicht die obligatorische **Grillbar**, wo man Fast food aller Art bekommen kann.

- **Hotel Qaqortoq** (Adresse s.o.), Bar: tägl. ⚐ 18:00 bis 24:00, Restaurant: tägl. ⚐ 12:00 bis 17:00 und 18:00 bis 21:00.
- **Sømandshjem** (Adresse s.o.), tägl. ⚐ 7:00 bis 21:00.
- **Restaurant Nanoq**, Majavej B 695, ☎ 38/121, tägl. außer Do ⚐ 18:00 bis 23:00.
- **Arctic Café**, Storesøvej B 834, ☎ 38/027, täglich ⚐ 9:00 bis 21:00.

Einkaufen

🏪 Es gibt in der Stadt mehrere große **Supermärkte** und **Kioske**, so daß man auch am Wochenende bequem Lebensmittel u.ä. einkaufen kann.

Souvenirs und Kunsthandwerk werden im KNI-Laden, im Seemannsheim und beim Touristenbüro verkauft. Dort findet man auch ein recht großes Angebot an Produkten der Pelzfirma "Great Greenland", die ihren Sitz in Qaqortoq hat.

ℹ️ Information

Das Touristenbüro liegt recht zentral in der Nähe des Hafens. Ihm ist ein großer Souvenirshop angeschlossen. Außerdem erhält man dort Wanderkarten, Literatur sowie Videos über Grönland.

Dieses Touristenbüro ist gleichzeitig die Zentrale von South Greenland Tourism, einer Unterorganisation der nationalen Fremdenverkehrsagentur, d.h. man kann sich auch mit Anfragen bezüglich anderer südgrönländischer Orte dorthin wenden.

♦ **Qaqortoq Tourist Office**, Nielsen Travel, Storesøvej B 782, ☎ 642913; [FAX] 642987.

Sehenswertes

Auf dem Marktplatz von Qaqortoq befindet sich Grönlands einziger **Springbrunnen**.

Der Platz ist umgeben von einer Reihe schöner alter **Gebäude aus der Kolonialzeit**, von denen eines sogar noch aus dem 18. Jh. stammt. Heute beherbergt es das KNI-Passagierbüro.

⌘ Auch das **Museum** ist in einem dieser alten Häuser, der ehemaligen Schmiede, untergebracht. Die Ausstellung informiert über die Geschichte der Region von der Wikingerzeit bis in die Zeit der Kolonie Julianehåb, außerdem über die Lebens- und Jagdgewohnheiten der Inuit.

✝ Sehenswert ist auch die **Erlöserkirche** von 1832 in Hafennähe, die mit roten Holzwänden und grünem Dach schon von weitem auffällt.

Seit ein paar Jahren findet man an vielen Plätzen der Stadt in die Felswände gehauene **Skulpturen**, die 18 Künstler aus den nordischen Ländern 1993/94 geschaffen haben. Das Projekt hieß "Steine und Menschen" und wurde von Aka Hoegh, einer bekannten Malerin aus Qaqortoq, initiiert.

Weiterhin ist es möglich, die Pelzfabrik Great Greenland zu besichtigen. Dort kann man den Produktionsprozeß vom Bearbeiten der Felle bis zum Schneidern der Konfektionsware in allen Einzelheiten beobachten. Führungen durch den Betrieb werden vom örtlichen Touristenbüro organisiert.

Ausflüge und Exkursionen

✝ Ein beliebtes Ausflugsziel von Qaqortoq aus ist die Ruine der **Kirche von Hvalsø**, ein Bauwerk, das um 1300 von den normannischen Siedlern errichtet wurde. Am gleichen Ort befand sich auch ein großer Hof, der noch aus der Zeit der ersten Phase der Besiedlung Grönlands durch die Normannen stammt und von dem auch noch Überreste zu sehen sind. Hauptattraktion ist jedoch die Kirche: Zum einen hat dieses Bauwerk dadurch historische Berühmtheit erlangt, daß hier im Jahre 1408 eine Trauung stattfand, deren Eintragung das letzte schriftliche Zeugnis von der Existenz der nordischen Siedlungen in Grönland darstellt, zum anderen ist die Kirchenruine das mit Abstand am besten erhaltene Gebäude aus der Normannenzeit. Während bei anderen Ruinen häufig nur noch das Fundament zu sehen ist, sind hier die über fünf Meter hohen Mauern fast vollständig erhalten, nur das Dach fehlt.

Hvalsø liegt etwa 25 km von Qaqortoq entfernt an der Südseite der Halbinsel. Man gelangt dorthin mit dem Ausflugsboot des Touristenbüros oder zu Fuß in einer längeren Wanderung.

Ein weiteres interessantes Ausflugsziel ist die Forschungsstation **Upernaviarsuk**, wo umfangreiche Versuche in den Bereichen Schafzucht und Landwirtschaft durchgeführt werden. Besuche dieser Station sind ebenfalls Bestandteil des Exkursionsprogramms vom Touristenbüro. Von Qaqortoq aus besteht auch die Möglichkeit, Bootsausflüge zur warmen Quelle auf der **Insel Uunartoq** zu machen. Einzelheiten über diese Touren sowie Informationen über weitere Ausflugsziele sind beim Touristenbüro zu erfahren.

👫 Wanderungen

Von Qaqortoq aus kann man ein paar schöne Tageswanderungen machen: So kann man den **Storesø** umrunden, der die Stadt nach Nordwesten hin begrenzt. Hier kann man die artenreiche Pflanzenwelt Südgrönlands bewundern, im Spätsommer findet man außerdem viele Blaubeeren. Eine andere Tour führt zu **Eulenspiegels Höhle** (Uglspils Hule), einer Grotte in der Munkebucht an der Küste westlich von Qaqortoq. Auch diese Strecke ist selbst für ungeübte Wanderer bequem an einem Tag zu schaffen.

Qaqortoq ist darüber hinaus Ausgangs- oder Endpunkt einer beliebten Wanderung, für die man mindestens fünf Tage einplanen sollte: der Durchquerung der Halbinsel in Längsrichtung von Igaliku nach Qaqortoq oder umgekehrt. Bei dieser Wanderung kann man zwischen mehreren unterschiedlich schwierigen Routen wählen.

> Es empfiehlt sich, für diese und andere Touren die Wanderkarte Südgrönland (Maßstab 1:100.000), ein Set aus drei Karten der Regionen Narsarsuaq/Narsaq/Qaqortoq, zu benutzen. Dort sind alle Routen verzeichnet. Der Kartensatz kostet etwa dkr 200 und ist bei den südgrönländischen Touristenbüros zu kaufen.

Igaliku

Obwohl Igaliku nur eine abgelegene kleine Schafzüchtersiedlung mit ungefähr 50 Einwohnern ist, wird der Ort im Sommer scharenweise von Touristen besucht. Der Grund dafür ist, daß da, wo sich heute Igaliku befindet, früher das **Gardar** der Normannen war. Gardar ("der Hof") wurde bereits 986 errichtet, als sich ein Freund Eriks des Roten dort niederließ. Als Grönland 1125 ein eigenes Bistum bekam, entschieden sich die Normannen für Gardar als **Bischofssitz** und bauten den Ort dementsprechend aus: Eine große, prachtvolle Domkirche, ein stattliches Wohnhaus für den Bischof, Stallungen und eine riesige Gildehalle wurden errichtet. Etwa 250 Jahre lang, bis 1378, fungierte Gardar als Bischofssitz. Auch danach wurden noch Bischöfe für Grönland ernannt, aber es wollte sich keiner der Auserwählten mehr dort niederlassen. Die Überreste dieses alten Bischofssitzes sind heute noch zu besichtigen, sie liegen am Rande des Dorfes Igaliku. Allerdings ist von den meisten Gebäuden nur noch das Fundament vorhanden. Eine Tafel am Hafen und an der Jugendherberge informiert über die ursprüngliche Funktion der Gebäude.

Auch jenseits dieser Sehenswürdigkeit ist Igaliku ein attraktiver Ort. Seine Lage an einer Bucht des Igalikufjordes auf der Halbinsel Qaqortoq ist idyllisch. Das Tal ist von hohen Bergen umgeben, daher ist das Klima mild und der Boden fruchtbar. Einen hübschen Kontrast zu den üppigen grünen Wiesen und Weiden bildet der rote **Igaliku-Sandstein**, den man überall findet. Wegen der Schafe ist der Ort vollständig eingezäunt. Von hier aus kann man eine Reihe schöner Wanderungen unterschiedlicher Dauer und Schwierigkeitsstufen machen, z.B. befindet sich hier in der Nähe der etwa 1.700 m hohe **Illerfissalik**, von dessen Gipfel man eine wunderbare Aussicht auf die nahegelegenen Fjorde hat. Die Gegend um den Illerfissalik ist überdies von Intrusionen gekennzeichnet und insofern für Mineralienfreunde hochinteressant. Alle Wandermöglichkeiten, die man in der Region um Igaliku hat, sind auf der Wanderkarte Südgrönland verzeichnet.

Nach Igaliku kommt man entweder mit **Ausflugsbooten** der Touristenbüros aus Narsaq, Qaqortoq oder Narsarsuaq, oder man benutzt das **Linienschiff** der KNI, das den Ort einmal wöchentlich von Qaqortoq aus anläuft.

Eine weitere Möglichkeit, nach Igaliku zu gelangen, besteht über Itilleq, einer etwa drei Kilometer entfernten, winzigen Schafzüchtersiedlung, die auf der anderen Seite der Halbinsel, am Ufer des Tunulliarfik, liegt.

Hier besteht zweimal pro Woche eine Linienverbindung mit dem Schiff nach Narsaq, Narsarsuaq und Qaqortoq. Von Itilleq aus kommt man dann über den **"Kongevej"**, einen breiten, befahrbaren Kiesweg, den man nicht verfehlen kann, nach Igaliku. Die Strecke ist bequem zu Fuß zurückzulegen, es besteht allerdings auch die Möglichkeit, sich nach Absprache und gegen Entgelt vom Betreiber der Jugendherberge von Igaliku mit dem Auto abholen zu lassen.

Die **Übernachtungsmöglichkeiten** in Igaliku sind für einen so kleinen Ort erstaunlich gut: Es gibt dort gleich zwei Jugendherbergen, die jeweils von Juni bis August geöffnet sind: **Igaliku Youth Hostel**, das längliche rote Gebäude am Ortseingang, wenn man den Kongevej herunterkommt, ist ein gemütliches Häuschen mit einer kleinen Küche, einem Bad und einem Wohnzimmer mit TV. Die Zimmer sind Vierbettzimmer, und wenn die Herberge voll ist, kann es etwas eng werden.

Motel Simonsen befindet sich in einer ehemaligen Armeebaracke direkt am Hafen, die vom US-Luftwaffenstützpunkt in Narsarsuaq hierhertransportiert wurde. Von der Ausstattung her ist es schlichter als Igaliku Youth Hostel.

♦ **Igaliku Youth Hostel**, c/o Abel Lynge, ☎ 573885 oder ☎ 666151, Preise: ca. dkr 160 pro Person und Nacht, Kinder unter 12 Jahren die Hälfte.
♦ **Motel Simonsen**, c/o Morten Simonsen, ☎ VHS radio 0084, Igaliku 50, Preise: ca. dkr 125 pro Person und Nacht, Kinder die Hälfte.

Schließlich bestehen am Ort auch gute Möglichkeiten zum **Zelten**, etwa oberhalb der Jugendherberge an einem kleinen Bergbach.

Zu beachten ist allerdings, daß Zelten innerhalb des Zauns wie in allen Schafzüchtersiedlungen nicht gestattet ist.

Andererseits bekommt man gerade in Igaliku beim Zelten außerhalb der Umzäunung manchmal Probleme mit dort frei herumlaufenden Pferden, die schon das eine oder andere Zelt zertrampelt und die Vorräte der Camper gefressen haben.

Am besten ist es, man erkundigt sich bei den Ortsbewohnern nach einem geeigneten Platz, an dem man von den Pferden nicht behelligt wird.

✕ Zum Igaliku Youth Hostel gehört auch eine **Cafeteria**, in der man nach Vorbestellung Mahlzeiten bekommt.

Einkaufen

Lebensmittel kann man im kleinen KNI-"Supermarkt" am Hafen kaufen, der auch Post und KNI-Ticketoffice beherbergt.

Nanortalik

☆   ☎ 613222.
✚   ☎ 613211.
🚗   ☎ 613062.

Nanortalik, Grönlands südlichste Stadt, liegt weniger als 100 km von Kap Farvel entfernt auf einer der Küste vorgelagerten Insel, inmitten einer romantischen, zerklüfteten Schärenlandschaft mit hohen, schneebedeckten Bergen im Hinterland.

Im Schutz der hohen Berge ist das Klima jedoch mild und die Landschaft sehr grün. Hier sieht man weniger große Eisberge auf dem Wasser, sondern eher kleine, flache **Schollen** - Packeis von der Ostküste, das besonders im Juni und Juli um Kap Farvel herum nach Südgrönland treibt.

Mit dem Packeis kommen auch ab und zu **Eisbären** aus Ostgrönland in die Gegend. Meist sind es junge, männliche Tiere, die bereits monatelang auf Eisschollen ausgeharrt und keine Nahrung außer zufälligen Robben bekommen haben. Entsprechend schlecht ernährt stellen sie eine besondere Gefahr für die Schafbestände Südgrönlands, aber durchaus auch für den Menschen dar und werden sofort erschossen, wenn sie gesichtet werden. Diesen Eisbären verdankt Nanortalik - auf grönländisch **"Bärenort"** - seinen Namen.

Die Geschichte der Gegend reicht lange zurück - sowohl **Normannen** als auch **Inuit** hatten sich im heutigen Disktrikt Nanortalik niedergelassen, wie die Ruinen, die man an vielen Plätzen sehen kann, bezeugen.

Die Geschichte des Ortes Nanortalik beginnt allerdings erst 1778, als der Enkel von Hans Egede hier eine **Handelsstation** errichtete, die von den Grönländern Speck und Felle kaufen sollte. 1797 wurde der Ort Nanortalik gegründet, zunächst bei **Sissarissoq**, drei Kilometer von der heutigen Stadt entfernt. 1830 verlegte man dann die Siedlung an ihren jetzigen Platz. Der Handel mit den Einheimischen lief gut. Oft kamen sie von weit her, sogar aus Ostgrönland, um ihre Jagdbeute gegen die begehrten europäischen Waren einzutauschen. Dennoch blieb Nanortalik lange Zeit eine kleine Siedlung, da sich nur wenige Grönländer dauerhaft dort niederließen.

Die zweite Hälfte des 19. und die erste des 20. Jh. waren für Nanortalik und die gesamte Region eine schwierige Zeit: Der Robbenfang ging zurück, die **Tuberkulose** grassierte und es herrschten Hunger und Armut bei den Einheimischen. Viele der Siedlungen im Distrikt, der einst sehr bevölkerungsreich war, wurden aufgegeben, und heute existieren von den einst gut 30 Siedlungen nur noch ein halbes Dutzend.

Seit Nanortalik 1950 den Status einer Stadt erhielt, hat der Ort sich erheblich entwickelt und zählt mittlerweile knapp 1.600 Einwohner, die in ihrer Mehrzahl von der Fischerei leben. Die Stadt wirkt sehr schmuck, bei aller Modernität ein wenig verschlafen, aber von der Atmosphäre her "grönländischer" als andere Städte des Landes.

Ein wahres Kleinod ist das alte **Kolonialviertel** im Süden der Stadt, das recht groß ist und wo man einen sehr lebendigen Eindruck vom vergangenen Grönland vermittelt bekommt - allein schon deshalb lohnt sich ein Besuch der Stadt.

An- und Abreise

🚁 Eine Direktverbindung nach Nanortalik mit dem Helikopter besteht von Narsarsuaq, Narsaq und Qaqortoq aus. Es gibt jeweils mehrere Flüge pro Woche.

🚢 Mit dem KNI-Schiff ist Nanortalik von Qaqortoq aus in 9- bis 11stündiger Fahrt zu erreichen. Die meiste Zeit des Jahres über verkehrt das Schiff zweimal wöchentlich, im Winter und Frühjahr, wenn die Häfen des Nordens noch zugefroren sind, verlegt zusätzlich eines der großen Küstenschiffe seine Route nach Süden und läuft auch einmal in der Woche Nanortalik an. (Tickets und Fahrplan- bzw. Fluginformationen im KNI-Passagierbüro in Nanortalik).

♦ **KNI-Passagierkontor**, Lundip Avquta B 128, ☎ 613513, Mo bis Fr 🕐 10:00 bis 15:00.

Übernachtungsmöglichkeiten

🛏 In der Stadt gibt es zwei kleinere Hotels: **Hotel "Tupilak"** und **Hotel "Kap Farvel"**. Beide sind von ihrer Ausstattung her eher einfach, z.B. haben die Zimmer dort kein eigenes Bad/WC. Beide Hotels sind recht zentral gelegen: Hotel "Tupilak" liegt in der Nähe des Hafens, von wo man einen schönen Blick auf die Hafenbucht hat, Hotel Kap Farvel etwas nördlich davon im neueren Teil der Stadt.

♦ **Hotel Tupilak**, Lundip Avquta B 497, ☎ P.O. Box 4, ☎ 613379, FAX 613140.
♦ **Hotel Kap Farvel**, Isua B 304, P.O. Box 159, ☎ 613294, FAX 613131.

🏠 Außerdem besteht die Möglichkeit, in der **Jugendherberge** zu übernachten, die in einem winzigen Häuschen aus der Kolonialzeit untergebracht ist. Die Lage des Hauses mitten in der schönen Altstadt von

Nanortalik mit Blick aufs Meer ist idyllisch und auch das Haus selbst hat durch sein Alter sehr viel Charme, aber der Standard ist niedrig: Zehn Personen können dort in zwei Räumen untergebracht werden, es gibt eine recht gut ausgestattete Küche, eine Dusche und ein Trockenklosett. Es ist nur ein kleiner Ölofen vorhanden, mit dem das ganze Haus beheizt werden muß.

♦ **Nanortalik Youth Hostel**, c/o Nanortalik Tourist Information, ☎ 613633, FAX 613633, Preise: ca. dkr 100 pro Person und Nacht.

⚠ Einen offiziell ausgewiesenen Campingplatz gibt es in Nanortalik nicht, aber man findet auf der Insel eine ganze Reihe von geeigneten Plätzen, wo man sein Zelt aufschlagen kann.

Essen und Trinken
✕ Beide Hotels der Stadt haben ein **Restaurant**, in dem man warme Mahlzeiten bekommen kann. Außerdem gibt es eine **Grillbar**.

Einkaufen
🍴 In Nanortalik gibt es zwei größere **Supermärkte** mit den üblichen Öffnungszeiten. Beide befinden sich in der Nähe des Hafens in der Lundip Avquta. Post und Bank sind ebenfalls dort gelegen.

Souvenirs und Kunsthandwerk kann man beim Touristenbüro kaufen.

ℹ Information
Das Touristenbüro der Stadt befindet sich auf der Hauptstraße, die vom Hafen in Richtung Altstadt führt. Hier bekommt man neben Souvenirs u.ä. auch Stadtpläne und Wanderkarten, und man kann Camping- und Wanderausrüstung ausleihen.

♦ **Nanortalik Turist Service**, Lundip Aqq. B 128, P.O. Box 43, ☎ 613633, FAX 613633.

Sehenswertes
Außerordentlich reizvoll an Nanortalik ist das alte Kolonialviertel, das man erreicht, wenn man vom Hafen der Lundip Avquta folgt.

✝ Auf dem Weg dorthin kommt man am wohl auffälligsten Gebäude der Stadt vorbei, einer weißen **Kirche**, die 1916 erbaut wurde.

Bei der Kirche befindet sich auch der **Knud-Rasmussen-Felsen**, ein großer Granitblock, der - von der Seite betrachtet - das Profil des Polarforschers darzustellen scheint.

Die **Altstadt** besteht aus einigen Stein- und Holzhäusern, teilweise von Gärten mit hübschen Holzzäunen umgeben. Das Gras wächst hier sehr üppig und in den Gärten gedeiht und blüht es im Sommer in erstaunlichem Ausmaß.

⌘   Einige dieser alten Gebäude beherbergen heute das **Museum** von Nanortalik. Hier sind Ausstellungen über die Normannenzeit, über die Geschichte einzelner Siedlungen im Distrikt, über die Entwicklung der Schafzucht, des Kajakfahrens u.ä. zu sehen. Das Museum ist im Sommer an vier Tagen der Woche geöffnet.

Ausflüge und Exkursionen

Von Nanortalik aus ist es möglich, einen Bootsausflug zur Insel **Uunartoq** und der dortigen **warmen Quelle** zu machen. Eine solche Exkursion wird vom örtlichen Touristenbüro angeboten.

Außerordentlich interessant sind auch Bootstouren in den **Kap Farvel-Distrikt**, der mit seinen vielen Schären und Sunden landschaftlich sehr reizvoll ist und außerdem die **Ruinen** der **Normannensiedlungen** Sandhavn und Herjolfsnes beherbergt (☞ Siedlungen im Distrikt Nanortalik).

🚶🚶 Wanderungen

Wegen seiner Insellage sind die Wandermöglichkeiten, die man in unmittelbarer Nähe Nanortaliks hat, eher begrenzt.

In der weiteren Umgebung, d.h. im Bezirk Nanortalik, gibt es dagegen einige sehr schöne Wandergebiete, die aber von der Stadt aus zunächst eine Bootsfahrt erfordern (Näheres dazu ☞ Siedlungen im Distrikt Nanortalik).

Die Insel selbst bietet die Möglichkeit zu einer Rundwanderung, bei der man auch an Sissarissoq, wo Nanortalik ursprünglich angelegt wurde, vorbeikommt. Hier sind noch immer die Fundamente der Gebäude von damals zu sehen.

Ganz in der Nähe erhebt sich ein etwa 550 m hoher Berg, der höchste Punkt der Insel, der leicht zu besteigen ist und von dessen Gipfel man eine wunderbare Aussicht auf die umliegende Landschaft und das Meer hat.

📖   Von der Gegend gibt es eine neue Wanderkarte (Maßstab 1:100.000), auf der die wichtigsten Wanderrouten verzeichnet sind. Diese Karte ist auch beim Touristenbüro in Nanortalik zu bekommen.

Siedlungen im Distrikt Nanortalik

Der Bezirk Nanortalik umfaßt ein Gebiet mit sehr abwechslungsreicher Landschaft, vom fruchtbaren Seengebiet **Vatnahverfis** mit weichen Hügeln und Tälern im Norden bis zu den vielen Sunden und Fjorden des Kap Farvel-Distrikts im Süden.

Auch hier wird viel Schafzucht betrieben, man findet über den Bezirk verstreut eine ganze Reihe von Schaffarmen.

Abgesehen von der Stadt Nanortalik gehören fünf Siedlungen zur Kommune, außerdem findet man hier eine Reihe interessanter und geschichtsträchtiger Plätze aus der Kolonial- wie aus der Normannenzeit.

Nicht zuletzt eignen sich große Teile des Gebietes hervorragend zum Wandern.

Die größte dieser Siedlungen ist **Alluitsup Paa** mit fast 500 Einwohnern. Der Ort liegt an der Südspitze der Halbinsel Vatnahverfi und wird mehrmals wöchentlich vom KNI-Linienschiff angelaufen. Dort gibt es sogar ein kleines Hotel, **Hotel "Qannivik"**, von der Ausstattung her recht schlicht und dennoch nicht billig. Allerdings stellt es die einzige Übernachtungsmöglichkeit in Alluitsup Paa dar - es sei denn, man hat ein Zelt dabei.

🛏 **Hotel Qannivik**, PO Box 550, Alluitsup Paa, DK-3920 Qaqortoq, ☎ 39091, FAX 39090, Preise: ca. dkr 450 pro Person und Nacht.

🏃 Alluitsup Paa ist Ausgangs- oder Endpunkt einer mehrtägigen Wanderung durch die Vatnahverfi-Halbinsel bis nach Søndre Igaliku. Diese Tour stellt eigentlich keine besonderen Anforderungen, da sie meist durch gut begehbares Gelände führt, ist mit schwerem Gepäck aber trotzdem recht anstrengend.

📖 Die beste Route findet man auf den Wanderkarten von Qaqortoq und Narsaq (Maßstab 1:100.000) verzeichnet. Man erhält diese Karten u.a. bei South Greenland Tourism.

Nur wenige Kilometer nördlich von Alluitsup Paa entfernt liegt **Alluitsoq**, das ehemalige **Lichtenau**.

Mit nur noch 12 Einwohnern (1995) ist der Ort bedeutungslos geworden, aber in der Vergangenheit sah es anders aus: 1774 gründete die **Herrnhuter Brüdergemeinde** hier eine Missionsstation zur Christianisierung von Südgrönland, die bis 1900 aufrechterhalten wurde. Noch heute sind einige Bauwerke sowie der Friedhof aus dieser Zeit zu sehen. Damals war dieser Ort einer der bevölkerungsreichsten Grönlands. In

Lichtenau wurde 1814 Samuel Kleinschmidt geboren, der später die erste Grammatik der grönländischen Sprache verfaßte - auf deutsch.

Am Fjord Tasermiut östlich von Nanortalik liegt die Siedlung **Tasiusaq**, wo derzeit noch etwa 90 Menschen wohnen. Der Ort ist ans Liniennetz der KNI-Schiffe angeschlossen, auch ein kleiner Laden mit einer Post ist vorhanden. Reguläre Übernachtungsmöglichkeiten gibt es hier nicht. In begrenztem Umfang können aber Küche und sanitäre Einrichtungen der Schule von Besuchern genutzt werden. Man sollte sich für diesen Fall vorher ans Touristenbüro in Nanortalik wenden, um Näheres zu erfahren.

🚶🚶 Von Tasiusaq aus kann man einige sehr schöne Wandertouren unternehmen, z.B. ins **Qinnguadal** (auch Paradisdal) genannt, ein Gebiet mit einer für Grönland einzigartigen Vegetation: In diesem schmalen und von hohen Bergen umgebenen Tal wachsen mehr als 300 verschiedene Pflanzen. Auch das einzige "Waldgebiet" des Landes, ein Birkenwäldchen mit drei bis vier Meter hohen Bäumen, findet man dort. Es ist als Naturschutzgebiet ausgewiesen, d.h. jeglicher Eingriff in die Natur ist verboten. Es darf weder gefischt noch gejagt, noch dürfen Pflanzen gepflückt oder zerstört werden. Zelten ist erlaubt, aber nur unter Beachtung oben genannter Regeln.

Eine andere Route führt nördlich ins **"Klosterdalen"**, wo sich zur Zeit der normannischen Besiedlung ein kleines Augustinerkloster befand. Die Ruinen einer kleinen Kirche, von ein paar Wohnhäusern und Stallungen sind heute noch vorhanden. Diese Routen findet man ebenfalls auf der Wanderkarte des Distrikts Nanortalik (1:100.000).

Folgt man der grönländischen Küste weiter nach Süden, gelangt man nach **Narsaq Kujalleq**, dem ehemaligen Frederiksdal, welches heute 130 Einwohner hat. Auch Frederiksdal ist eine ehemalige Missionsstation der Herrnhuter Brüdergemeinde und wurde 1824 gegründet.

Interessant ist dieser Ort aber vor allem deshalb, weil in seiner Nähe die **Ruinen** von **Sandhavn** und **Herjolfsnes** aus der Zeit der normannischen Besiedlung liegen. Sandhavn war der erste Hafen, den die Wikingerschiffe anliefen, wenn sie aus Europa kamen, und damit grönländischer Ein- und Ausfuhrhafen. Man findet dort noch Ruinen von steinernen Packhäusern, in denen das Exportgut gelagert wurde. Der Hof Herjolfsnes war möglicherweise derjenige grönländische Ort, an dem als letztem noch normannisches Leben existierte. Jedenfalls hat man in den 20er Jahren auf dem Friedhof von Herjolfsnes umfangreiche Kleiderfunde gemacht, die auf einen späteren Zeitpunkt - um 1500 - datiert werden können als alle anderen Fundstücke aus der Normannenzeit. Dieser Friedhof befand sich bei der Kirche von Herjolfsnes, eine der bedeutendsten Kirchen Eystribygds, von der heute noch Teile des Mauerwerks zu besichtigen sind. Man gelangt nach Narsaq Kujalleq entweder mit dem Ausflugsboot des Touristenbüros oder mit dem Linienschiff der KNI.

Hinter Narsaq Kujalleq läuft das KNI-Schiff nur noch einen weiteren Hafen an: die Siedlung **Aappilattoq**. Der Ort liegt an einer Abzweigung des **Ikerasassuaq** (Prins Christian Sund), einem schmalen Kanal, der bis zur Ostküste führt. Kleinere Schiffe auf dem Weg von oder nach Ostgrönland benutzen diese Wasserstraße recht häufig, da sie auf diese Weise die gefährlichen Wasser um Kap Farvel meiden können.

Etwa 200 Personen leben in der Siedlung, die meisten von Robbenjagd und Fischfang. Aappilattoq hat sich durch seine isolierte Lage - häufig blockiert das Packeis im Frühjahr und am Anfang des Sommers jeden Schiffsverkehr - viel **Ursprünglichkeit** bewahrt. Außerdem wirkt der Ort in vielerlei Hinsicht ostgrönländisch, da sich einige Ostgrönländer, deren Siedlungen verlassen wurden, hier niedergelassen haben. Es gibt einen kleinen KNI-Laden, an den eine Post angeschlossen ist. Was Übernachtungsmöglichkeiten angeht, ist die Situation die gleiche wie in Tasiusaq: In begrenztem Umfang können Touristen die Küche und die sanitären Einrichtungen der örtlichen Schule mitbenutzen.

Ostgrönland

Die Ostküste, Grönlands Rückseite oder **"tunu"**, wie sie von den Grönländern genannt wird, ist in mancherlei Hinsicht eine ganz andere Welt. Sowohl die Natur als auch die Sprache und Kultur der Bewohner unterscheiden sich beträchtlich von dem, was man in Süd- und Westgrönland vorfindet.

Auf der ganzen Strecke von Kap Farvel im Süden bis zum Kronprins Christian Land im Norden ist die Landschaft **rauher** und **härter** als an der Westküste. Es gibt dort schroffe Steilküsten, hohe, zerklüftete Berge und eine beeindruckende **Gletscherwelt**.

Im Norden befindet sich der größte **Nationalpark** der Welt mit einer beeindruckenden Fauna an Eisbären, Wölfen, Walrossen, Moschusochsen und anderen Tieren. Während das Klima an der Westküste durch den Golfstrom etwas gemildert wird, fließt hier der **Polarstrom**, und mit ihm umschließt das ganze Jahr über Treibeis vom Nordpol wie ein kalter Gürtel die Küste. Lediglich im Hochsommer ist Schiffsverkehr möglich, aber selbst dann nur mit speziell eisverstärkten Schiffen.

Der fast 3.000 km lange Küstenstreifen ist fast menschenleer. Nur zwei Regionen sind besiedelt: Die Gegend um **Ammassalik** (Tasiilaq), etwa 150 km südlich des Polarkreises gelegen, und um **Ittoqqortoormiit**, das sich ungefähr auf der Höhe von Uummannaq befindet. Insgesamt leben an der Ostküste nicht mehr als 3.500 Menschen, die sich ethnisch, sprachlich und kulturell nicht unerheblich von den Westgrönländern unterscheiden. Hier wird **Ostgrönländisch** gesprochen, eine Sprache, die für Westgrönländer nicht zu verstehen ist.

Da sie jahrhundertelang in völliger Isolation lebten - erst vor gut 100 Jahren hat man entdeckt, daß auch die Ostküste bewohnt ist -, war ihre Lebensweise viel traditioneller und ursprünglicher als die der Westgrönländer. Solche Unterschiede sind auch heute noch deutlich spürbar: Die Lebensgrundlage der Menschen ist in viel größerem Ausmaß noch die **Jagd**, vor allem im nördlicheren Ittoqqortoormiit. Das und die imposante Natur machen auch Ostgrönland zum interessanten Reiseziel. Umgekehrt haben sich aber hier die Schattenseiten der Modernisierung des Landes, die auch vor dem Osten nicht haltgemacht hat, am deutlichsten gezeigt: Alkoholismus, Verelendung, Suizide und Apathie sind Phänomene, die am stärksten mit Ostgrönland verbunden sind.

An der gesamten Ostküste gibt es lediglich zwei Städte, Ammassalik und Ittoqqortoormiit. Allerdings verdient das abgeschiedene Ittoqqortoormiit mit seinen knapp 500 Einwohnern diesen Namen eigentlich nicht.

Auch Ammassalik ist mit 1.600 Einwohnern selbst nach grönländischem Maßstab eher eine Kleinstadt.

Für den Tourismus erschlossen ist an der Ostküste lediglich Ammassalik. Der Ort war sogar einer der ersten in Grönland, der regelmäßig ausländische Besucher empfing - Tagestouristen aus dem nahen Island. Auch nach Ittoqqortoormiit kann man reisen, aber man sollte sich darauf einstellen, dort (noch?) keinerlei touristische Infrastruktur vorzufinden.

Der riesige Nationalpark, der nördlich von Ittoqqortoormiit beginnt, ist nur mit einer Sondergenehmigung zu betreten, die Touristen nicht ohne weiteres erteilt wird.

Ammassalik

✪ ☏ 981448.
✚ ☏ 981211.

Ammassalik, auf einer Insel in der Tasiuassaq-Bucht gelegen, ist eine künstlich angelegte Siedlung: Als Gustav Holms **Frauenbootexpedition**

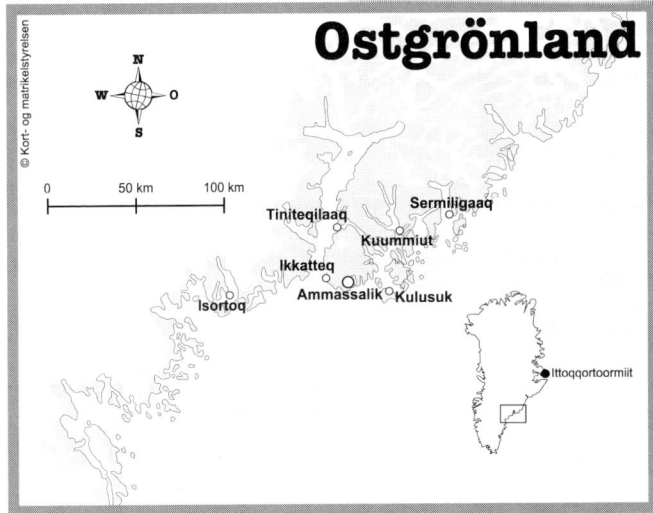

1894 nach Ostgrönland kam, entdeckten ihre Teilnehmer in der Gegend von Ammassalik einen kleinen, durch Naturkatastrophen und Hungersnöte akut vom Aussterben bedrohten **Eskimostamm**, der nur noch aus wenigen hundert Menschen bestand. Um diese vor dem endgültigen Untergang zu bewahren, setzte Holm die Einrichtung eines kolonialen **Handelspostens** durch, der die Versorgung der Bevölkerung sichern sollte. Diese Station war Ammassalik, das sich im Laufe des folgenden Jahrhunderts zum Verwaltungs- und Versorgungszentrum für die Ostküste entwickeln sollte.

Heute gibt es hier die gleichen Einrichtungen wie in den Städten der Westküste: Schule, Krankenhaus, Bank und Geschäfte. Allerdings hat die Stadt, in der der größte Arbeitgeber die Kommune ist, mehr Menschen angezogen, als sie ernähren konnte: Die **Arbeitslosigkeit** ist hoch, und besonders im Winter leben viele von der Wohlfahrt. Alkoholismus und Selbstmord sind verbreitet.

In dieser Situation soll der Ausbau des **Tourismus** der Ausweg aus der permanenten sozialen Krise Ostgrönlands sein. Und in der Tat hat die Gegend ihren Reiz: Die unwegsame Landschaft, die den Menschen dort das Leben so schwer macht, stellt für Touristen eine besondere Faszination dar. Es gibt wenige Plätze in Grönland, an denen man besser die großartige Kulisse einer schroffen, majestätischen Natur mit ihren steilen, schneebedeckten Bergen, gewaltigen Gletschern und imposanten Steilküsten genießen kann.

An- und Abreise

🚄 🚅 Nur etwa 30 km von Ammassalik entfernt auf der Nachbarinsel liegt der internationale Flughafen **Kulusuk**, wo die Maschinen aus Island landen. Außerdem bestehen inländische Flugverbindungen nach **Nuuk** und **Kangerlussuaq**. Von Kulusuk aus wird der Weitertransport nach Ammassalik mit dem **Helikopter** durchgeführt.

♦   Greenlandair ☎ 986926.   Air Alpha ☎ 981313.

🚢   Überregionalen Schiffsverkehr gibt es nicht, lediglich im Sommer verbindet ein kleiner **KNI-Kutter** Ammassalik mit den Siedlungen der Umgebung. Tickets und Fahrplaninformation beim KNI-Ticket Office.

Übernachtungsmöglichkeiten

🛏   Sowohl in Ammassalik als auch in Kulusuk gibt es jeweils ein Hotel. Daneben besteht in Ammassalik die Möglichkeit, in Bed-and-

Breakfast-Unterkünfte anzumieten, und im Sommer gibt es eine Jugendherberge.

- Hotel Ammassalik ☎ 981293, FAX 986983.
- Hotel Kulusuk, ☎ 981293; FAX 986983.
- Bed-and Breakfast: ☎ 98 16 50.
- Base Camp Ammassalik:☎ 98 16 50.

Essen und Trinken

✕   Essen kann man sowohl in Ammassalik als auch in Kulusuk in
beiden Hotels. Abgesehen davon bleibt nur die Grillbar in Ammassalik
oder Selbstverpflegung."

- Grill Bar, Tel.: 98 10 18"

Einkaufen

Neben dem üblichen **KNI-Supermarkt** gibt es in Ammassalik die **Fellnähwerkstatt** "Skaeven", wo man Produkte aus Robbenfell kaufen kann.

Berühmt ist Ammassalik für seine **Tupilaks**, kleine, geschnitzte Figuren aus Speckstein oder Rentiergeweihen, die halb Tier, halb Mensch
sind und denen in alten Zeiten magische Kräfte zugesprochen wurden.
Diese und andere kunsthandwerkliche Gegenstände sind in einem
Souvenirshop beim Touristenbüro zu bekommen. Außerdem hat der
grönländische **Philatelistendienst** seinen Sitz in der Stadt: Von hier aus
werden weltweit etwa 50.000 Sammler mit den begehrten grönländischen
Briefmarken versorgt.

ℹ Information

Das Touristenbüro der Stadt befindet sich in der Nähe des Museums. Hier
bekommt man auch Stadtpläne und Wanderkarten der Region.

- **Ammassalik Tourist Office**, PO Box 120, ☎ 981311, FAX 981711.

Sehenswertes

✞   Sehenswert an der insgesamt sehr malerisch gelegenen Stadt ist
vor allem die **neue Kirche**, ein fünfeckiges Gebäude von 1985, dessen
Innenräume von der bekannten Künstlerin Aka Hoegh aus Qaqortoq in
grönländischem Stil mit viel Robbenfell und traditionellen Motiven gestaltet wurden.

⌘   In der alten Kirche oberhalb des Hafens, die 1908 erbaut wurde, ist
heute das **Museum** untergebracht, in dem eine kleine kulturhistorische
Ausstellung zu sehen ist.

🏛 Am höchsten Punkt der Stadt befindet sich ein **Denkmal**, das zum 50. Geburtstag Ammassaliks 1944 errichtet wurde. Von dort oben hat man einen schönen Ausblick über die Stadt und die Landschaft der Umgebung.

Exkursionen und Ausflüge

Von Ammassalik kann man mit dem Boot Ausflüge zu den **Siedlungen** im Distrikt machen, wo das Leben der Bewohner noch sehr traditionell und auf Jagd und Fang ausgerichtet ist. Exkursionen dieser Art werden vom Touristenbüro in Ammassalik veranstaltet, aber man gelangt auch mit dem KNI-Schiff in die Siedlungen.

Weiterhin besteht die Möglichkeit, mit dem Helikopter zum nahegelegenen **Gletscher** zu fliegen. Genauere Informationen über Ausflüge und Exkursionen gibt das Touristenbüro der Stadt.

🏃 Wanderungen

Die Gegend um Ammassalik bietet eine Reihe von Möglichkeiten für kürzere oder längere Wanderungen. Allerdings ist die Region wegen der vielen Gletscher und hohen Berge eher **erfahrenen** Wanderern zu empfehlen.

📖 Alle Routen sind auf den beiden Wanderkarten der Region (Maßstab 1:100.000) verzeichnet, die als Kartensatz bei der Touristeninformation in Ammassalik zu kaufen sind.

Nordgrönland

Es gibt unterschiedliche Definitionen, wo Nordgrönland beginnt. In einigen Veröffentlichungen wird der Polarkreis als Grenze genommen, andere setzen vor der Diskobucht die Marke. Es spricht jedoch einiges dafür, **Uummannaq** als die erste nordgrönländische Stadt zu betrachten.

Die Diskobucht stellt eine geographisch und kulturell zusammenhängende, an den Zentren Ilulissat und Aasiaat orientierte Region dar, die verkehrstechnisch gut an den Rest des Landes angebunden ist und sich in einem rasanten Modernisierungsprozeß befindet.

Nördlich der Diskobucht ist das Leben noch stärker an der traditionellen Lebensweise der Fänger orientiert. Obwohl es auch hier alle Einrichtungen des modernen Grönlands gibt, folgt das Leben noch einem anderen Rhythmus. Die Temperaturen nehmen ab. Die Mitternachtssonne steht immer länger am Himmel, genauso wie die Polarnacht immer länger andauert. Der niederarktische Vegetationsgürtel läuft hier langsam aus und der Bewuchs wird niedriger und spärlicher.

Als die grönländische Selbstverwaltung einen Vertreter von "Greenpeace" einlud, sich persönlich davon zu überzeugen, was die Kampagne gegen das Schlachten von Robbenbabys auf Neufundland für Auswirkungen in Grönland hat (☞ Land und Leute, Wirtschaft), wählte sie die Siedlung Niaqornat im Distrikt Uummannaq aus.

Uummannaq

☆ ☎ 951222.
✚ ☎ 951211.
🚗 ☎ 951066.

---

500 km nördlich des Polarkreises, vor der Nordseite der Halbinsel Nuussuaq, liegt auf einer kleinen Insel die Stadt Uummannaq. Obwohl 1763 als Kolonie gegründet, trug dieser Ort nie einen dänischen Namen, sondern immer den jetzigen. Lediglich die dänische Schreibweise unterscheidet sich ein wenig von der grönländischen.

Der Grund für diese Namensgebung - Uummannaq heißt übersetzt **"das Herz"** - ist für Grönländer sofort offensichtlich. Direkt hinter dem Ort erhebt sich ein schroffer, 1.175 m hoher Berg, der die Form eines Herzens hat. Wenn das mitteleuropäische Auge dies gar nicht zu sehen vermag, liegt das daran, daß das Herz einer Robbe gemeint ist.

Uummannaq hat knapp 1.500 Einwohner. In den zum Distrikt gehörenden sieben Siedlungen wohnen insgesamt gut 1.200 Menschen.

In allen Orten spielen der Fang und die Jagd noch eine große Rolle, wobei in Uummannaq der **Fischfang** dominiert und die Haupteinkommensquelle darstellt. Der Robben- und Walfang bedeutet jedoch ein wichtiges Zubrot für die Bevölkerung.

Das Leben in Uummannaq ist noch ursprünglicher und näher an der alten Kultur der Inuit als z.B. im etwas südlicheren Ilulissat. Dennoch weist Uummannaq eine moderne Infrastruktur und Einrichtungen auf, die man in den Siedlungen weiter nördlich nicht mehr findet.

Uummannaq verfügt über ein Hotel mit Restaurant, mehrere Geschäfte und einen rührigen Turist Service, der verschiedene Ausflugsangebote an die Besucher macht.

Diese organisierten Exkursionen sind für den Besucher insofern von Bedeutung, als die Stadt auf einer kleinen Insel liegt und damit keine guten Wanderbedingungen bietet. Fast jede Aktivität ist zunächst mit einer Bootsfahrt verbunden.

An- und Abreise

🚁 Eigentlich sollte der neue Flughafen in Uummannaq bereits im Oktober 1998 fertiggestellt sein, aber der Bau hat sich verzögert. Wahrscheinlich wird er aber spätestens im Sommer 1999 in Betrieb genommen werden.

Bis dahin kommt man auf dem Luftweg nur mit Helikoptern von Ilulissat oder Upernavik aus nach Uummannaq."

🚢 Die zwei überregional verkehrenden Küstenschiffe, die von Juni bis Dezember die Route **Nuuk-Upernavik** befahren, laufen jeweils zweimal wöchentlich Uummannaq an.

Übernachtungsmöglichkeiten

🛏 Seit 1989 gibt es in der Stadt das „Hotel Uummannaq", das seinem Baujahr entsprechend über einen modernen, recht guten Standard verfügt. Zum Hotel gehört auch ein Anbau mit Einzel- und Doppelzimmern mit etwas niedrigerem Standard (kein eigenes Bad/WC), dafür aber preisgünstiger.

♦ **Hotel Uummannaq**, Trollep Aqq. B1342, PO Box 202, DK-3961 Uummannaq, ☎ ☎ 951518, FAX 951262.

Als weitere Übernachtungsmöglichkeit gibt es Räume in der **Sporthalle** der Stadt, **Uummannami Timersortarfik**. Hier sind Schlafsäcke mitzubringen.

♦ **Uummannami Timersortarfik**, Aqq. B905, ☎ 48/080.

⚠ Uummannaq verfügt über einen **Campingplatz**, den man beim Turist Service buchen kann.

Essen und Trinken

✗ Das **Hotel "Uummannaq"** betreibt ein **Restaurant**. Die einzige Alternative dazu stellt die **Grillbar** des Ortes dar.

Sehenswertes

⌘ Im **Museum** werden Kopien der berühmten 500 Jahre alten **Mumien** ausgestellt, die 1972 in **Qilakitsoq**, einer stillgelegten Siedlung auf dem Festland direkt gegenüber der Stadt, gefunden wurden. Die acht durch die niedrige Temperatur und die trockene Luft mumifizierten Leichen (sechs Erwachsene und zwei Kinder) sind der älteste bekannte Fund von erhaltenen Körpern mit intakter Kleidung in der ganzen Arktis. Die Originale sind heute im Nationalmuseum in Nuuk zu sehen. Der Fundort wird regelmäßig von **Ausflugsschiffen** aus Uummannaq angelaufen.

Das Museum zeigt ebenfalls Gegenstände und Dokumente zur Geschichte der **"Propeller-Schlitten-Expedition"** des deutschen Meteorologen Alfred Wegener, die 1930 ins Inlandeis führte. Es gibt im Museum eine kleine Bibliothek, die den Besuchern offensteht.

✝ Eine weitere Sehenswürdigkeit ist die 1935 erbaute **Kirche aus Granitsteinen**. Der gedrungen und wuchtig wirkende Bau mit seinem kleinen Holzturm sieht viel älter aus, als er ist. Er stellte seinerzeit, als fast alle Kirchen aus Holz gebaut wurden, eine absolute Ausnahme dar.

Direkt neben der Kirche läßt sich auch ein traditionelles **Torfhaus** besichtigen. Von diesen gibt es mehrere in Uummannaq. Eines davon wurde, wohl um eine Attraktion zu schaffen, zur Ferienwohnung des Weihnachtsmannes erklärt und entsprechend eingerichtet. Sie ist etwa eine Stunde Fußweg von der Stadt entfernt zu besichtigen.

Ausflüge und Exkursionen

Eine der größten Attraktionen der Region ist der **Gletscher Qajarak**, der einer der sich am schnellsten bewegenden der Welt ist. Der örtliche Turist Service bietet Ausflüge dorthin an.

🐋 Neuerdings werden auch Helikopterausflüge mit Wanderungen zum Inlandeis angeboten. Ein Gletscher eignet sich zum Skifahren. Im Winter Eisgolf.

Der Distrikt ist berühmt für den Artenreichtum seiner Gewässer: Es gibt hier alle in Grönland verbreiteten Robben: Bartrobben, Sattelrobben, Ringelrobben und Klappmützen. Auch die verschiedenen Walarten, Narwal, Beluga- Blau- und Finnwal kommen hier vor. Das gleiche gilt für die verschiedenen Fischarten. Neben Angelexkursionen werden auch Wal-Foto-Safaris angeboten, wobei man über Unterwassermikrofone auch Walgesänge hören kann.

🐕 Wie in allen Städten nördlich des Polarkreises ist der Hundeschlitten im Winter und Frühjahr wichtigstes Transportmittel und Touristenattraktion. Neuerdings werden bei Uummannaq auch Sommer Hundeschlittenfahrten angeboten, auf dem Sermerssuaq Gletscher auf der Halbinsel Nuussuaq."

Siedlungen im Distrikt Uummannaq

Zum Distrikt Uummannaq gehören sieben Siedlungen: **Niaqornat** (76 Ew.), **Qaarsut** (219 Ew.), **Ikerasak** (259 Ew.), **Saatut** (246 Ew.), **Ukkusissat** (198 Ew.), **Illorsuit** (122 Ew.) und **Nuugaatsiaq** (106 Ew.). Diese Siedlungen verfügen seit Jahren über sehr konstante Einwohnerzahlen und gelten als "noch gut funktionierende" Fängergemeinschaften. Sie liegen alle innerhalb eines Radius von zehn Kilometern um Uummannaq herum und sind somit leicht zu besuchen. Das notwendige Schiff kann man beim Tourist Service chartern oder an einem der organisierten Ausflüge dorthin teilnehmen.

Auch die verlassene Siedlung **Qilakitsoq**, den Fundort der berühmten Mumien, kann man im Rahmen der angebotenen Exkursionen aufsuchen.

Upernavik

✷ ☎ 961222.
✚ ☎ 961211.

Upernavik stellt den nördlichen Außenposten der Städte der Westküste dar, die durch die Schiffsrouten der KNI und durch Grønlandsfly miteinander verbunden sind, und ist der nördlichste Punkt, den Touristen noch einigermaßen problemlos erreichen können. Nördlich von Upernavik befindet sich nur noch die isolierte **Thule-Region** (☞ Qaanaaq/Thule).

Zum Distrikt Upernavik gehören neben der Stadt noch zehn Siedlungen, die sich weiter im Norden und zumeist auf kleinen Inseln befinden und über Einwohnerzahlen von 20 bis 230 Personen verfügen. Upernavik selbst hat 1.100 Einwohner. Diese Siedlungsstruktur deutet schon an, daß sich das Leben im Distrikt noch auf kleine **Fängergemeinschaften** stützt. In den letzten Jahren wurden Anstrengungen unternommen, die Fischer verstärkt zum Fang von **Shrimps**, Grönlands Exportartikel Nummer eins, zu bewegen.

Der Distrikt Upernavik ist der größte im ganzen Land und in der Fläche etwa viermal so groß wie Dänemark. Ist das Leben in den Städten weiter südlich teilweise stark von der dynamischen Entwicklung der regionalen Zentren, wie etwa Ilulissat oder Sisimiut, bestimmt, gehen hier die Uhren noch etwas anders. Schließlich ist man 14 Schiffsstunden vom nächsten Ort, Uummannaq, der selbst recht isoliert liegt, entfernt.

Der Tourismus spielt in Upernavik gar keine Rolle. Es gibt keine Unterbringungsmöglichkeiten, keine Restaurants oder Imbißbuden und kein Ausflugsprogramm. Da Upernavik auf einer kleinen Insel, die man an einem Tag umrunden kann, liegt, ist es auch für Wanderer kein attraktives Ziel. Die große Attraktion des Ortes ist das alltägliche Leben der Fänger und Fischer so weit nördlich in der Welt. Dieses Leben kann man hier vor allem in den Siedlungen so erleben wie nur noch an ganz wenigen anderen Orten des Landes.

An- und Abreise

🚢 Zwei der großen Küstenschiffe laufen die Stadt von Juni bis Dezember an, jeweils einmal pro Woche. Upernavik ist der Wendepunkt, an dem sie umkehren, um wieder zurück in den Süden zu fahren. Dabei machen sie hier nur für eine Stunde Station.

🚁 Upernavik verfügt über einen Heliport, der zwei- bis dreimal wöchentlich von **Ilulissat** aus angeflogen wird. Nur zwischen Uummannaq und **Upernavik** verkehrt noch eine weitere Maschine.

ℹ️ Information

Informationen über den Ort und Unterstützung etwa beim Mieten von Schiffen erhält man beim **Upernavik Turist Service**. Daß ein Turist Service existiert, obwohl es keinen organisierten Tourismus gibt, erklärt sich dadurch, daß es sich dabei eigentlich um das örtliche **Museum** handelt. Die Mitarbeiter dort übernehmen die Anfragen von Touristen.

♦ **Upernavik Museum/ Upernavik Turist Service**: ☎ 961083.

Einkaufen
🛒 Es gibt hier einen kleinen KNI-Markt, der alle wichtigen Dinge führt.

🏦 KNI-Bank, Mo bis Fr ⏰ 10:00 bis 15:00, ☎ 961244.

Aktivitäten/Ausflüge/Exkursionen
Es gibt die Möglichkeit, örtlichen **Kunsthandwerkern** und **Fellnäherinnen** bei der Arbeit zuzuschauen. Außerdem kann man noch die **Royal Greenland Fabrik** und das **Museum** besichtigen.

Die Siedlungen des Distrikts sind regelmäßig mit einem KNI-Boot zu erreichen.

Qaanaaq/Thule

☆ ☎ 971022.
✚ ☎ 971024.

Mit Qaanaaq, das unter seiner dänischen Bezeichnung Thule weltbekannt ist, verbindet sich das Schicksal zahlreicher **Arktisexpeditionen**. Die Siedlungen dieses Bezirkes stellen die nördlichste Ausdehnung menschlichen Lebens überhaupt dar. Von hier aus starteten verschiedene Versuche, den Nordpol zu erreichen, und es gibt hier kaum einen Fänger, der nicht schon an irgendeiner Expedition teilgenommen hat. Ihre Ortskenntnis und vor allem ihre Erfahrung, unter extremsten arktischen Bedingungen zu überleben, machten viele Forschungsreisen erst möglich.

Im Alltag ist das Leben hier noch völlig auf den Fang von Meeressäugetieren und Vögeln ausgerichtet und entspricht wohl am ehesten den Vorstellungen vom Leben der Eskimos, wie man es aus den Abenteuerbüchern der Kindheit kennt.

Früher lag der Kernort Qaanaaq, der damals nur Thule hieß, 120 km weiter südlich. Er wurde 1910 von Knud Rasmussen und Peter Freuchen als private **Handelsstation** gegründet, und schon bald siedelten sich um diese Station herum die von Rasmussen "Entdeckten" an. Trotz der in der alten Jagdtradition nicht üblichen Niederlassung an einem festen Ort ging das Leben der Inuit hier lange Jahre seinen gewohnten Gang. War

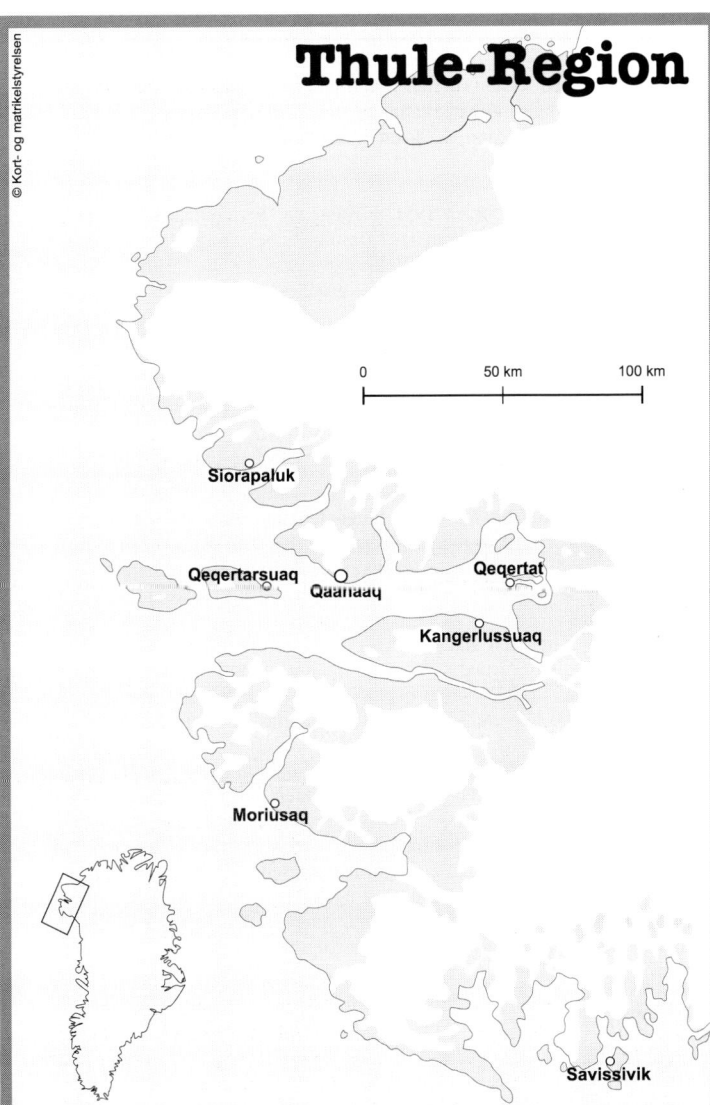

Thule-Region

0   50 km   100 km

Siorapaluk

Qeqertarsuaq

Qaanaaq

Qeqertat

Kangerlussuaq

Moriusaq

Savissivik

in den Regionen weiter südlich schon lange europäischer und vor allem dänischer Einfluß spürbar, kann davon in dieser Region, die sich in 700 km Entfernung zum nächsten Besiedlungsraum befindet, nicht die Rede sein.

Die moderne Zeit brach 1951 in Form der Errichtung des US-amerikanischen Luftwaffenstützpunktes **"Dundas"** über Thule ein. Nachdem es den USA infolge des Zweiten Weltkrieges gestattet war, Stützpunkte auf Grönland zu errichten, wurden die grönländischen Basen von immer größerer strategischer Bedeutung.

Neben der Möglichkeit, Flugzeuge in Richtung Europa und Sowjetunion starten und landen lassen zu können, stand die Errichtung von **Radarwarnstationen** im Mittelpunkt des Interesses.

Im Rahmen des BEMWS (Ballistic Early Missile Warning System) sollten durch Stationen in Grönland Flugkörper, die sich den USA nähern, frühzeitiger erkannt werden. Die Region um Thule bot sich als zentraler Stützpunkt dafür an. Zum einen gab es im Delta des Pituffik eine geeignete Fläche für einen Flughafen und zum anderen war hier auch die Möglichkeit gegeben, in der eisfreien Zeit mit großen Schiffen zu landen und das Baumaterial heranzuschaffen. Ein weiterer Vorteil war, daß diese Region so isoliert lag, daß man das Projekt lange geheimhalten konnte.

Erst ein Jahr nach Baubeginn drangen Informationen an die Weltöffentlichkeit. Der Grund dafür war ein Rechnungshofbericht, denn die Kosten für das Projekt waren explodiert. Man räumte ein, daß statt der geplanten $ 300 Mio ca. $ 1 Mrd nötig sein würden. Am Ende wurden es dann sogar $ 1,3 Mrd.

In der traditionellen Jagd- und Fangregion stampften 7.000 Arbeiter innerhalb von 18 Monaten den damals größten und modernsten Luftwaffenstützpunkt aus dem Boden. Für die Bewohner sollte dies Konsequenzen haben. Obwohl die Station die in der Region lebenden Inuit mit vielen Dinge versorgte und auch in medizinischen Fragen Hilfe leistete, verschlechterten sich ihre Lebensbedingungen. Das ständige Starten und Landen von Flugzeugen, die Verschmutzung des Wassers mit Öl und der Rauch von brennenden Müllhalden vertrieb die Fangtiere, vor allem die Walrosse und Robben.

1953 beschloß deshalb die dänische Regierung, die Eingeborenen umzusiedeln, was trotz der schlechteren Bedingungen häufig gegen ihren Willen geschah. Den Namen Thule konnten sie mitnehmen, woran ihnen allerdings nicht sehr gelegen war, denn sie nannten den Ort immer Uummannaq. Qaanaaq hat heute ca. 250 Einwohner.

Neben Qaanaaq gibt es noch fünf weitere Siedlungen im Distrikt, der Avanersuaq heißt: **Savissivik, Moriusaq, Qeqertat, Qeqertarsuaq** und **Siorapaluk**. Es sind allesamt Fängersiedlungen mit ca. 50 bis 100 Einwohnern, die hier unter den härtesten klimatischen Bedingungen der Welt in sehr traditioneller Weise leben.

An- und Abreise

Alle Flüge nach Qaanaaq, das selbst nur über einen Heliport verfügt, laufen über die amerikanische Airbase (grönländischer Name: Pituffik). Diese darf man allerdings nur mit einer speziellen Genehmigung betreten, die beim dänischen Außenministerium erhältlich ist.

Übernachtungsmöglichkeiten

Das **Hotel "Qaanaaq"** bietet fünf Zimmer an (ohne Dusche/WC). Zusätzlich gibt es noch die Möglichkeit, in der Ionosphärenstation oder der Telegrafenstation zu übernachten.

- **Hotel Qaanaaq**, PO Box 88, DK-3971 Qaanaaq, ☎ 971234, FAX 971064.
- **Ionosphärenstation**, ☎ 971027.
- **Qaanaaq Telegrafenstation**, ☎ 971055.

Essen und Trinken

Die einzige Möglichkeit, auswärts zu essen, besteht im Hotel "Qaanaaq".

Einkaufen

Ein kleiner **KNI-Markt** versorgt Bewohner und Besucher mit den wichtigsten Dingen.

Zusätzlich gibt es noch einen **Kiosk**, der außerhalb der Öffnungszeiten des KNI-Supermarktes geöffnet hat. Beide Läden verkaufen auch örtliches Kunsthandwerk und Souvenirs. Diese Dinge sind auch im Hotel Qaanaaq erhältlich.

Kreditkarten können im Ort nicht benutzt werden. Die KNI-Bank hat Mo bis Fr von 10:00 bis 15:00 geöffnet.

ℹ Information

Es gibt keinen organisierten Tourismus in der Region. Deshalb gibt es auch keine richtige Anlaufstelle für Besucher. Informationen erhält man bei der Kommune.

- **Kommunekontoret**, ☎ 971077.

Aktivitäten

Organisierte Ausflüge und Exkursionen gibt es nicht. Es ist aber möglich, von einheimischen Fängern mit dem Boot irgendwohin, etwa in eine andere Siedlung, gebracht zu werden.

🏃 Im Sommer gibt es sehr gute **Wanderbedingungen** und man kann lange Touren bis direkt ans Inlandeis machen.

⌘ In Qaanaq gibt es ein kleines **Museum**, in dem sowohl die Geschichte der Inuit dieser Region als auch die jüngeren Entwicklungen rund um die Airbase dokumentiert werden.

Kleines Wörterbuch

Deutsch	Grönländisch	Dänisch
Höflichkeit		
Guten Tag	*Kutaa*	*Goddag*
Auf Wiedersehen	*Baaj*	*Farvel*
Danke	*Qujanaq*	*Tak*
Vielen Dank	*Qujanarsuaq*	*Mange Tak*
Bitte schön	*Takanna*	*Vaersgo*
Wie geht es Dir/Ihnen?	*Qanorippit?*	*Hvordan har du det?*
Es geht mir gut.	*Ajunngilanga.*	*Jeg har det godt.*
Kann ich helfen?	*Ikiussavakkit?*	*Kann jeg hjaelpe?*
Orientierung		
Wo ist?	*... Sumiippa?*	*Hvor er?*
rechts	*Talerpik*	*(til) højre*
links	*Saamik*	*(til) venstre*
nach links	*Saamimmut*	*til venstre*
nach rechts	*Talerpimmut*	*til højre*
Nord	*Avannaa*	*nord*
Süd	*Kujataa*	*syd*
West	*Kitaa*	*vest*
Ost	*Kangia*	*øst*
zum Hotel	*Hotelimut*	*til hotellet*
zum Museum	*Katersugaasivimmut*	*til museet*
zum Hafen	*Sissamut*	*til havnen*
zum Flughafen	*Timmisartoqarfimmut*	*til lufthavnen*
zum Campingplatz	*Tutertarfimmut*	*til campingpladsen*
zur Touristeninformation	*Turistit allaffiannut*	*til turistbureauet*
zur Polizei	*Politeeqarfimmut*	*til politiet*
zur Post	*Allakkerivimmut*	*til postkontoret*
zum Krankenhaus	*Napparsimavimmut*	*til sygehuset*
zur Kirche	*Oqaluffimmut*	*til kirken*
Straße	*Aqqusineq*	*gade*
Einkaufen		
einkaufen	*Pisiniarneq*	*købe ind*
Geschäft	*Pisinarfik*	*butik*
Wieviel kostet es?	*Qanoq akeqarpa?*	*Hvad koster det?*
Das ist billig.	*Akikiqqoq.*	*Det er billig.*
Das ist teuer.	*Akisuvoq.*	*Det er dyr.*
Ich nehme es.	*Pisiarerusuppara.*	*Den/det tager jeg.*

Essen und Trinken

grönländisches Essen	*Kalaalimernit*	*grønlandsk mad*
Walfleisch	*Tikaanguliup neqaa*	*hvalkød*
Robbenfleisch	*Puisip neqaa*	*saelkød*
Heilbutt	*Qaleralik*	*hellefisk*
Garnelen, Krabben	*Raajat*	*rejer*
Muscheln	*Uillut*	*muslinger*
Reis	*Suaasat*	*ris*
Kartoffeln	*Naatsiat*	*kartofler*
Brot	*Iffiaq*	*brød*
Gemüse	*Naatitat*	*grønsager*
Dessert	*Kinguleraq*	*dessert*
Getränk	*Imigassaq*	*drik*
Wasser	*Imeq*	*vand*
Sprudel	*Sodavandi*	*sodavand*
Kaffee	*Kaffi*	*kaffe*
Tee	*Tii*	*te*

Boots/Hundeschlitten-fahrten

Schiff	*Umiarsuaq*	*skib*
Boot	*Umiatsiaq*	*båd*
Eisberge	*Ilulissat*	*isbjerge*
Robbe	*Puisi*	*sael*
Wal	*Tikaanngullik*	*hval*
Vogel	*Timmiaq*	*fugl*
See	*Imaq*	*sø*
Kapitän	*Aquttoq*	*kaptajn*
Schlitten	*Qamutit*	*slaede*
Hunde	*Qimmit*	*hunde*

Zahlen

eins	*Ataaseq*	*en,et*
zwei	*Marluk*	*to*
drei	*Pingasut*	*tre*
vier	*Sisamat*	*fire*
fünf	*Tallimat*	*fem*
sechs	*Arfinillit*	*seks*
sieben	*Arfineq marluk*	*syv*
acht	*Arfineq pingasut*	*otte*
neun	*Qulaaluat*	*ni*

zehn	Qulit	ti
elf	Aqqanillit	elleve
zwölf	Aqqaneq marluk	tolv

Farben

Weiß	Qaqortoq	hvid
Schwarz	Qernertoq	sort
Rot	Aapaluttoq	rød
Grau	Qasersoq	grå
Blau	Tungujortoq	blå
Rosa	Aappaluartoq	rosa
Braun	Sukkulaajusaq	brun
Grün	Qorsuk	grøn
Gelb	Kajortoq	gul

Wochentage

Montag	Ataasinngorneq	mandag
Dienstag	Marlunngorneq	tirsdag
Mittwoch	Pingasunngorneq	onsdag
Donnerstag	Sisamanngorneq	torsdag
Freitag	Tallimunngorneq	fredag
Samstag	Arfininngorneq	lørdag
Sonntag	Sapaat	søndag

Allgemeines

ja	Aap	ja
nein	Naagga	nej
Sprechen Sie Englisch?	Engelsk oqaluttarpit?	Taler du engelsk?
Ich verstehe nicht.	Passinngilara.	Jeg forstar ikke.
Wie heißt Du/heißen Sie?	Qanoq ateqarpit?	Hvad hedder du?
Ich heiße …	… -mik ateqarpunga	Jeg hedder …
Wo wohnst Du/wohnen Sie?	Sumi najugaqarpit?	Hvor bor du?
Deutsche/r	Tyskeq	tysker
Grönländer	inuk, Plural: inuit	grønlaender
Däne	Danskeq	dansker

Literatur

Belletristik
Bernlef, J.: *Zwischen den Eisbergen*, Frankfurt/M. 1993
Hoegh, Peter: *Fräulein Smillas Gespür für Schnee*, München/Wien 1994
Smiley, Jane: *Die Grönland-Saga*, Frankfurt 1992
Böldl, Klaus. *Studie in Kristallbildung*, Frankfurt/M. 1997 (S. Fischer)

Wanderführer
Ydegaard, Torbjörn: *Wandern in Grönland*, Essen 1990
Vogeley, Michael & Ferschoth-Vogeley, Ingrid, Bruckmann, Reihe Abenteuer Trekking, *Grönland mit Baffin Island*, 1996

Reise- und Expeditionsberichte
Barüske, Heinz: *Grönland - Reise in das Wunderland der Arktis*, Berlin 1977
Kpomassie, Tété-Michel: *Ein Afrikaner in Grönland*, München 1992
Malaurie, Jean: *Die letzten Könige von Thule*, Frankfurt 1977
Peroni, Robert: *Der weiße Horizont*, Hamburg 1984

Geschichte, Kultur, Politik
Bandi, Hans-Georg: *Urgeschichte der Eskimo*, Frankfurt 1965
Barüske, Heinz: *Eskimo-Märchen*, Düsseldorf/Köln 1969
Braukmüller, Heide: *Grönland gestern und heute. Grönlands Weg der Dekolonisation*, Münster 1990
Gad, Finn: *History of Greenland*, 3 Bde., London 1973
Haase, Evelin: *Der Schamanismus der Eskimos*, Aachen 1987

Natur
Berthelsen, Christian et al. (Hrsg.): *Kalaallit Nunaat. Grönland. Atlas* (engl.), Nuuk 1989
Petersen, Ole/Secher, Karsten: *Grönland. Mineralien, Geologie, Geschichte*, Bochum 1985

Zeitschriften
Nordmeer - Island, Spitzbergen, Grönland, Geo-Special (4/96), Gruner und Jahr, Hamburg.

Bildband
Weyer, Helfried. *Grönland - Fototräume in der Arktis*, Umschau.

Index

Grönland total

Auskünfte bei: Saga Reisen Tel. + 41 56 / 203 66 88
Kontiki/Saga Reisen, Wettingerstrasse 23, CH-5400 Baden,
Fax + 41 56 / 203 66 40, E-mail: info@kontiki.ch

Bestellcoupon

Bitte senden Sie mir gratis die
folgenden Kataloge:
❑ Island/Grönland Sommer 99
❑ Skandinavien Sommer 99
❑ Grossbritannien/Irland Sommer 99

saga reisen

Name: ....

Adresse: ....

PLZ/Ort: ....

GröBü

Ferien im Norden

REISEHANDBÜCHER

	DM		DM
Äthiopien / Dippelreither (III/98)	36,80	Mauritius / Ellis	26,80
Alaska / Richter	34,80	Mexikos Süden, Belize & Guatemala	36,80
Antarktis / Walther	49,80	Namibia & Botswana / Lamping	29,80
Argentinien-Handbuch / Junghans	34,80	Neuseeland-Handbuch / Stein	36,80
Australien-Handbuch / Stein	44,80	Nicaragua / Schmidt	24,80
Bulgarien / Müller	24,80	Ontario mit Montréal / Québec / Stein	29,80
Dänische Westküste / Treß	24,80	Osterinsel / Hellmich	22,00
El Salvador/Honduras/Steinke/Hollerw.	34,80	Phuket & Ko Samui / Bolik & Jantawat	29,80
Fuerteventura / Reifenberger	26,80	Reisen mit dem Hund / Treß	22,00
Gomera-Handbuch / Reifenberger	29,80	Rocky Mountains Nationalparks	39,80
Gotland / Bohn	24,80	Rumänien / Müller	26,80
Die Kirchen Gotlands / Lagerl/Svahnst.	24,80	Schottland / Ferner	29,80
Gran Canaria-Handbuch / Reifenberger	29,80	Schweiz / Kürschner	36,80
Grönland / Köppchen & Hartwig	26,80	Sibirien / Zöllner	36,80
Holland / Wetters	29,80	Slowakei / K. & A. Micklitza	26,80
Iran / Berger	36,80	Spitzbergen-Handbuch / Umbreit	39,80
Irland / Elvert	26,80	Sudan / Benjak & Enders	16,80
Island-Handbuch / Richter	34,80	Südafrika / G. Lamping	29,80
Islands Geologie / Hug-Fleck	14,80	Südschweden mit Öland / Sachtl. & Boll	29,80
Israel / Kautz & Winter	26,80	Syrien / Schönmann	36,80
Jemen / Kabasci	26,80	Tansania & Sansibar / Dippelreither	36,80
Jordanien / Kleuser & Röhl	24,80	Tausend Tips für Trotter, Tramper, Trav.	22,00
Kaliningrader Gebiet / Junger & Müller	26,80	Teneriffa / Reifenberger	29,80
Kanadas Westen / Stein	39,80	Thailand / Bolik & Jantawat-Bolik	29,80
Kanalinseln / Ferner	29,80	Touren in Schlesien / K. & A. Micklitza	24,80
Kanarische Inseln / Ferner	29,80	Travel Planet / Schramm	29,80
Kiel / Hackländer	19,80	Tschechien - Tschech. Rep.Micklitza	29,80
Komoren / Westenberger	24,80	Überwintern - Langzeiturlaub im Süden /Heinrich	19,80
Kurs Nord / Umbreit	49,80	Uganda / Lübbert	29,80
Lanzarote / Reifenberger	26,80	USA - Nordwesten / Richter	34,80
Libanon / Röhl & Rosebrock	24,80	USA - Südwesten / Richter	39,80
Libyen / Steinke	34,80	Vereinigte Arabische Emirate / Röhl	22,00
Lofoten und Vesterålen / Knoche	24,80	Zimbabwe / Zuchan	26,80
Madeira & Azoren / Jessel & von Bremen	34,80	Zwischen Sydney und Melbourne	26,80
Malawi / Hülsböhmer	24,80		

REISE 🖝 HANDBÜCHER

... überall im Buchhandel

FREMDSPRECH

Band	DM	Band	DM
1 Oh, dieses Dänisch / Behr	9,80	2 Oh, dieses Schwedisch (III/99)	9,80

OUTDOORHANDBÜCHER

Basiswissen für Draußen

Band	DM	Band	DM
1 Rafting	12,80	24 Ratgeber rund ums Wohnmobil	14,80
2 Mountainbiking	12,80	25 Wale beobachten	14,80
3 Knoten	12,80	30 Spuren & Fährten	14,80
4 Karte Kompaß GPS	14,80	31 Canyoning	14,80
5 Eßbare Wildpflanzen	12,80	34 Radwandern	14,80
6 Skiwandern	12,80	35 Mushing - Hundeschlittenfahren	14,80
7 Wildniswandern	12,80	36 Gesund unterwegs	12,80
8 Kochen	12,80	39 Erste Hilfe	14,80
9 Bergwandern	12,80	45 Solotrekking	12,80
10 Solo im Kanu	12,80	48 Für Frauen	12,80
11 Kanuwandern	14,80	58 Fahrtensegeln	14,80
12 Fotografieren	12,80	65 Seekajak Ausrüst. Techn. Navig.	12,80
13 Wetter	12,80	68 Minimal Impact	12,80
14 Allein im Wald - Survival für Kinder	12,80	Outdoor - naturverträglich	
15 Wandern mit Kind	12,80	69 Abenteuer Teeniegruppe	12,80
. zu Fuß · per Rad · mit Kanu		70 Wintertrekking	12,80
16 Sex- Vorbereitung Technik Varianten	12,80	72 Schnorcheln und Tauchen	14,80
20 Wüsten-Survival	14,80	73 Trekkingreiten	14,80
21 Angeln	14,80	77 Wohnmobil in USA und Kanada	19,80
22 Leben in der Wildnis	14,80	86 Regenwaldexpeditionen (2000)	14,80

Informationen aus erster Hand

OUTDOOR ☞ HANDBÜCHER

OUTDOORHANDBÜCHER

Der Weg ist das Ziel

Band		DM	Band		DM
17	Schweden: Sarek	24,80	56	Polen: Drawa	19,80
18	Schweden: Kungsleden	22,00	57	Kanada: Great Divide Trails	22,00
19	Kanada: Yukon	22,00	59	Kanada: Wood Buffalo NP	19,80
23	Spanien: Jakobsweg	24,80	60	Kanada: Chilkoot Trail	22,00
26	West Highland Way (Schottland)	22,00	61	Kanada: Rocky Mountains	22,00
27	John Muir Trail (USA)	22,00		- Radtouren	
28	Landmannalaugar (Island)	22,00	62	Irland: Kerry Way	22,00
29	West Coast Trail (Kanada)	22,00	63	Schweden: Dalsland-Kanal	24,80
32	Radtouren in Masuren (Polen)	24,80	64	England: Pennine Way	24,80
33	Trans-Alatau (GUS)	22,00	66	Alaska Highway	24,80
37	Kanada: Bowron Lakes	22,00	67	USA: Appalachen Trail (III/99)	22,00
38	Polen: Kanutouren in Masuren	24,80	71	Spanien: Jakobsweg - Nebenrouten	24,80
40	Trans-Korsika - GR 20	24,80	74	Nordirland: Coastal Ulster Way	22,00
41	Norwegen: Hardangervidda	24,80	76	Pfälzerwald-Vogesen-Weg	22,00
42	Nepal: Annapurna	22,00	78	Polen: Pisa und Narew (I/2000)	22,00
43	Schottland: Whisky Trail	14,80	79	Bolivien: Choro Trail (II/99)	22,00
	- Speyside Way		80	Peru: Inka Trail und Region Cuzco(II/99)	22,00
44	Tansania: Kilimanjaro	24,80	81	Chile: Torres del Paine Cirquito (II/99)	24,80
49	USA: Grand Canyon Trails	22,00	82	Norwegen: Jotunheimen (I/2000)	22,00
50	Kanada: Banff & Yoho	22,00	83	Neuseeland: Stewart Island	22,00
	Nationalpark-Tageswanderungen		84	USA: Route 66	22,00
51	Tasmanien: Overland Track	22,00	85	Finnland: Bärenrunde (I/2000)	22,00
52	Neuseeland: Fiordland	22,00	87	Mont Blanc Rundweg (II/2000)	22,00
53	Irland: Shannon-Erne	22,00	88	Trans Kreta (II/2000)	22,00
54	Südafrika: Drakensberge	22,00	89	Schweden: Skåneleden (II/2000)	22,00
55	Spanien: Pyrenäenweg GR 11	22,00	90	Mallorca: Sierra del Norte (I/2000)	22,00

Fernwehschmöker

46	Blockhüttentagebuch	24,80	75	Auf nach Down Under / Sackstedt DM 14,80
47	Floßfahrt nach Alaska	22,00		

☺ *Weitere Bände in Vorbereitung. Fordern Sie unseren aktuellen Verlagsprospekt an.*

... überall im Buchhandel